西北农村幼儿园
教育评估与发展研究

陈素园 著

西北大学出版社
·西安·

图书在版编目（CIP）数据

西北农村幼儿园教育评估与发展研究 / 陈素园著.
西安 ： 西北大学出版社，2024. 12. -- ISBN 978-7
-5604-5507-5

Ⅰ. G619.2

中国国家版本馆 CIP 数据核字第 2024DS6155 号

西北农村幼儿园教育评估与发展研究
XIBEI NONGCUN YOUERYUAN JIAOYU PINGGU YU FAZHAN YANJIU

陈素园　著

出版发行　西北大学出版社
（西北大学校内　邮编：710069　电话：029-88303940）
http：//nwupress.nwu.edu.cn　E-mail：xdpress@nwu.edu.cn

经　销	全国新华书店	
印　刷	西安日报社印务中心	
开　本	787 毫米×1092 毫米　1/16	
印　张	12	

版　次	2024 年 12 月第 1 版	
印　次	2024 年 12 月第 1 次印刷	
字　数	205 千字	

书　号	ISBN 978-7-5604-5507-5	
定　价	58.00 元	

本版图书如有印装质量问题，请拨打 029-88302966 予以调换。

作者简介

陈素园

陕西师范大学教育学部学前教育学专业博士研究生，昌吉学院教育科学学院副教授。主要研究领域：学前儿童游戏理论与指导、农村学前教育发展、学前教育评价等。主持教育部课题1项、省级课题2项、厅局级课题4项。在国内核心期刊、省级期刊公开发表论文13篇，其中CSSCI来源2篇，人大复印资料转载4篇。

>> 前 言 <<

2010—2020 年是我国学前教育发展的黄金十年，西北地区的学前教育也进入高速发展时期。其间，西北农村地区的大量公办幼儿园完成新建、改建或扩建。2021 年 3 月，国家"十四五"规划明确指出"十四五"时期经济社会发展必须遵循的原则之一为"坚持新发展理念。实现更高质量、更有效率、更加公平、更可持续、更为安全的发展"。①高质量发展是体现新发展理念的发展。学前教育的发展必须注重质量提升，质量评估是提升质量的重要环节。十年间，西北地区陆续建立的农村公办幼儿园发展状况如何？目前的生存状态如何？它们能保持良性运转吗？在发展过程中，它们遇到了哪些困难，积累了哪些经验？这些都是非常值得关注和研究的问题。本书的研究基于"西部地区基础教育发展"项目的监测指标②，借鉴西北地区幼儿园办园的基本标准，构建西北地区农村公办幼儿园发展评估指标体系。在量化研究层面上，本书对 30 余所西北农村公办幼儿园的园长、教师、家长和儿童进行调查与测评，全面分析西北农村公办幼儿园的发展现状与发展趋势。在质性研究层面上，本书深刻描绘西北农村公办幼儿园十年发展的生态图景，分析农村公办幼儿园教师的生存样态。在行动研究层面上，本书探索新时代农村公办幼儿园高质量发展的可能路径。

全书共分为九个部分。如果整本书的框架是一棵树，那么绪论是"种子"；第一章是"土壤"；第二章是"根系"；第三章是"枝干"；第四章是"枝叶"；第五章、第六章、第七章是"果实"；第八章是包裹在"果实"里的"新种子"，它预示着历经十年的快速发展之后，西北农村公办幼儿园未来的可能发展样态。

绪论是对课题研究的整体介绍，分别论述了研究缘起、研究价值、研究设计以及本书研究涉及的核心概念。第一章是对学前教育评估的国内外文献梳理，包含"教育评估"和"学前教育评估"的相关研究，分别从发展阶段、评估方式、评估主体、评估功能、评估实践以及评估中的挑战等方面，梳理学界相关研究的发展脉络。第二章是学前教育发展评估的理论框架建构，结合 CIPP 模式与 IPO 模式，构建"西北农村公办幼儿园教育发展评估指标体系"。

---

① 共产党员网. 中华人民共和国国民经济和社会发展第十四个五年规划和 2035 年远景目标纲要［EB/OL］.（2019-1-3）［2022-5-1］. https://www.12371.cn/special/ssw2035/.

② 杜育红. 教育政策的监测与评价研究：以"西部地区基础教育发展"项目影响力评价为例［M］. 北京：人民教育出版社，2011.

第三章基于评估指标体系，编制调查问卷，对30余所农村公办幼儿园开展调查，旨在从量化视角了解西北农村公办幼儿园在2010—2020年的运营和发展情况。第四章基于评估指标体系，从质性视角对具有十余年工作经验的农村幼儿园书记、园长和骨干教师进行深度访谈，以生态学逻辑描绘西北农村公办幼儿园在21世纪第二个十年中的发展图景。这两章内容基本描绘出西北农村公办幼儿园在2010—2020年的整体发展形态。

第五章、第六章、第七章分别对应"西北农村公办幼儿园教育发展评估指标体系"中的"儿童发展""教师发展""家长素养与满意度"等结果指标。这些指标是衡量西北农村公办幼儿园发展质量的重要标准，也是本书中耗时最多、研究难度最大的内容。为了对每项指标作出客观精细的分析评价，研究者筛选或编制科学的评估工具，在艰难中逐步推进各项工作。第五章是对西北农村学前儿童发展的评估，运用学界具有普遍权威的语言、数学、社会情感测量量表，以及儿童绘画作品分析框架，对幼儿进行一对一数据采集，并作出客观分析。第六章是对农村幼儿园教师专业发展的评估，针对农村教师"下不去、教不好、留不住"的现实困境，研究者采用扎根理论探析了西北农村公办幼儿园新手教师的生存样态，以及骨干教师的留任因素，研究如何才能"下得去、留得住"；采用了基于《幼儿园教师专业标准（试行）》开发的幼儿园教师专业能力量表，研究如何才能"教得好"。第七章对农村幼儿家长的满意度以及家长的教育素养（教育投入）展开分析，从家长层面凸显西北农村学前教育发展结果。

对30余所西北农村公办幼儿园的发展情况调查与分析表明，在21世纪的第二个十年，西北农村学前教育取得了显著的发展成效：经费投入量快速增长，普及率持续提升；办园条件有效改善，普惠率大幅提高；保教质量整体向好，家长满意度较高；教师队伍不断优化，专业能力不断提升，留任意愿较强。可以说，这一轮学前教育改革使西北农村学前教育的发展大跨步式地向中东部地区靠近。但从现阶段教育发展的整体情况看，学前教育发展仍然是教育现代化进程中的薄弱环节。特别是在农村，学前教育是高质量教育体系建设中的"最短板"。办园条件存在结构性短板，尤其是在边远农村，玩具、教学材料比较缺乏；在教育过程方面，农村幼儿园课程设置存在过于随意或过于僵化的问题，师幼互动质量有待提高，教学方式"小学化"问题仍然存在；师资队伍质量有待优化、教师流动性依然较大、专业理念有待更新等问题在西北农村学前教育中普遍存在。第八章选取了一所探寻"自主游戏"课程改革的乡镇幼儿园，跟踪研究其在2021—2023年课程改革的行动，以此窥探农村公办幼儿园高质量发展的可能路径。

本书系教育部人文社会科学研究项目—青年基金项目（21XJJC880001）的研究成果，是对西北农村幼儿园教育在21世纪第二个十年中发展样态的凝望，是来自深谷里的幼教人之音。相信每一位关注农村学前教育发展的人或多或少能从中获益。

目 录
CONTENTS

绪　论

2010—2020 年是我国学前教育发展的黄金十年，西北地区的学前教育也进入高速发展时期。十年间，西北农村地区的公办幼儿园发展得如何？它们是否承担了国家赋予的责任，即让农村的适龄幼儿有园上、就近入园并接受有质量的学前教育？这是值得政府和学界重点研究的现实问题。本部分从研究缘起、研究意义以及研究设计等方面概述课题研究的前期论证与准备情况。

第一节　研究缘起

一、时代需求

我国西部农村地区因自然、经济和文化等方面的情况，学前教育起步晚、发展慢。[①] 党和国家高度关注西部农村地区学前教育的发展。2010—2020 年，国家出台系列政策，以促进该地区学前教育的发展。2010 年，国务院指出，"中央财政设立专项经费，支持中西部农村地区、少数民族地区和边疆地区发展学前教育和学前双语教育。地方政府要加大投入，重点支持边远贫困地区和少数民族地区发展学前教育"。[②] 2018 年，教育部、国务院扶贫开发领导小组办公室提出，到 2020 年，"三区三州"等深度贫困地区教育总体发展水平显著提升，实现建档立卡贫困人口教育基本公共服务全覆盖。[③] 在党的领导

---

① 21 世纪教育研究院. 西部农村基础教育发展报告（2019）［R］. 甘肃天水. 中国教育三十人论坛和天水市人民政府. 2019.

② 国务院. 国务院关于当前发展学前教育的若干意见（国发〔2010〕41 号）［EB/OL］.（2010-11-21）［2023-08-11］. https://www.gov.cn/gongbao/content/2010/content_1758217.htm.

③ 教育部，国务院扶贫办. 教育部国务院扶贫办关于印发《深度贫困地区教育脱贫攻坚实施方案（2018—2020 年）》的通知［EB/OL］.（2018-02-17）［2023-08-11］. http://www.moe.gov.cn/srcsite/A03/moe_1892/moe_630/201802/t20180226_327800.html.

下，西北农村学前教育快速发展。中央财政重点倾向对西部边远农村地区新建园所及其配套资源的专项经费投入；地方政府高度重视学前教育普及普惠工作，逐级力推相关措施，西部农村学前教育迎来快速发展的"黄金十年"，西北农村学前教育也进入"黄金发展期"。①

在解决"入园难、入园贵"的重大民生问题上，西北地区交出了一份怎样的答卷？未来的农村幼儿园建设和发展方向何在？这两个问题回应的是"从哪里来，到哪里去"的精神命题。进入21世纪的第三个十年，对西北农村公办幼儿园过去十年的发展状态开展评估是对历史的回望，是对前期奋斗的经验总结，也是对未来的展望。未来的发展，要继往开来、承前启后，方能正位前行，迈向高质量的现代化学前教育之路。

二、研究现状与不足之处

西北地区学前教育高质量发展是实现该地区教育现代化的重要部分。但学界对西北农村学前教育发展的研究不多，跟踪评估与系统评估的研究较少。近十年来，学界对农村学前教育的研究不断深入，研究空间涉及西部、西南、中东部等地区，在研究对象、研究主题、研究范式上呈现出一定趋势与新的进展。

（一）研究对象聚焦农村教师群体

在研究对象方面，现有研究聚焦农村幼儿园教师队伍，对幼儿园其他利益相关方及其与环境之间关系的考察较少。已有研究关注农村幼儿园教师队伍建设路径，强调增加本土化生源，校地协同，补充幼儿园师资力量。②尤其关注西北农村幼儿园教师队伍缺口大的问题，从该地区经济、文化、工作条件以及教师结构等方面剖析成因。③最受关注的是农村地区幼儿园教师的"流—留"问题，有研究提出农村幼儿园教师从教动机分为"追求理想型""追求平衡型""追求回报型"三种类别，且多元积极情感、内外激励机制、职业环境等都会影响其选择。④

（二）研究主题侧重层级内部闭环式分析

在研究主题方面，现有研究涉及农村学前教育的宏观—调控层面、中观—管理层

① 程秀兰，陆振杰，陈素园. 国家支持西部农村学前教育发展的回顾与展望：基于2010—2020年相关政策文本的分析［J］. 沈阳师范大学学报（教育科学版），2022，1（01）：8-16.

② 邱仁根，彭香萍. 本土化农村幼儿园教师校地协同培养探索［J］. 学前教育研究，2019，33（10）：67-70.

③ 龙红芝. 西部民族地区学前教育高质量发展面临的问题与推进策略［J］. 西北师大学报（社会科学版），2021，58（06）：57-64.

④ 李立，史大胜. 民族地区乡村教师实践共同体的意蕴、困境与建构思路［J］. 当代教育与文化，2023，15（04）：30-35.

面、微观—个体层面，侧重层级内部分析，层级间性分析较少。宏观层面，从人、物、财三方面入手，强调统筹规划学前教育资源配置、扩容提质，继续推进并完善"一村一幼""一村多幼"和"多村一幼"建设。①中观层面，聚焦农村幼儿园教育教学现状与问题，表现为教学内容、教学效果有限，学前教育观念存在偏差、课程资源滞后以及幼儿园教学小学化问题。②微观层面，聚焦农村留守儿童的社会适应干预问题③、教育困境④与教育机制⑤等。

（三）研究范式以横向数据实证研究为主

在研究范式上，量化研究与质性研究并重，多以横向数据为分析基础，纵向追踪数据逐渐成为研究趋势。量化研究以推断统计和数据建模为主，厘清农村学前教育多维现状。有研究者采集了 12 个省份的教师问卷数据，统计分析农村幼儿园教师工资待遇差异。⑥有研究者通过对 3 个自治县 15 个乡镇中心的相关数据进行分类统计，分析其短板、成效与特定问题。⑦质性研究以个案为窗口，窥探农村学前教育发展微观样态，如基于扎根理论研究农村幼儿园教师理想形象。⑧近年来，学界开始转向纵向数据追踪研究，如基于 2000—2015 年教育数据统计研究乡村学校的功能衰变与价值重塑问题⑨；基于 2000—2020 年教育年鉴数据分析西部学前教育发展情况⑩。

---

① 黄宸，李玲，李香林，等.民族地区学前教育高质量发展资源保障研究：基于 X 地区城乡学龄人口预测 [J].民族教育研究，2023，34（01）：128-136.

② 张春海，肖英鑫.民族地区教师教育高质量发展：应然样态、发展困境及提升路径 [J].教师教育研究，2022，34（04）：26-31.

③ 张小屏.民族地区农村留守儿童的社会工作干预机制研究 [J].广西社会科学，2018，34（07）：177-182.

④ 杨建忠.民族地区农村留守儿童的困境与对策：基于贵州省黔东南州的调查 [J].民族教育研究，2013，24（04）：75-79.

⑤ 谭志松，谢陈陈.民族地区农村留守儿童教育机制研究：基于武陵民族地区 S 镇的调查分析 [J].民族教育研究，2014，25（03）：11-17.

⑥ 于冬青，高铭.我国农村幼儿园教师薪资待遇对比分析及政策审思：基于对 12 省份的调查 [J].中国教育学刊，2019，40（02）：22-28.

⑦ 李雪峰，王慧，贾晋.民族地区农村普惠性学前教育政策绩效评估：基于四川省"一村一幼"计划的实证研究 [J].民族教育研究，2020，31（04）：123-131.

⑧ 龙雪娜.民族地区乡村幼儿园教师理想形象塑造：以凉山州"一村一幼"为个案 [J].民族教育研究，2021，32（03）：94-101.

⑨ 刘辉.乡村学校生态位的衰变及其教育生态价值重塑：基于 2000—2015 年间教育统计数据分析 [J].教育理论与实践，2022，42（05）：13-17.

⑩ 卢迈，方晋，杜智鑫，等.中国西部学前教育发展情况报告 [J].华东师范大学学报（教育科学版），2020，38（01）：97-126.

综上，在研究对象层面，聚焦农村幼儿园教师，关注幼儿园整体发展情况的研究较少；在研究主题层面，关注农村学前教育的资源配置、行政管理、课程教学等主题，对幼儿园发展状况的系统性研究较少；在研究范式层面，主要基于横向数据，采用实证性量化与质化研究，纵向追踪研究较少。农村学前教育的发展是系统性问题，区隔成块的零散研究对现实中的特殊问题有一定成效，但真正推动农村学前教育内涵发展和整体质量提升需从更大的背景中去考察其发展历史与现状，抓住关键，统筹推进。

第二节　研究价值

一、理论价值

（一）弥补学界对西北农村幼儿园发展评估研究的不足

学界对西北农村公办幼儿园的研究不多，有关农村公办幼儿园质量评估的研究仍有不足。对西北农村公办幼儿园的发展状态进行追踪调查与评估，可以在一定程度上弥补学界对西北农村学前教育发展研究的不足，尤其能够填补对西北农村公办幼儿园发展状况评估研究的匮乏。

（二）为学前教育质量评价提供微观视角

研究幼儿园发展评估指标体系的学者主要有刘占兰、苏隆中，两位学者均是从宏观角度对全国各省区的整体学前教育发展水平进行研究（没有区分城市与农村）。本研究从投入、产出、结果三个指标入手，构建农村公办幼儿园发展评估指标体系，是从微观角度对幼儿园发展进行评估的尝试，试图构建针对农村公办幼儿园的办园质量评价指标体系，以供关注农村学前教育发展的学者参考。

二、应用价值

本研究可以直接指导西北农村公办幼儿园发展质量的提升并为其他区域农村公办幼儿园的发展提供借鉴。在学前教育行动计划的催生下，西北农村公办园数量激增，不少地区的农村毛入园率高达100%。数量上去了，质量就成了发展的关键；质量提升了，才能真正办好人民满意的教育。2021年3月，"十四五"规划明确指出"十四五"时期经济社会发展必须遵循的原则之一是坚持新发展理念。实现更高质量、更有效率、更加公平、更可持续、更为安全的发展。高质量发展是全面建设社会主义现代化国家的首要任务，学前教育的发展必须注重质量提升，而质量评估是提升质量的重要环节。

第三节　研究设计

一、研究目的

（一）理论目的

（1）构建西北农村公办幼儿园发展评估的指标体系。借鉴西北地区幼儿园基本办园标准，从投入指标、产出指标和结果指标三个维度构建评估农村公办幼儿园发展的指标体系。

（2）探讨影响西北农村公办幼儿园良性发展的主要因素。从主观和客观的视角探讨影响农村公办幼儿园良性运转的主要因素。

（二）实践目的

（1）依托西北农村公办幼儿园十年发展的年度数据报告、农村公办幼儿园的大规模数据调研以及个案幼儿园的现场调研，对西北农村公办幼儿园的发展做出客观评估，并在调研过程中给予幼儿园现场诊断与直接指导。

（2）在对西北农村公办幼儿园十年来发展的情况进行客观评估的基础上，撰写调查报告和研究报告。

二、研究内容

（一）研究对象

研究对象分为三个层次：①对样本地区十年来发展农村公办幼儿园的年度报告数据进行梳理；②依据样本地区经济区域划分情况，每个区域选取2所乡镇中心幼儿园和3所村级幼儿园，共25所幼儿园，对这25所公办幼儿园建园以来的发展状况进行全面调查；③抽取3所幼儿园进行案例研究。通过科学抽样，以此评估十年来西北农村公办幼儿园的发展状况和园所运行情况。

（二）研究主体内容

（1）西北农村公办幼儿园发展评估指标体系构建研究。根据"西部地区基础教育发展"项目将评估指标分为投入（Input）指标、产出（Output）指标和结果（Outcome）指标，借鉴西北地区幼儿园基本办园标准，构建西北农村公办幼儿园发展评估指标体系。

（2）农村公办幼儿园建园以来发展状况的追踪调查与评估。依托构建的评估指标体系，进行三个方面的调查：一是幼儿园投入情况，建园以来在人、财、物方面的投入情况，包括幼儿园建园资金、硬件设备等的投入；二是幼儿园资源使用情况和办园条件的改善程度，包括入园儿童数量、园舍和户外场地利用情况、玩教具使用情况、保育教育质量情况等；三是项目达成情况，包括幼儿入园率年变化情况、幼儿身心发展情况、幼儿家长满意度及教育观念变化情况等。

（3）样本幼儿园的案例研究。在大数据调查的基础上，拟对幼儿园园长、教师、在园幼儿的家长进行深度访谈。同时，通过实地参与式观察，全面了解样本地区农村公办幼儿园发展的真实情况。

（4）西北农村公办幼儿园发展经验的梳理和现存问题的原因分析。对西北农村公办幼儿园发展经验进行梳理；对现存问题的原因进行分析；对影响农村公办幼儿园良性运转的内外因素进行具体分析。

（5）探寻西北农村公办幼儿园未来发展的建议。在大量数据和实地调研的基础上，依据对内外因素的分析，针对各因素在农村公办幼儿园良性运转中的功能与作用，着重对农村公办幼儿园发展提出科学合理的建议。

（三）拟突破的重点和难点

（1）对十年来西北不同地区的农村公办幼儿园的发展状况做出客观真实的大数据追踪调查与评估是本研究的重点与难点之一。不仅要调查其当下的发展状况，还要追踪其建园以来发展的情况，这是相当有难度的。

（2）依据调研评估和对内外因素的分析向农村公办幼儿园提出相关建议是本研究的又一个重点和难点。影响农村公办幼儿园发展的因素是多方面的，客观研判哪些因素是核心的、主要的，才能提出保障农村公办幼儿园发展的有效建议。

三、研究思路

梳理和分析 2010 年以来发展农村学前教育的政策文件与西北农村公办幼儿园十年发展的数据，借鉴西北地区幼儿园基本办园标准，构建西北农村公办幼儿园发展评估指标体系。依托项目全体人员的社会关系，运用问卷调查、深入访谈、参与式观察、个案研究等方法实地考察样本幼儿园的发展状况，借助生态学、社会学、管理学、心理学和教育学的相关理论分析农村公办幼儿园发展所取得的成绩和存在的问题及主要原因。

四、研究方法

（一）数据收集方法

（1）问卷调查法：针对幼儿园园长、教师、幼儿家长分别编制调查问卷，调查西北地区乡镇和村级幼儿园发展相关方面的情况，得到被调查幼儿园的大数据资料。

（2）访谈法：为进一步了解某些数据背后的真实情况，针对幼儿园园长、教师和幼儿家长分别编制访谈提纲，通过深度访谈多角度了解样本幼儿园发展的真实情况。

（3）观察法：研究者深入样本幼儿园，利用编制好的观察表，对幼儿园的园舍状况、卫生保健、户外场地与利用、玩教具配备数量及使用情况、幼儿一日活动情况等进行实地观察与核查。

（4）深度访谈法：为获得西北农村公办幼儿园十年发展的生动数据，研究者采用扎根理论和叙事研究的方法论，以深度访谈法采集利益攸关方的经历和观点变更数据，为西北农村学前教育十年发展描绘生态图景，用生动鲜活的个人故事深描十年发展历程。

（二）数据分析方法

（1）案例分析：在大数据调研的基础上，运用该方法对西北地区 3 所个案幼儿园进行实地观察与访谈，进一步获得农村公办幼儿园发展的真实数据。

（2）文本分析：对西北地区农村公办幼儿园十年发展数据文本进行梳理与分析，对西北地区农村公办幼儿园基本办园标准进行文本分析，为构建农村幼儿园发展评估指标体系提供依据。

（3）内容分析：对国内外相关文献进行对比、分析、梳理，厘清农村公办幼儿园教育评估的理论与经验。

（4）理论分析：对学前教育评估的相关理论进行梳理，并对研究结果进行理论解释与论证。

（5）统计分析：对大量调研数据进行统计学分析，描绘西北农村公办幼儿园十年发展的数字化图像。

（6）目标分析：以改善西北农村公办幼儿园发展现状为目标，分析现有条件，进一步明确未来发展方向与发力点，为政府部门制定相关政策提供参考。

第四节　核心概念

一、教育评估的概念

教育评估虽然在我国有着较长时间的实践和研究历程，但此概念最早来源于西方，于 20 世纪 30 年代由泰勒（Tyler R. W.）将评价机制引至教育领域而得来。因此界定教育评估的内涵意蕴，首先需追根溯源，回到评估（Assessment）这一概念中来。评估是指人们围坐在一起彼此倾听、共同探究，以达成对事物的认知。①随着"评估"一词在教育实践中的广泛应用，21 世纪初，第三版《国际教育百科全书》将"教育评估"（Educational Assessment）作为新增词目收录其中，用以指称围绕学生学习展开的评判、估定。②在国内，学界对教育评估的概念界定比较混乱。国内对该术语的概念无法达成统一，基本形成三种发展趋势："监测论"与"评估论""融合论"。

"监测论"强调监测评估的监测特质，认为监测评估旨在以预定目标为依据，通过对过程、要素、状态、信息的持续收集、动态跟踪和客观描述，对教育活动是否在按照预定计划执行、向预定目标靠近等运行轨迹做出监控、预警和修正，从而确保教育目标的有效实现。③如陈玉琨、司林波等学者对教育评估发展历程的分期研究，都是把教育评估视作一种教育质量保障的手段并以一类教育管理活动来观察和分析的。④⑤

"评估论"则强调教育监测的评估特质，认为监测评估是传统教育评估在新时代的发展和延续。传统的以静态性、终结性和周期性为特点的水平评估、合格评估已不能满足教育评估的需求。监测评估作为一种新的评估理念和评估形式应运而生，是一种总结、回顾、分析、检查、确认和判断的评估。它是一种形成性评估、诊断性评估、发展性评估。⑥

"融合论"认为，教育监测评估通常被当作教育评估和教育监测这两种不同类型活动的总和，是以政府为主体组织和实施的、利用教育系统日常运行状态数据或服务于特定目标的专门信息，对教育系统或教育项目以及学校等所做的测量、价值判断和监督等活动。⑦

二、教育评估在本研究中的概念界定

本研究将教育评估界定为政府、学校或第三方评价组织为了提升学习者学习质量，全面收集信息和证据，以了解学生现有发展状况或学习成就、诊断学习问题、促进教育

① ［英］霍恩比. 牛津高阶英语词典［Z］. 9 版. 北京：商务印书馆，2016：78.

② PETERSON P，BAKER E，MCGAW B. International Encyclopedia of Education［Z］. 3rd ed. Oxford，England：Elsevier，2010（3）：161-209.

③ 王战军，王永林. 监测评估：高等教育评估发展的新图景［J］. 复旦教育论坛，2014（2）：5-9.

④ 陈玉琨，李如海. 我国教育评价发展的世纪回顾与未来展望［J］. 华东师范大学学报（教育科学版），2000（1）：1-12.

⑤ 司林波，裴索亚. 中国共产党百年教育评价制度发展的历程、特征与展望［J］. 现代教育管理，2021（10）：1-11.

⑥ 肖红缨，乔伟峰，王战军. 高等教育监测评估的哲学审视［J］. 中国高教研究，2015（02）：38-41.

⑦ 韩映雄，李超. 中国教育监测评估制度的内涵与变迁［J］. 现代大学教育，2022，38（04）：101-110.

目标达成的一种手段。教育评估在两个重要方面区别于教育监测。一是就目的论而言，评估服务于学业质量提升、教育目标达成；监测是源于"证据驱动下的教育治理模式"的兴起①，是科学决策的必然要求，是进一步转变政府职能、改善宏观管理的重要措施②。二是就方法论而言，教育评估对教育的背景、过程和结果进行横向信息收集，具有共时性特点，所采集的信息处于某一特定的时空维度；教育监测对教育的背景、过程、结果进行纵向信息收集，具有历时性特点，所采集的信息处于不断延展的时空之中。由此可知，评估与监测有一个鲜明的共同点，即关涉内容的一致性。甚至有学者认为教育监测从某种意义上讲是一种持续性的评估。③

三、学前教育评估及其相关概念界定

（一）公办幼儿园

幼儿园是对 3 周岁以上学龄前幼儿实施保育和教育的机构。公办幼儿园是指所有的财产都归公共所有，包括建设经费、办公经费等，是为社会提供服务的公益性组织，其资产为国有资产。它可以划分为三种类型：教办园、集体园和部门园。

（二）农村公办幼儿园

农村公办幼儿园是指以乡村为单位，由政府出资兴建的公办幼儿园。从幼儿园的管辖归属来看，农村公办幼儿园可分为三类：一类是独立的公办幼儿园，由地方政府或教育部门管理；一类是由地方教育部门与村委会联合经营的幼儿园；还有一类是在小学里附设幼儿班，由其所在的乡镇小学校长进行直接管理的幼儿园。④从幼儿园所在地区级别来看，本研究涉及的农村公办幼儿园包括村级幼儿园和乡镇中心幼儿园。从幼儿园所在的社会经济地域来看，本研究涉及的农村公办幼儿园包括农耕区幼儿园、放牧区幼儿园和城郊乡镇区幼儿园。

（三）学前教育评估

国内学者通常将学前教育评估与学前教育评价的概念等同，将其界定为在系统收集资料的基础上，对学前教育现象作出价值判断的过程。⑤从内涵来看，学前教育评价涉

---

① SINGER-BRODOWSKI M, BROCK A, ETZKORN N, et al. Monitoring of Education for Sustainable Development in Germany-Insights From Early Childhood Education, School and Higher Education［J］. Environmental Education Research, 2019, 25（4）：492-507.

② 陈小娅. 中国的实践：基础教育监测的新尝试［J］. 教育研究，2010（4）：3.

③ HOSEIN N. A Framework for Monitoring and Evaluation in a Public or Private-Sector Environment［R］.［s.l.］: Project Management Institute, Southern Caribbean Chapter, 2003：36.

④ 陈艺侬. 大同村级公办幼儿园发展的问题与对策研究［D］. 锦州：渤海大学，2018.

⑤ 鄢超云. 学前教育评价［M］. 北京：高等教育出版社，2010.

及的内容非常广泛，主要包含学前儿童学习与发展评价、学前教师及教育工作评价以及学前教育办园质量的评价。从属性来看，学前教育评价属于教育评价的范畴，具有教育评价的本质特征，遵循教育评价的基本原理。学前教育评价对提高学前教育质量、促进儿童发展和教师成长具有积极意义。

第一章
学前教育评估的
国内外研究综述

　　本研究的主旨是对西北农村公办幼儿园的办园情况以及发展现状进行全面评估,涉及的核心概念是"学前教育评估",其在本质属性和基本原理上均属于教育评估的范畴。因此,研究文献梳理遵循自上而下的逻辑,首先对国内外有关教育评估的文献进行整理分析,其次对学前教育评估的相关文献进行梳理,以把握相关领域的研究成果与发展趋势。在文献查找过程中,外文检索以英文为主,核心关键词较为一致,以"Educational Assessment"为主题词进行搜索;国内学界对教育评估的概念内涵尚未统一,主要以"教育评价""教育评估""教育监测"等为主题词进行搜索。

第一节　教育评估的相关研究

一、教育评估阶段的演进:"四个阶段"与"四大隐喻"

　　20 世纪以来,国内外学界比较权威的历史研究文献提出了教育评估演进的两种脉络:一是教育评估演进的四阶段论,二是教育评估发展的四大隐喻论。1989 年,Guba 和 Lincoln 在研究教育评估的前期发展基础上,展望教育评估发展趋势,提出了教育评估的四阶段论。① 2018 年,我国学者余璐、黄甫全等以学习观与评估方式的相互砥砺为分析脉络,提出了教育评估的四大隐喻逻辑。②综合分析相关文献后,本研究认为教育评估的四个阶段与四大隐喻之间存在一定的对应关系与发展关系。

---

① GUBA E G, LINCOLN Y S. Fourth generation evaluation［M］. Newbury Park, CA: Sage, 1989.
② 余璐, 黄甫全, 曾文婕. 教育评估的四大隐喻及其生成与转化原理［J］. 河南师范大学学报（哲学社会科学版）, 2018, 45（01）: 141-147.

（一）"面向测量"阶段与"评估即测量"隐喻

20 世纪初期为第一代教育评估阶段，即"面向测量"阶段（Measurement Generation）。该阶段倡导标准化测验，经典的评估案例是比奈智商测评。此阶段对应的隐喻是"评估即测量"（Assessment as Measurement）。在测量隐喻看来，评估是根据国家课程标准、教材、教学大纲设计客观的、规范的测验，调查"学生不会什么"而不是"学生能学什么"。第一代教育评估"狭隘地关注个体学业成就、强调竞争关系，却在无意之间淡漠了对学习价值、对值得学习者追求和培养的目标的认可"。①

（二）"面向目标、判断"阶段与"评估即反思"隐喻

20 世纪中期为第二代教育评估阶段，即"面向目标"阶段（Objective-Orientated）。它是一种以描述关于某些既定目标的优势和劣势模式为特征的方法，该阶段追求教育结果与教育目标一致性的描述。20 世纪后期为第三代教育评估，即"面向判断"阶段（Judgement-Orientated）。该阶段的经典案例为 Stufflebeam 提出的 CIPP 教育评估模型。②评价者在保留早期技术和描述功能的同时，发展了决策性的角色，服务教育决策和多元教育价值判断成为第三代评价方法的标志。

20 世纪中后期经历的两个教育评估发展阶段对应的隐喻是"评估即反思"（Assessment as Reflection）。评估是提出假设、产生预期目标、组织具体的质量标准、系统地收集证据并回顾假设、标准、证据，从而诊断现状和提出优化对策的方式。③"评估即反思"的隐喻保留了描述标准、对照标准的测量技术特征，进一步认识到标准的差距比较和优劣分析可用来指导、改进和调整行动，以持续积极作用于教育活动。因此，评估不能拘囿于对过去的描述和反思，局限于"学了什么"的量化表征，还要涉及"如何学"的质性探究。

（三）"对话—建构"阶段与"评估即探究"隐喻

20 世纪末到 21 世纪初为第四代教育评估阶段，即"对话—建构"阶段（Constructivist Paradigm）。参与评估者指的是所有利益相关者。第四代评估超越了测量，不仅仅是获取事实，还包括各种各样的人、政治、社会、文化和背景因素。结果不是"事实"，而是一个由评估者和许多利益相关者在互动过程中建构的共识。与该阶段对应的隐喻是

---

① NELSON R, DAWSON P. A Contribution to the History of Assessment: How a Conversation Simulator Redeems Socraticmethod [J]. Assessment & Evaluation in Higher Education, 2014, 39（2）: 195−204.

② SCRIVEN M. Pros and cons about goal free evaluation comment [J]. The Joumal of Educational Evaluation, 1972, 3（4）: 1−7.

③ NUMMEDAL S G. Assessment and Reflective Teaching [J]. Innovative Higher Education, 1996（21）: 39−48.

"评估即探究"（Assessment as Inquiry）。评估是支持学生学习而非分类、筛选，反复思考"评估对我们意味着什么"，将学了什么的事实描述与如何学得更好的价值探究相融合，使评估方法、师生角色具有鲜明的建构性、创造性特征。①

（四）"评估即探究"隐喻到"评估即研究"隐喻

英国原评估改革小组成员威廉姆（Wiliam D.）和布莱克（Black P.）等在系统性文献综述的基础上，提炼出学习性评估（Assessment for Learning）的术语概念，使课堂评估赋能学习过程的机理和路径愈发明朗。②"评估即研究"（Assessment as Research）隐喻理念的形成，预示着教育评估最新的发展趋势。从探究（Inquiry）到研究（Research）的转变是微妙的，它并非本质意义上的质变，而是评估重心的转移。"评估即探究"，是目的论上的强调，是为了促进学生学习，而不是分类、筛选。"评估即研究"，是方法论上的强调，是要明确如何促进学生学习。

二、教育评估方式：从纸质测评转向电子测评

教育评估活动自成体系，牵一发而动全身。信息技术被引入该领域后，率先成为学者关注热点的就是评估方式的转变。20 世纪 70 年代至 80 年代，新的计算机系统在语言测试中投入使用，其目的超越了简单的测试评分，涵盖测试设计、测试结构、试用、交付、管理、评分、分析和解释以及报告。③教育评估的方式从传统的纸质测评转向电子测评，西方学界开展了大量基于技术的评估实践，并对电子评估的利弊进行比较和论证。

（一）纸质测评与电子评估的效果比较

历经十几年发展，在 20 世纪末到 21 世纪初，学者的研究重点是最前沿技术的适用性，因此学界进行了大规模的国际评估。④例如，美国的国家教育进步评估（NAEP）和经合组织的国际学生评估方案（PISA），其目的在于取代传统的面对面测评和纸质测试。⑤

① DELANDSHERE G. Assessment as Inquiry [J]. Teachers College Record, 2002, 104 (7): 1461-1484.

② DANN R. Promoting Assessment as Learning: Improving the Learning Process [M]. London: Routledge Falmer, 2002: 38.

③ BRETT P, MOTERRAM G (Eds.). A Special Interest in Computers: Learning and Teaching with Information and Communications Technologies [M]. Manchester: IATEFL Publications, 2000: 93-107.

④ BAKER E L, MAYER R E. Computer-based assessment of problem solving [J]. Computers in Human Behavior, 1999, 15(34): 269-282.

⑤ GRIFFIN P, MCGAW B, CARE E (Eds.). Assessment and Teaching of 21st Century Skills [M]. New York: Springer, 2012: 143-230.

这一时期的热门话题是对同一结构的纸质评估（Paper-Based Assessment，简称 PBA）和电子评估（Technology-Based Assessment，简称 TBA）评估结果的比较①以及两者的优劣势分析。美国 2014 年启动的一项国家评估——智能平衡评估联盟（Smarter Balanced Assessment Consortium，简称 SBAC）使用计算机自适应技术对学生进行测试。该项目的测评结果中的某些子项目证明了基于电脑技术的测评显著优于纸质测评②③，然而其他人发现的结果相反：参与者在纸质测评模式下表现更好④。还有更多的研究报告称：两种测试模式在基础财务会计测验⑤、数学测验⑥、工程教育测验⑦等领域没有显著差异；计算机测试与纸质测试在测试模式效应、测试模式顺序、计算机态度和测试模式偏好等维度上均没有显著差异⑧。可见，两种测试模式在效度上基本相同。

（二）电子测评的五个显著优势

相比较而言，PBA 最大的缺点是反馈时间长、测试设计的适用性受到限制，包括难度和项目类型的使用范围有限。TBA 在评估中使用技术可以改进评估，从而提供许多优点。一是提高评估效率：自动生成项目、呈现动态刺激和自动评分，数据处理更快更

① KINGSTON N M. Comparability of computer- and paper-administered multiple-choice tests for K-12 populations: a synthesis [J]. Applied Measurement in Education, 2008, 22(1): 22−37.

② HAKIM B M. Comparative study on validity of paper-based test and computer-based test in the context of educational and psychological assessment among Arab students [J]. International Journal of English Linguistics, 2017, 8(2): 85−91.

③ BLAZEK N L, FORBEY J D. A comparison of validity rates between paper-and-pencil and computerized testing with the MMPI-2 [J]. Assessment, 2011, 18(1): 63−66.

④ AL-AMRI S S. Computer-based Testing vs Paper-based Testing: Establishing the Comparability of Reading Tests Through the Evolution of a New Comparability Model in a Saudi EFL Context [D]. The University of Essex, 2009.

⑤ GARAS S, HASSAN M. Student performance on computer-based tests versus paper-based tests in introductory financial accounting: UAE evidence [J]. Academy of Accounting and Financial Studies Journal, 2018, 22(02): 1−14 .

⑥ HENSLEY K K. Examining the Effects of Paper-based and Computer-based Modes of Assessment on Mathematics Curriculum-based Measurement [D]. University of Iowa, 2015.

⑦ CAGILTAY N, OZALP-YAMAN S. How can we get benefits of computer-based testing in engineering education [J]. Computer Applications in Engineering Education, 2013, 21(02): 287−293.

⑧ KNOSHSIMA H, HASHEMI TOROUJENI S M. Comparability of computer-based testing and paper-based testing: testing mode effect, testing mode order, computer attitudes and testing mode preference [J]. International Journal of Computer (IJC), 2017, 24(01): 80−99.

容易，测试完成后提供即时反馈。①②二是降低评估成本：通过交付、发送结果和评估答案来削减成本，如不需要打印、复印、包装、运输、评估、编码或录入数据，数据收集的成本可以大大降低。③三是推动评估创新：通过测量新的结构和使用新的项目类型为教育评估的创新奠定基础，如信息技术允许新的项目创造性地呈现任务，从而以在PBA 环境中不可能的方式提高评估的动机和享受水平。④四是更符合测评伦理，更具公平性：用用户名和密码维护考试安全。⑤随机选择问题或使用适应性技术的可能性减少了作弊，从而提高了安全性和更多的客观性。五是测试质量更高：测试质量和效率的指标包括结果的普遍性、测量结果的有效性以及数据收集和评估的客观性。⑥我们可以模拟复杂的现实生活情况，并在测试中使用真实的任务、互动、动态、虚拟世界和协作来测量更加复杂的 21 世纪技能，从而提高教育评估的质量。⑦

（三）电子测评面临的挑战

尽管人工智能的算法和大数据分析提高了自动测评系统的反馈速度和准确性，但TBA 的可能性、优势和挑战受到应用水平（例如，项目开发、交付、评分和反馈）、技术类型（例如，台式计算机、触摸屏平板电脑和眼球追踪技术）、所使用的方法（例如，固定测试或适应性测试）、交付（例如，基于互联网的、本地服务器交付和在可移动介质上的交付）、评分（例如，自动的、基于计算机的，但不是自动的评分而是人工评分）等因素的影响，其对学生深度学习和能力发展评价的应用价值仍然有限。教育评估中应用人工智能要掌握和了解计算机在总结性评估（如 AES 和 CAT 等）中的特征和局限。⑧

① DIKLI S. An overview of automated scoring of essays ［J］. The Journal of Technology, Learning and Assessment, 2006, 5（01）: 1-30.

② VALENTI S, NERI F, CUCCHIARELLI A. An overview of current research on automated essay grading ［J］. Journal of Information Technology Education: Research, 2003, 2（01）: 319-330.

③ CLARIANA R, WALLACE P. Paper-Based Versus Computer-Based Assessment: Key Factors Associated With the Test Mode Effect ［J］. British Journal Of Educational Technology, 2002, 33（5）: 593-602.

④ PACHLER N, DALY C, MOR Y, et al. Formative e-assessment: practitioner cases ［J］. Computers & Education, 2010, 54（03）: 715-721.

⑤ WISE STEVEN L. Controlling Construct-Irrelevant Factors Through Computer-Based Testing: Disengagement, Anxiety& Cheating ［J］. Education Inquiry, 2019, 10（01）: 21-33.

⑥ DRASGOW F（Ed.）. Technology and testing: Improving educational and psychological measurement ［M］. New York: Routledge. 2016: 142-173.

⑦ PACHLER N, DALY C, MOR Y, et al. Formative e-assessment: practitioner cases ［J］. Computers & Education, 2010, 54（03）: 715-721.

⑧ 袁莉，曹梦莹，约翰·加德纳，迈克尔·奥利里. 人工智能教育评估应用的潜力和局限 ［J］. 开放教育研究，2021，27（05）: 4-14.

三、教育评估主体、评估功能呈现多元化发展趋势

在教育评估的不同阶段，评估的主体由教师和学校转向多元主体。受教育权力分离制度的影响，第三方评估逐渐受到学者青睐。同时，教育评估的功能也由传统总结性评估，跨越到过程性评估。随着信息技术的不断深入，教育评估的主旨功能转向"促进学生发展"，为数智时代的教育教学改革提供智能化数据参考。

（一）教育评估主体由教师和学校转向多元主体

传统教育评估的实施主体多以教师和学校为评估主体。而在评估标准的研制方面，广大的教育实践主体——学校、教师、学生、家长的需要却未考虑。①随着信息技术和第四代教育评估理念的不断发展，教育评估从阐明学习成就程度（Assessment of Learning）到提供反馈以改善学习（Assessment for Learning）再到最终帮助学生监控学习（Assessment as Learning）转变，由教师主导的教学转变为教师和学生同时参与，最终转变为以学习者为中心的主动学习和自我监控。②

（二）教育评估主体由局内人转向第三方

在教育权力分离体制下，"管办评"三者良性互动产生了政府、高校与社会之间新型的协同关系——第三方评估成为教育评估重要的主体。第三方评估在国际上已被广为接受，并成为主流的评估主体。但由于教育评估在国内还处于探索阶段，第三方评估在我国开展的时间还比较短，制度因素阻碍教育评估深入有效开展，教育评估活动在规范性、公信力方面受到一定影响。国内学界围绕第三方教育评估的公信力建设③④、第三方教育评估机制建构⑤、第三方教育评估的组织发展⑥及其在我国实践中的困境

---

① 程艳霞，周师宇. 教育评估的边界理性、价值遵循与治理尺度［J］. 教育学术月刊，2022（04）：93-98.

② YANG L P, XIN T. Changing Educational Assessments in the Post-COVID-19 Era: From Assessment of Learning（AoL）to Assessment as Learning（AaL）［J］. Educational Measurement: Issues and Practice Spring, 2022, 41(1): 54-60.

③ 孙阳春，徐安琪. 我国第三方教育评估机构的公信力水平研究［J］. 中国高教研究，2021（03）：22-29.

④ 徐安琪，孙阳春. 第三方教育评估公信力建设的持续性机理［J］. 高教发展与评估，2022，38（04）：9-18.

⑤ 牛书成，康景彬. 管办评分离中高等教育第三方评估机制构建［J］. 南昌大学学报（人文社会科学版），2022，53（02）：119-128.

⑥ 陈兴明，李璇，郑政捷. 我国高等教育第三方评估组织发展现状研究［J］. 黑龙江高教研究，2018，36（07）：73-78.

与对策探析①、国际第三方教育评估的经验介绍及启示分析②等方面展开了大量论证与探索。

（三）评估功能从总结性评价转向形成性、诊断性评价

随着评估理念和范式的不断演进，教育评估的功能突破单一的成绩评定，走向多元综合。传统测验（总结性测试）的结果在个性化干预和学生层面的总体反馈方面用处有限。③它们通常用于问责目的，在测试中造成负面影响，如测试辅导（为测试而教）和测试分数膨胀④，会对学校氛围和教师产生有害影响⑤。

信息和通信技术，特别是计算机技术在教育评估中的应用，使总结性测试向形成性测试和诊断性测试转变，不仅从数量上，而且从质量上对教育评估的功能产生了巨大影响。数量层面，电子测评软件使大规模评估成为可能，数据之间的关联性更加紧密，计算机技术使数据分析统计的功能不断精进，更加充分地挖掘大数据背后的有效信息。质量层面，教育评估中出现了新的科学，它不仅注重对实际答案和成绩数据的分析，而且能更深入地分析收集到的超出学生提供的实际答案的背景数据。

（四）未来教育评估依托信息技术赋能个性化学习

一方面，技术可以记录、收集和分析学生在测试、学习过程中的行为（例如，执行任务所需的时间、学生尝试调整解决方案的次数，以及学生在任务和测试过程中点击的位置和次数）。日志文件分析、教育数据挖掘和学习分析⑥⑦，不仅从定量的角度，而且从定性的角度，极大地促进了对评估现象的理解。另一方面，背景信息在教育评估中起

---

① 肖国芳，彭术连，朱申敏. 组织生态学视角下我国高等教育第三方评估组织发展的困境及超越 [J]. 高教探索，2021（01）：5-10.

② 王璐，王世赟，尤铮. 国际视野下第三方教育评价机构的规范、认证与行业自律行为研究 [J]. 现代教育管理，2020（05）：36-45.

③ CSAPÓ B, MOLNÁR G. Online diagnostic assessment in support of personalized teaching and learning: the eDia system [OL/J]. Frontiers in Psychology, 2019, 10. https://doi. org/10.3389/fpsyg. 2019. 01522.

④ KORETZ D. Moving beyond the failure of test-based accountability [J]. American Educator, 2018, 41(4): 22-26.

⑤ SAEKI E, SEGOOL N, PENDERGAST L, et al. The influence of test-based accountability policies on early elementary teachers: school climate, environmental stress, and teacher stress [J]. Psychology in the Schools, 2018, 55（4）: 391-403.

⑥ ADESOPE O, RUDD A G（Eds.）. Contemporary Technologies in Education: Maximizing Student Engagement, Motivation, and Learning [M]. Palgrave Macmillan, New York, 2019: 119-143.

⑦ JOHNSON L, BECKER S A, CUMMINS M, et al. NMC Horizon Report: 2016 Higher Education Edition [R]. The New Media Consortium, 2016: 1-50 .

着重要的作用，能为学习者提供学习过程的全面画像，有助于更深入地理解所考察的现象，并能为传统评估技术无法回答的研究问题提供答案，以更好地理解所研究现象的细微机制。

显然，基于技术的评估重点已经从单独和总结性的方法转移到合作、诊断和更加以学习为中心的方法，教育评估功能从单一的问责发展为学情诊断、影响因素分析、个性化学习指导①，甚至（大数据）为学校管理、行政决策提供实证数据参考等。教育的根本目的是促进人的发展，教育评价也应服务于这一目的。教育评估要坚守评估对学生发展的促进作用，挖掘和解读数据背后的教育价值，探寻学生发展结果的影响因素、存在的问题，为教育教学改进提供参考依据。②

四、教育评估过程新趋势与新挑战

评估过程是指为某个评价目的，选择合适的评价工具与评估方式，收集、整理和分析相关的教育信息与数据的过程。评估过程的发展与评估方式的变革是一致的，在纸质测评时期，收集和整理数据依托人工赋分与人工计算，评估效率、效果以及评估结果的参考性均有限。随着电子测评方式兴起，评估过程也呈现出新样态，遭遇着新挑战。

（一）评估过程从结果数据收集转向过程性数据收集

在基于技术的测评方式中，学生在完成测试任务的同时生成基于过程的数据，数据记录的是学生在测试中的过程表现，而不仅仅是答案结果。多元数据测量要求数据融合处理技术跟进，整合学生解题的过程性数据和结果性数据的测量模型的开发成为国际前沿研究的热点。③

（二）网络科学为过程性数据分析提供新框架

网络科学为心理学中的多元数据分析提供了一个新的框架。变量被视为网络的节点，变量之间的关系被视为节点之间的联系。测量对象被表征为由观察变量相互作用形成的系统。最后，网络分析的应用还可以提供个性化的指导、干预方案，从而促进个体

---

① BASHAM J D, HALL T E, CARTER R A, et al. An operationalized understanding of personalized learning [J]. Journal of Special Education Technology, 2016, 31（3），126-136.

② 辛涛，贾瑜. 国际视野与本土探索："国际学生评估项目"的作用及启示 [J]. 教育研究，2019，40（12）：9-16.

③ BORSBOOM D, DESERNO M K, RHEMTULLA M, et al. Network analysis of multivariate data in psychological science [J]. Nature Reviews Methods Primers, 2021, 1（01）：1-18.

的积极发展。①譬如国际学生评估项目（PISA）从 2012 年开始使用计算机测试并记录反应时间数据，其将反应时间和项目反应信息一起用于推断统计，进而获得对受试者参数更精确的估计；心理学领域的认知诊断模型（Cognitive Diagnosis Model，简称 CDM）用于描述学习或成长轨迹。②这种数据分析模型可用于评估学生的学习状态和跟踪他们能力水平的发展，更能关注到学习者的多重特征，如学生的情感状态③，学习习惯和学习态度，来分析学习者的学习动机④。

（三）基于技术的评估过程面临诸多挑战

基于信息技术的电子测评方式在诸多方面具有纸质测评无法比拟的优势，但这种评估方式在实施过程中却面临诸多挑战。首先是测试的信效度问题。就测试的信度而言，构建标准化的指标体系、设计标准化的工具和获得标准化的测试性能成为亟须解决的问题。就测试的有效性而言，第一个关注点是测试设计和任务开发的问题情景是否能有效地激发待测的潜在特质；另一个问题是应该使用什么样的技术来捕捉测试中的动态过程；如何从多元数据中提取有效的度量证据。⑤其次是伦理问题。入学和选拔考试采用远程在线的方式会导致考试安全存在隐患。⑥研究者在学习和测试数据的可信存储和隐私保护方面提出了一些可能的对策。比如可以考虑利用区块链技术构建学习者行为链，记录他们基于过程的数据，为精准评估提供可靠的数据支持。⑦最后是评估的公平性问题。2020—2022 年，教育技术飞速发展，为在线教育提供大量资源和平台，但由于技术可及性不平等，它也可能导致学习和测试中的不公平。例如，高收入家庭中拥有

---

① MCNALLY R J. Network analysis of psychopathology: Controversies and challenges [J]. Annual Review of Clinical Psychology, 2021, 17: 31-53.

② WANG S, ZHANG S, SHEN Y. A joint modeling framework of responses and response times to assess learning outcomes [J]. Multivariate Behavioral Research, 2020, 55（01）: 49-68.

③ ASHWIN T S, GUDDETI R M R. Automatic detection of students' affective states in classroom environment using hybrid convolutional neural networks [J]. Education and Information Technologies, 2020, 25（02）: 1387-1415.

④ VIRVOU M, ALEPIS E, TSIHRIHRINTZIS G, et al. Machine learning paradigms [M]. Springer, Cham, 2019: 131-156.

⑤ YANG L P, XIN T. Changing Educational Assessments in the Post-COVID-19 Era: From Assessment of Learning (AoL) to Assessment as Learning (AaL) [J]. Educational Measurement: Issues and Practice Spring, 2022, 41(1): 54-60.

⑥ 刘苹苹，冯修猛，陈佳妮，范笑妤. 从全程在线评审实践思考教育评估数字化 [J]. 上海教育评估研究，2022，11（06）：44-49.

⑦ 冯修猛，范笑妤. 区块链技术驱动教育评估现代化：现实图景、适用价值与实施进路 [J]. 教育发展研究，2022，42（19）：69-74.

稳定互联网的家庭比例远远高于低收入家庭，贫困地区的学生在网络稳定性、可及性以及计算机使用技术方面均落后于经济发展水平高的地区的学生，从而在电子测评中表现更差。[①]

（四）我国教育评估过程中的新挑战

2020—2022 年，中国成为线上教学规模最大的国家，教育评估、评价也多转为线上。电子评估的需求和规模空前高涨，各种评估软件迅速被研发出来。广大教育者和受教育者感受到信息技术带给教育的红利，也认识到一些不可抗拒的弊端。"线上、线下"双线混融的教学模式既承袭了线上教学的优势，又克服了其弊端，逐渐成为主流，双线混融的教育评价形式应运而生。

基于信息技术的教育评估在我国仍处于发展初期，它无法避免电子评估过程中面临的挑战。我国幅员辽阔，学生人数众多，耗费大量人力、物力、财力采集到的教育信息，由于数据分析不充分，在促进指导学生个性化学习、改进教师教学等方面的作用受到限制。有学者指出，我国当前教育评估的数据测量和分析处理还存在诸多问题。评估报告的呈现多数是为教育行政部门或委托对象提供"大一统"的评估报告，未针对学校、教师、家长、社会所关心的核心指标进行深入挖掘。[②]线下传统的教育评估与线上电子评估相结合的评估过程模式，也许能在一定程度上实现优势互补，劣势互融。

五、教育评估实践的焦点与不足

教育评估实践是指国内外开展的影响较大、范围较广的教育评估项目情况。国内和国外在教育评估实践方面表现各异：国际教育评估实践在信息技术化道路上不断发展，趋于成熟；国内教育评估实践在教育行政部门领导下，大刀阔斧改革，博采众长快速发展。值得注意的是，无论是国内还是国外均很少有研究关注幼儿园儿童能力评估中的信息技术介入问题。

（一）国际教育评估实践聚焦基础教育学段

21 世纪以来，世界各国对教育评估给予高度重视，积极参与到教育评估实践中来。就国外而言，基础教育阶段的评估实践开展最为丰富。作为全球最具影响力的教育评估项目，国际学生评估项目（PISA）在测评规模上的发展最能说明国际教育评估实践在

---

① MCELRATH K.Schooling during the COVID-19 pandemic［EB/OL］.（2020-08-01）［2023-04-25］. United States Census Bureau. https://www.census.gov/library/stories/2020/08/schooling-during-the-covid-19-pandemi.html.

② 程艳霞，周师宇. 教育评估的边界理性、价值遵循与治理尺度［J］. 教育学术月刊，2022（04）：93-98.

基础教育阶段的发展趋势。该项目在 2006 年举行了第一次 CBA（线上测试），2015 年，PISA 向 CBA 的过渡已经完成，所有评估都通过计算机管理。经过近 20 年的发展，参测国家（地区）已经从 2000 年的 43 个扩大至 2018 年的 79 个。2018 年，来自 79 个参测国家（地区）的 3200 万名 15 岁学生参与了测试。测试国家（地区）涵盖了美国、加拿大等绝大部分欧美国家，日本、韩国、泰国等部分亚洲国家，巴西、阿根廷等部分南美洲国家以及部分非洲国家。2018 年，我国教育部组织北京市、上海市、江苏省与浙江省四省市的学生作为整体参加了 PISA2018 测试。四省市 361 所学校的 12058 名学生代表四省市在校生参加了测试，361 名学校负责人和 17634 名教师完成了在线问卷调查。①

此外，影响力较大的国际教育评估项目还有：（1）国际教育成就评价协会（International Association for the Evaluation of Educational Achievement，简称 IEA）的国际数学和科学趋势研究（Trends in International Mathematics and Science Study，简称 TIMSS），这是一项衡量四年级和八年级学生数学和科学成就的国际比较研究。2019 年，TIMSS 转向基于计算机技术的评估，被称为 e-TIMSS。（2）国际阅读素养进展研究（Progress in International Reading Literacy Study，简称 PIRLS）是对四年级学生阅读理解能力的评估，由 IEA 开发，自 2001 年以来每五年进行一次。PIRLS 在 2016 年发展为 e-PIRLS——一种在线阅读的创新评估，它利用模拟环境为学生提供真实的学校式作业。②

（二）国内教育评估实践以政策引领全面推进

就国内而言，教育评估作为整个教育系统的关键环节，有着悠久的发展历程，但教育评估现代化进程起步晚，传统的教育评估方式依然占主导。2010 年，国家中长期教育改革和发展规划纲要工作小组办公室颁布《国家中长期教育改革和发展规划纲要（2010—2020 年）》，其中第三十三条指出"改革教育质量评价和人才评价制度"。③2020 年，中共中央办公厅、国务院办公厅发布文件《关于深化新时代教育督导体制机制改革的意见》指出，大力强化信息技术手段应用，充分利用互联网、大数据、云计算等开展

---

① 辛涛，贾瑜，李刚，等. PISA2018 解读：全球视野与中国表现：基于中国四省市 PISA2018 数据的分析与国际比较［J］. 中小学管理，2020（01）：5-9.

② GILLEECE L, EIVERS E. Characteristics Associated With Paper-Based And Online Reading In Ireland: Findings From Pirls And Epirls 2016［J］. International Journal of Educational Research, 2018, 91: 16-27.

③ 国家中长期教育改革和发展规划纲要工作小组办公室. 国家中长期教育改革和发展规划纲要（2010～2020 年）［EB/OL］.（2011-10-29）［2023-04-28］. http://www.moe.gov.cn / srcsite / A01/ s7048 /201007/ t20100729_171904.html.

督导评估工作。①同年，中共中央、国务院发布的《深化新时代教育评价改革总体方案》中指出，完善立德树人体制机制，扭转不科学的教育评价导向，坚决克服唯分数、唯升学、唯文凭、唯论文、唯帽子的顽瘴痼疾，提高教育治理能力和水平。②

2010—2023 年间，我国教育评估实践基本按照中央文件的部署，从以下四个方面有序推进。①建立教育质量国家标准和国家教育基本标准，为教育评估奠定前提性基础。如在学前教育领域，教育部 2012 年颁布《3～6 岁儿童学习与发展指南》，2022 年颁布《幼儿园保育教育质量评估指南》；在义务教育领域，国家先后颁布《义务教育课程方案和课程标准》2001 年版、2011 年版以及 2022 年版；在高等教育领域，通过各级各类"一流课程""精品课程"项目，建立各学科课程标准体系。②完善各级各类教育评价评估体系，如建立科学的教育质量评价体系，全面实施高中学业水平考试和综合素质评价。研究热点聚焦高等教育领域中的思想政治教育③、创新创业教育④⑤、高职教育⑥⑦、大学通识教育⑧、研究生教育⑨⑩等方面的教育质量评价体系。③建立科学规范的教育评估制度和教育质量评价，涉及高校教学评估实践⑪与技术应用⑫，中小

① 中共中央办公厅，国务院办公厅. 中共中央办公厅、国务院办公厅印发《关于深化新时代教育督导体制机制改革的意见》[EB/OL]. 中国政府网. 中央有关文件.（2020-02-19）[2023-04-08]. http://www.gov.cn/zhengce/2020-02/19/content_5480977.htm.

② 中共中央，国务院. 中共中央、国务院印发《深化新时代教育评价改革总体方案》[EB/OL].（2020-10-13）[2022-04-28]. http://www.moe.gov.cn/jyb_xxgk/moe_1777/moe_1778/202010/t20201013_494381.html.

③ 李树学，路成浩. 完善新时代高校思想政治教育质量评价体系探究[J]. 学校党建与思想教育，2022（11）：50-55.

④ 李集城. 基于效率视角的创业教育质量评价体系研究[J]. 科技管理研究，2012，32（15）：145-149.

⑤ 杨小芳. 建构大学生创新创业教育质量评价体系：评《中国高校创新创业教育质量评价研究》[J]. 大学教育科学，2021（05）：129.

⑥ 周建松. 构建开放、多元、立体的高职教育质量评价体系[J]. 中国高教研究，2012（08）：89-92.

⑦ 孙毅颖. "职业性""高等性"融合发展趋势下的高职教育质量评价体系构建模式[J]. 中国大学教学，2013（02）：77-79.

⑧ 冯惠敏，黄明东，左甜. 大学通识教育教学质量评价体系及指标设计[J]. 教育研究，2012，33（11）：61-67.

⑨ 潘武玲，谢安邦. 我国研究生教育质量评价体系研究[J]. 高等教育研究，2009，30（10）：61.

⑩ 李圣，李勇，王海燕. 研究生教育质量评价指标体系模型构建与研究：基于 PSO-AHP 分析方法的应用与实证[J]. 研究生教育研究，2016（05）：53-59.

⑪ 刘振天. 从水平评估到审核评估：我国高校教学评估理论认知及实践探索[J]. 中国大学教学，2018（08）：4-11.

⑫ 王金羽，詹逸思，冯起，等. 教育质性研究中人机协同文本挖掘技术的运用：以某高校教学评估中文文本数据为例[J]. 清华大学教育研究，2022，43（02）：56-63.

学生综合素质评价的指标建构①以及大规模评估实践②。④探索与国际高水平教育评价机构合作，培育专业教育服务机构和完善教育评估中介组织的准入、资助、监管和行业自律制度。③④

第二节 学前教育评估的相关研究

一、工具视角下国际学前教育评估的发展阶段

通过对国外具有普遍性的学前教育评估工具的研制时间、评估内容、评估方式等信息梳理，可知国际学前教育评估大致经历四个发展阶段：开放式评估阶段、整体—环境质量评估阶段、班级—过程质量评估阶段、个体—基于技术的标准化评估阶段。

（一）无权威工具的开放式评估阶段

20 世纪 80 年代之前可视为开放式评估阶段。该时期，以美国为代表的欧美国家意识到早期教育的重要价值，逐渐关注早期教育质量的提升。美国颁布综合性评估政策，但并没有形成科学性、适宜性和可操作性的评估工具，各地区的评估方式、方法均未统一，幼儿园保育项目评估质量较低，在促进儿童发展方面效率低下。⑤⑥

（二）ECERS 主导的学前教育结构质量评估阶段

20 世纪 80 年代至 21 世纪初，国际学前教育评估聚焦幼儿园整体环境质量评估。鉴于高质量的儿童保育对儿童健康发展的重要性以及旨在改善保育质量的大量公共投资，研究人员定义和评估质量的方式受到重新审视。1980 年，Harms & Clifford 研制并发布了最初的《儿童早期教育环境评估量表》（*Early Childhood Environment Rating*

---

① 王咸伟，徐晓东，刘欢欢，等. 信息化环境下中小学生综合素质评价指标体系构建 [J]. 电化教育研究，2019，40（01）：67-76.

② 张建伟，王光明.《小学生综合素质评价手册》的实践分析与改进建议：基于对北京、上海、天津 708 份样本的调查 [J]. 天津师范大学学报（基础教育版），2022，23（01）：59-63.

③ 王璐，王世赟，尤铮. 国际视野下第三方教育评价机构的规范、认证与行业自律行为研究 [J]. 现代教育管理，2020（05）：36-45.

④ 沈小娟. 教育评估中介管理机构探索研究 [J]. 高校教育管理，2015，9（03）：80-83.

⑤ COELEN C, GLANTZ F, CALORE D. Day care centers in the U.S.: A national profile 1976-1977 [M]. Cambridge, MA: Abt Associates. 1979.

⑥ KEYSERLING M. Windows on day care: A report on findings of the National Council of Jewish Women[R]. New York: National Council of Jewish Women, 1972.

Scale，简称 ECERS）。① 1984 年，美国幼儿教育协会正式颁布该评估量表作为美国各地区学前教育评估的工具。这是第一个学前教育质量评估工具，学前教育评估进入"环境质量评估阶段"。

该量表是一种观察工具，包括七个内容，用于评估早期教育结构是否有促进保障儿童身心健康发展的环境、材料和课程活动，以及促进教师发展和家长成长的规章制度。随着对儿童早期教育实践最佳状态的想法不断变化，儿童早期评价被广泛用作研究和评估工具，促使 Harms 等人在 1998 年对《儿童早期教育环境评估量表》进行了修订，并发布了《儿童早期教育环境评估量表（修订版）》（*Early Childhood Environment Rating Scale-Revised*，简称 ECERS-R）。②修订版量表的结构未变，但对评估内容（删除重复项）、评估指标（增加案例和文化包容性）、评估方式（视频和计算机的使用）进行修订，依然关注早期教育机构的结构性质量，但量表更具稳定性。③

（三）CLASS 主导的学前教育过程质量评估阶段

21 世纪的前十五年是学前教育过程质量评估阶段，此阶段的最显著特点是考虑文化多样性，注重基于班级的过程性质量评估。经济合作与发展组织（Organization for Economic Cooperation and Development，简称 OECD）于 2001 年和 2006 年分别发布了两期的成员国学前教育评估研究报告。研究报告采用案例研究的方法描述了 20 个 OECD 成员国学前教育政策发展的经济、社会、研究背景，阐述了各国处理学前教育普及、质量、多样化、儿童贫困等问题的策略。报告注重背景和过程的质性评估，具有很强的文化适宜性和针对性，但结果不易量化，无法将评估结果与儿童发展质量相关联。

2008 年 Robert C&Pianta 等人开发的课堂互动评估系统（Classroom Assessment Scoring System，简称 CLASS）则从教师行为的角度观察课堂情境中师生互动过程，评估师生互动质量。④有研究表明，师生互动指标比其他诸如教师受教育程度、班级硬件设施、班级规模、生师比、课程类别、卫生保健条件等结构性指标更能严格而有效地预

---

① HARMS T, CLIFFORD R. Early Childhood Environment Rating Scale［M］. New York: Teachers College Press,1980.

② HARMS T, CLIFFORD R, CRYER D. Early Childhood Environment Rating Scale, revised edition ［M］. New York: Teachers College Press, 1998.

③ SAKAI L M, WHITEBOOK M, WISHARD A, et al. Evaluating The Early Childhood Environment Rating Scale（ECERS）: Assessing Differences Between the First and Revised Edition［R］. Center for the Study of Child Care Employment, 2003.

④ PIANTA R C, LA PARO K M, HAMRE B K. Classroom Assessment Scoring System（CLASS） Manual, Pre-K［M］. Baltimore: Paul H. Brookes, 2008: 9-10.

测儿童多方面发展的质量。① 2014 年，ECERS-3 发布，与前两版相比，第三版更加关注"关系和互动"的作用，更加强调教师在帮助儿童发展认知和社交技能方面的作用，而不太强调提供材料。②

（四）IELS 引领的基于技术的学前教育评估阶段

该阶段从 2016 年至今，主要特点是基于信息技术的标准化评估，聚焦儿童的个性化发展特质。信息技术其实早在第二版 ECERS 就已投入使用，但使用领域和范围有限。2016 年 OECD 启动了一项针对 4.5～5.5 周岁儿童的国际标准化学前教育评估项目 IELS（the International Early Learning Study）。与前期的案例研究法不同，该项目忽略国别差异，致力于提供"标准化的幼儿教育和保育的质量评测工具"，并使用平板电脑进行测试。③这标志着信息技术在学前教育评估领域发展成熟，也意味着基于技术的评估是学前教育评估的新发展方向。

2020 年研发的一种基于互联网技术的个体层面微观学习过程的质量评价工具——优化学生学习机会（Optimizing Learning Opportunities for Students，简称 OLOS），旨在支持教师为满足每个儿童独特的学习需求提供个性化的学习机会，以促进所有儿童的发展。④个体层面微观学习过程质量评价工具的出现和发展将大大提高研究者对质量问题认识的广度与深度，具有广泛的探索和应用前景，无疑将成为学前教育评估的研究前沿领域。

二、政策视角下我国学前教育评估的发展阶段

近年来，我国学前教育评估得以快速发展，主要缘于我国社会主义制度在教育领域所具有的独特优势。中国共产党领导下的教育改革遵循"实践调查—科学论证—研制政策—发布实施"的自上而下的逻辑，因此考察我国学前教育评估的发展历程

---

① HAMRE B K, GOFFIN S G. Classroom Assessment Scoring System（CLASS）Implementation Guide: Measuring and Improving Classroom Interactions in Early Childhood Settings［EB/OL］.（2013-05-20）［2023-05-01］. http://www.teachstone.org/wp-content/uploads/2010/06/CLASSImplementationGuide.pdf.

② HESTENES L L, RUCKER L, WANG Y C, et al. A Comparison of the ECERS-R and ECERS-3: Different Aspects of Quality?［J］Early Education And Development, 2019, 30（4）: 496-510.

③ OECD. Starting Strong: Early Childhood Education and Care［EB/OL］.（2018-03-27）［2023-05-01］. https://www. oecd -ilibrary. org / education / starting-strong_ 25216031.

④ CONNOR C M, ADAMS A, ZARGAR E, et al. Observing individual children in early childhood classrooms using Optimizing Learning Opportunities for Students（OLOS）: a feasibility study［J］. Early Childhood Research Quarterly, 2020, 52: 74-89.

也要透过"政策视角"。我国学前教育评估发展可分为三个阶段。

（一）初建制度的探索期

新中国成立以来至 20 世纪末为初步探索期。1987 年，《关于明确幼儿教育事业领导管理职责分工的请示》规定教育部门"负责对各类幼儿园的业务领导，建立视导和评估制度"，第一次正式提出建立幼儿园教育评估制度，并明确强调幼儿园教育督导评估的责任属于教育部门，这标志着我国幼儿园教育质量评估制度建设与实践探索的正式开始。到 20 世纪 90 年代中期，地方教育部门依据《幼儿园工作规程（试行）》提出的幼儿园教育理念与要求，陆续出台幼儿园评估标准，开展幼儿园质量评估实践，初步建立了幼儿园教育质量评估体系。

（二）细化制度的完善期

21 世纪初期（2000—2010 年）是逐步完善期。这一时期的发展主要集中在两个方面。第一，进一步健全完善已有幼儿园评估制度，改革评估与监督办法，增强教育评估和监督的客观性、公正性和科学性，各地区开始建立幼儿园评估制度。第二，开始强调政府内部以及政府与社会和市场之间的分权放权。1999 年中共中央、国务院《关于深化教育改革全面推进素质教育的决定》提出，继续完善基础教育主要由地方负责、分级管理的体制。开始强调政府内部以及政府与社会和市场之间的分权放权。

（三）构建指标的发展期

2010 年至今为快速发展时期。该时期，国家颁布一系列政策文件，其中最具影响力的有 2010 年的《国家中长期教育改革和发展规划纲要（2010—2020 年）》以及 2017 年中共中央办公厅、国务院办公厅印发《关于深化教育体制机制改革的意见》。在政策文件引领下，幼儿园教育质量评估制度改革以转变政府职能、推进管办评分离、构建现代化教育治理体系为基本指导，致力于推动构建标准科学、全面覆盖、信息公示、社会参与和监督的幼儿园教育质量评估体系。近十三年来，学界的相关研究以介绍欧美发达国家的早期教育质量评价体系与经验启示为主[1][2][3]，同时也有学者立足国情探析我国学前教育质量评价的困境与路径[4]，在此基础上建立了我国普惠性学前教育公共服务

---

① 刘颖，李晓敏. OECD 国家学前教育质量监测系统分析及其对我国的启示［J］. 学前教育研究，2016（03）：3-14.

② 潘月娟. 国外学前教育质量评价与监测进展及启示［J］. 中国教育学刊，2014（03）：13-17.

③ 底会娟，王艺芳. 发达国家学前教育质量监测体系的比较与启示：以美国、英国、澳大利亚为例［J］. 现代教育管理，2019（05）：77-82.

④ 杨大伟. 我国学前教育质量监测的现实困境及发展对策［J］. 现代教育管理，2018（08）：46-52.

评价模型与指标体系①。

三、学前教育评估的内容

评估标准或指标体系构建是教育评估的基础性前提，纵观学前教育评估各发展阶段，横看各国学前教育评估状况，评估指标体系构建始终是研究焦点。遵照国际学前教育发展阶段的后三个发展阶段特征，学前教育评估的指标体系发生相应的转向。

（一）强调幼儿园整体的机构环境质量指标体系

20 世纪八九十年代，以早期教育机构的环境结构质量为关注点，评价指标体系着眼于幼儿园整体。学前教育机构高质量的表现指标包括发展适宜性课程；精心挑选的教师和有效的培训；教师与学生间的合适比例；学校与家庭和社区的合作关系；学校对管理、服务、健康和教育的强有力支持；具有科学评价儿童进步发展的程序。②例如被广泛使用的幼儿园环境质量评估量表 ECERS-1\ECERS-2 的基本指标包含：生活照料（Personal Care）、室内环境（Furnishings and Display for Children）、语言推理（Language-Reasoning Experiences）、动作发展（Fine and Gross Motor Activities）、创造性活动（Creative Activities）、社会性发展（Social Development）、成人需求（Adult Needs）等。

21 世纪初，学前教育评估依然以结构质量为主。例如，德国 2003 年发布的《儿童日托机构的教育质量：国家标准集》包含五个模块内容：为儿童的活动创设基本时空结构；幼儿园生活常规的教育设计；狭义的教育工作（十个子领域的教学）；与家庭合作进行的工作领域；幼儿园"领导"工作。③芬兰的学前教育评估指标包含：亲子契约；个人需要的满足和对个人的特别关注；外在环境的舒适及满意度；教职工的自我评量；儿童的自尊。④澳大利亚学前教育国家质量标准分为七大部分："学前课程与教学""儿童健康与安全保障""幼儿园园舍环境""人员编制安排""师幼关系""与家庭、社区的合作"以及"领导与机构管理"。⑤

---

① 王艺芳，姜勇. 普惠性学前教育公共服务监测模型与指标的构建：基于"以人民为中心"的视角［J］. 学前教育研究，2021（07）：41-57.

② SCHWEINHART L J. When the buck stops here: What it takes to run good early childhood programmes［M］. Ypsilanti, MI: High/Scope Press, 1987.

③ 郭良菁. 德国研制《儿童日托机构的教育质量：国家标准集》的启示［J］. 学前教育研究，2004（9）：59.

④ 吴凡. 芬兰幼儿园质量评价简介及启示［J］. 山东教育，2010（6）：12-13.

⑤ 钱雨. 澳大利亚学前教育质量评估研究的发展与启示［J］. 外国教育研究，2012（9）：4-5.

（二）强调师幼互动的教学过程质量指标体系

21 世纪初期，学前教育评估指标开始从结构质量指标转向过程性指标。随着相关研究不断深入，研究者们发现学前教育的结构质量与幼儿的发展结果关联性不大，为了更进一步探索影响幼儿发展结果的关键因素，聚焦师幼互动的 CLASS（2008 年）工具应运而生。随后的多项研究表明：相比于结构性质量，直接影响儿童的过程性质量（尤其是师幼互动和课程）与儿童的发展有着更为密切的联系，是学前教育质量中最为重要的方面。①美国的实践研究显示，过程性质量比结构性质量更适合用于预测儿童发展结果。教室中的动态因素——教师与儿童的互动，是儿童学习的关键因素，通过观察教室中教师与儿童的互动水平可以有效地预测教学质量。②

实证研究推动评估理念转变。学者们认识到高质量学前教育机构的表现指标应该包括：老师、儿童和家庭之间积极的、相互尊重的互动；基于学前儿童发展的知识和最新学习理论，以及基于学前儿童个体需要和兴趣而开发的课程；能够为儿童提供富有挑战性与安全性的户内外环境；允许所有群体充分参与决策和兼顾政策发展的管理实践；能清晰传播教育哲学、教育目标，并据此进行教育实践。③理念转变进而引发国际权威学前教育评估指标体系修订，各国纷纷增加过程性指标，强调师幼互动和教学过程。最具代表性的就是 ECERS 第三版的修订，其中增加关注教师行为尤其是在语言、识字和数学领域，更加强调教师在帮助儿童发展认知和社交技能方面的作用，而不太强调提供材料。④

（三）强调儿童发展的结果性指标体系

在学前教育评估指标从结构性转向过程性的过程中，儿童的发展结果（结果性指标）是推动力量。正如杜威（John Dewey）所强调的：文化共同体期望通过教育培养合格的社会成员，而民主社会又以每个成员的发展为目标。于是，民主社会的合格社会成

① YOSHIKAWA H, WEILAND C, BROOKS-GUNN J, et al. Investing in our future: the evidence base on preschool education ［R/OL］.（2013-10-16）［2021-04-12］. http://srcd.org/sites/default/files/documents/washington/mb_2013_10_16_investing_in_children.pdf.

② MUNRO S. Opportunity Lies in Teacher-Child Interaction ［J］. Education Digest Essential Readings Condensed for Quick Review, 2008, 73（6）: 46-48.

③ MILLAR E. Preschool Quality Assessment Workbook, Early Childhood Services Unit ［EB/OL］.（2003-5-6）［2023-05-02］. http://www.dhs.vic.gov.au/commare.

④ EARLY D M, SIDERIS J, NEITZEL J, et al. Factor structure and validity of the Early Childhood Environment Rating Scale-Third Edition（ECERS-3）［J］. Early Childhood Research Quarterly, 2018, 44: 242-256.

员，便是个人获得充分发展的人。因而，民主社会的教育应让儿童获得充分的发展。①这为我们理解什么是好的教育，以及什么样的教育评估指标是合适的提供了一个准则，即儿童的发展是教育的目的，也是衡量学前教育好坏的基本尺度。②2015—2020 年，学前教育评估领域对学前教育结果质量（儿童发展结果）展开了国际性探索。

这一探索表现为突出识字、算术、自我调节、移情和信任能力。OECD 在 2016 年启动了一项针对 4.5～5.5 周岁儿童的国际标准化学前教育评估项目 IELS（International Early Learning Study），测试四个早期学习科目：识字、算术、自我调节、移情和信任。"儿童技能间接评估"则通过在线问卷和调查表格的方式从儿童父母和参与测试的工作人员那里获得，家长问卷主要收集有关父母背景、家庭学习环境、幼儿教育参与和所在社区文化特征的相关信息。儿童的观点也将以口头提问的方式来征求，比如是否喜欢这项测试，喜欢或讨厌其中的哪些内容等。这些反馈可以提高测评的舒适度、有效性和信度。③

（四）强调高质量发展的综合性指标体系

2016 年，联合国教科文组织与世界学前教育组织通力合作，邀请来自各国的研究者、政府官员、NGO 组织及多方利益相关者共同研发了新型的幼儿园（班）教育质量的工具——《早期学习环境评量表》（*Measurement of Early Learning and Environment*，简称 MELE）。MELE 致力于协助各国在价值导向下大范围评估和提升早期教育质量，涵盖环境、互动、教学、游戏、包容性、家庭和社区参与、人事管理七人领域。④高质量教育表现在多个维度，不同于简单的单维度衡量质量的方法，MELE 尊重教育质量的价值内涵，考虑文化多样性和动态生成性，兼顾幼儿园整体（环境、人事管理、家庭社区参加）、班级（互动、教学、包容性）以及个体（互动、游戏）等三个层面的特征评估，是目前在全球范围内具有较好适应性、科学性、有效性的评估工具之一。⑤

---

① ［美］杜威. 哲学的改造 ［M］. 许崇清，译. 北京：商务印书馆，1997：100.

② 蒋雅俊. 走出学前教育质量评价的误区 ［J］. 教育发展研究，2020，40（24）：60-66.

③ OECD. The International Early Learning and Child Wellbeing Study The Study ［EB / OL］.（2017-08-2）［2023-5-01］. http：/ / www. oecd. org / education / school / the-international-early-learning -and-child-well-being-study-the-study. htm.

④ RAIKES A, KOZIOL N, DAVIS D, et al. Measuring quality of preprimary education in sub-Saharan Africa: Evaluation of the Measuring Early Learning Environments scale ［J］. Early Childhood Research Quarterly, 2020, 53: 571-585.

⑤ 刘海丹，梁人文，周兢. 让每位幼儿都享有优质教育：《早期学习环境评量表》的背景、结构和启示 ［J］. 外国教育研究，2020，47（11）：103-116.

我国学前教育评价的两个纲领性文件前后发布，构成了兼顾儿童发展质量、幼儿园环境质量以及教师教学质量的评估指标。《3～6岁儿童学习与发展指南》主要涉及儿童发展质量评估领域，包括以下六个方面：身体健康与动作发展，社会性与情感，认知，语言与交流，美感与表现，学习品质。《幼儿园保育教育质量评估指南》涉及环境质量以及教育过程质量，由办园方向、卫生与安全、教育过程、环境创设、师资队伍等五大模块组成。这表明学前教育质量评估仅考虑过程还是仅考虑结果都是较为片面的，预示着学前教育评估体系逐渐走向成熟与系统。人的复杂性决定了作为"培养人的社会活动"的教育的复杂性，进而决定了教育评估指标体系的复杂性。学前教育评估指标体系构建必须坚持系统思维、生态思维，兼顾宏观、中观与微观层面，既考虑到学校设施、教师质量对儿童的影响，又要关注到儿童的发展结果。

四、学前教育评估的功能、主体、方法

学前教育评估是一个系统性范畴，其复杂性不仅体现在评估指标体系方面，而且意味着学前教育评估功能、主体和方法的多元化发展。系统思维在本体论意义上，就是一种整合多元论。"整合"体现其整体性，强调系统必须以整体的形式存在，一个系统总是以其整体性区别于另一系统；"多元"强调其构成要素的多元性。[①]因此，无论学前教育评估功能、主体、方法如何多元化，最终都要整合到一起，而关键问题是什么才是学前教育评估的"整体"。学前教育评估的整体可以理解为学前教育质量提升，儿童潜能得以充分发展与发挥，具体体现在功能、主体、方法三个方面。

（一）学前教育评估功能始终以学前教育质量提升为根本目的

OECD 于 2001 年公布的报告指出，"在学前教育放权的背景下，一个运作良好、有充足资金支持的学前教育评估系统对于提高学前教育的质量来说是非常重要的"。[②]为更好评估儿童发展质量，OECD 于 2012 年发布了《强势开端Ⅲ：学前教育质量工具》，提出提高学前教育质量应包含服务质量、师资队伍质量、儿童发展质量。国家进行儿童发展与表现测评的目的在于明确儿童学习需要、促进儿童发展、提高服务质量、丰富决策信息、改善教师表现以及对托幼机构实施问责等。[③]

---

① 杜仕菊，石浩. 新时代系统思维的生成逻辑、核心要素与实践路径 [J]. 思想理论教育，2023（02）：40-47.

② OECD. Starting Strong I: Early Childhood Education and Care [M]. Paris: OECD Publishing, 2001: 11+133-134.

③ OECD. Starting Strong III: Early Childhood Education and Care [M]. Paris: OECD Publishing, 2012: 9+145-146.

在美国，学前教育质量评级与提升系统（Quality Rating and Improvement Systems，简称 QRIS）已成为提升学前教育质量的重要行动。质量评级和质量提升是该系统两大核心职能，且落脚点为后者。各州的 QRIS 虽设置了多个质量层级，但评级系统更多被用作形成性评估，为机构和学前教育工作者提供反馈意见，而不仅仅作为判定机构质量并进行分类的终结性评估。[①]学前教育评估功能与教育评估功能的发展趋势保持一致，由最初的筛选、定等、问责，逐渐发展出诊断、改进、决策等发展性功能，并最终落脚于学前教育质量提升。

（二）学前教育评估主体的三种属性

学前教育评估主体表现为多方参与、专业性强，旨在精准把脉学前教育质量。关于教育评估的主体，学界存在三种观点，按其出现的时间顺序来说，一是外部评估，就是由外在于教育机构的组织、评价者或政府办公室来实施质量测评；二是内部评估，由教育机构自身实施；三是第三方评估，由独立于学校和政府的专门评估单位来实施评估。外部评估能为机构提供反馈和具有启发性、挑战性的建议，增进自我评价的深度和广度，也能与相对欠缺数据信度的内部评估构成互补；内部评估则能突破由外部评估的标准化和相对聚焦的评估内容所带来的限制，使得评估更具个体适宜性，同时也能对外部评估的结果给出更具体、更明确的解释。[②]

就国外较为普遍的评估项目而言，在评估主体的立场上倾向于第三方评估，评估主体的能力上强调专业化。譬如，OECD 于 2012 年开展的 IELS 项目组建了国际化的研究管理团队，主要成员有以下三方：承担过 2006 年和 2009 年 PISA 项目管理的澳大利亚教育研究理事会、实施了 TIMSS（国际数学和科学研究趋势）和 PIRLS（国际阅读素养进展研究）等重大项目的国际教育成就评估协会，以及专门为国际化的多语言项目提供"语言质量控制"的 Capstan 公司。[③]

美国的 QRIS 项目强调标准化评估工具需要专业评估人员来操作，各州非常重视通过培训和考核确保评估人员的可靠性。以环境评价量表为例，各州要求评估人员第一次评估前必须参加一定时长的现场培训，且评估人员培训期间的试评估结果与培训者达到

---

① BUETTNER C K, ANDREWS D W. United States childcare policy and systems of care: the emerging role of Quality Rating and Improvement Systems [J]. International Journal of Child Care and Education Policy, 2009, 3（1）: 43-50.

② NEVO D. School evaluation: internal or external? [J]. Studies in Educational Evaluation, 2001, 27（2）: 95-106.

③ TAGUMA M, LITJENS I, MAKOWIECKI K. Quality Matters in Early Childhood Education and Care: Finland [M]. Paris: OECD Publishing, 2012: 9.

规定的一致性信度（通常为 0.85）后，才有资格从事评估工作。①

我国学前教育评估工作起步较晚，评估主体仍显得较为单一，以自上而下的质量等级评定为主，同时出现重视内部评估和第三方评估的趋势。教育部颁发的《幼儿园保育教育质量评估指南》明确要求建立一支尊重学前教育规律、熟悉幼儿园保育教育实践、事业心责任感强、相对稳定的专业化评估队伍；同时强调幼儿园自我评估，改变以往重结构轻过程的传统评估方式。②许多地方教育部门主导实施的幼儿园教育督导和评估主要采用自下而上自主推荐或由管理人员根据社会声望、经验水平等直接选用的方式组建评估队伍，没有科学合理的评估人员资质标准和公正有效的遴选程序，没有针对评估人员的专门培训和考核，所以较难保证评估人员的专业性。③有学者建议，我国应成立中央、省、市、县四级的教育质量评估机构，同时还应积极引入第三方的专业组织，增强第三方评估组织市场储备，建立相应的第三方认证、委托、监督与约束等机制④，以确保真实评估我国学前教育质量现状，为政策决策、教学改进和儿童发展提供有效支撑。

（三）学前教育评估方式突出技术性与表现性融合

与传统意义上的教育评估方式不同，学前教育评估涉及幼儿的切身利益，他们是未成年群体，因此学前教育评估方式尤其强调"儿童利益优先"。"儿童利益优先"需要优先考虑评估系统的发展功能，加强教师主动参与的教学评估，对儿童发展和结果的评估以发展性、形成性评价为主。访谈、观察和对内部记录的分析都是常用的方法，还有记录核查表和问卷调查的形式。教师评价评分系统（CLASS）就是典型案例之一。早期环境质量评价量表（ECERS）在使用时，机构可能会采用自我反思报告或日记、自我评估质量检查清单等方式。此外，由教师和管理者的自我陈述构成的档案袋也是常用的评价工具。⑤优先使用发展性、形成性评价方式，是学前教育评估方式的特殊要求。

---

① BWETTNER C K, ANDREWS D W. United States childcare policy and systems of care: the emerging role of Quality Rating and Improvement Systems［J］. International Journal of Child Care and Education Policy, 2009, 3（1）: 43-50.

② 教育部. 教育部关于印发《幼儿园保育教育质量评估指南》的通知［EB/OL］.（2022-02-11）［2023-04-30］. http://www.moe.gov.cn/srcsite/A06/s3327/202202/t20220214_599198.html.

③ 潘月娟. 我国幼儿园教育质量评估制度的演化变迁与优化建议［J］. 中国教育学刊, 2022（11）: 60-64.

④ 黄正夫. 学前教育质量第三方评估监测：意蕴、困境及路径［J］. 教育探索, 2017（1）: 87-90.

⑤ OECD. Starting Strong IV: Monitoring Quality in Early Childhood Education and Care［M］. Paris: OECD Publishing, 2015: 97-102.

　　表现性评估是学前教育评估方式区别于传统教育评估方式的另一个特点。由于学前儿童认知能力、语言能力发展尚不成熟，因此通过测验（考试）的方法取得儿童学习与发展情况的信息较为困难。各国评价儿童发展与表现的工具差异较大，一般而言，主要的评价工具包括直接评价（分为测验和筛查）、描述性评价（主要包括故事讲述和档案袋）和观察（分为评分量表和检查清单）。考虑到评价工具的年龄适宜性以及评价的成本，使用描述性评价和观察的国家比采用直接评价的国家多得多。学界称这种评价方式为真实性评价（Authentic Assessment）或表现性评价（Performance Assessment），它是指各种在现实生活或类似现实生活的真实情景中为儿童呈现真实任务以考察儿童真实表现的评价方法。① 常用的方法有情境观察法、个别测验、检核表和等级评定表、访谈法、音乐沙画辅助法、看图说话等。②

　　基于信息技术的评估方式作为信息时代的前沿，对学前教育评估具有更好的适切性。近年来有学者指出学前儿童发展测评还应在形式和方法上淡化考试的僵硬外壳，积极运用信息化手段，开发幼儿多元智能测评的各类软件工具，搭建 AR、VR 等智能化平台，注重趣味性、生动性和灵活性，使测评符合幼儿的心理特点，将幼儿从要求苛刻的标准化考试中解放出来，更多地在真实的生活情景中"无痕化"测试，实现评估的智能化和便捷化。③ OECD 于 2012 年推出的 IELS 项目就是使用平板电脑对 4.5~5.5 周岁儿童的发展水平进行测评。智能化的测评方式生动有趣、情境性强，具有更强的年龄适宜性。

五、学前教育评估实践与挑战

　　进入 21 世纪，世界各国重视学前教育质量，纷纷开展学前教育质量评估。评估指标体系相继构建，也形成了比较有国际影响力的评估项目。随着学前教育评估实践的深入开展，技术和理念不断更新，新的挑战也随之出现。

（一）各国学前教育评估指标体系相继构建

　　新西兰教育评估办公室（Education Review Office）于 21 世纪初出台了《学前教育评估框架和资源》（*Framework and Resources for Early Childhood Education Reviews*）和《学前教育机构评估指标》（*Evaluation Indicators for Education Reviews in Early Childhood Services*），并据此开展学前教育机构的评估工作，以保障和提高学前教育质量。新加坡

① 周欣. 表现性评价及其在学前教育中的应用［J］. 学前教育研究，2009（12）：28-33.
② 辛涛，乐美玲. 学前教育质量监测的几个问题［J］. 学前教育研究，2013（09）：3-7.
③ 周森. 审慎对待国际标准化学前教育评估项目［J］. 中国教育学刊，2020（05）：33-38.

于 2010 年发布了《新加坡学前教育机构认证框架》(*Singapore Preschool Accreditation Framework*, 简称 SPARK), 以推动学前教育机构的认定工作。澳大利亚也于 2012 年正式实施了新的学前教育质量监测系统, 所有学前教育机构都要接受质量评估。①

(二) IELS 与 QRIS 成为影响力最大的两个评估项目

在国外众多的学前教育评估项目中, 最具影响力的项目主要有两个: 经济合作与发展组织 (OECD) 开展的学前教育质量评估 (IELS) 与美国建立的学前教育质量评级与提升系统 (QRIS)。OECD 开展的一项针对 4.5 ~ 5.5 周岁儿童的国际标准化学前教育评估项目被教育学界认为是继 PISA 之后的又一项十分重要的大型跨国教育测评项目。截至 2016 年, 有 24 个成员国参与其中。美国各州教育决策者为了提高幼儿保育教育质量建立了质量评级和改进体系, 该系统为各州提供了一种系统的方法来提高儿童保育和教育的整体质量。各州自愿参与该评估体系, 并可以在评估框架下制定本州的评估指标。该系统是目前美国最受欢迎的评估项目。②

(三) 我国学前教育评估实践有待推进

近年来, 我国也非常重视学前教育质量评估。但我国的学前教育起步较晚, 全国性的测评研究直到 2020 年左右才刚刚发展起来, 并且集中在学前教育的普惠性问题, 特别是农村学前教育的公益普惠水平的测评上, 对于学前教育本身的测评维度的构建还停留在对国外的引鉴和学习阶段。③一些地区已经开展了区域性的学前教育质量评估④, 但主要关注幼儿园管理、师资规模、师幼比等教育投入性或过程性指标, 尚缺少针对幼儿发展结果的测评⑤。2018 年全国教育事业统计数据显示, 学前教育毛入园率已经达到了 81.7%。有了这些基础, 学前教育的发展也将逐步从数量的有无转向质量的提升, 进入内涵式发展阶段。在此背景下, 亟须推进学前教育结构质量、过程质量和结果质量评估项目, 为学前教育高质量发展保驾护航。

(四) 当前学前教育评估面临的挑战

首先是评估的信效度问题。一方面, 评价主体的主观性难以克服。由于评价在本质

---

① 单文顶, 曹紫杨. 美国学前教育质量评级与提升系统 (QRIS) 对我国开展学前教育质量监测的启示 [J]. 中国考试, 2021 (10): 33–42.

② TARRANT K, HUERTA L A, Substantive or symbolic stars: Quality rating and improvement systems through a new institutional lens [J]. Early Childhood Research Quarterly, 2015 (30): 327–338.

③ 周森. 审慎对待国际标准化学前教育评估项目 [J]. 中国教育学刊, 2020 (05): 33–38.

④ 彭兵. 武汉市幼儿园保教质量评估与监测现状及发展对策 [J]. 学前教育研究, 2013 (8): 14–21.

⑤ 刘昊. 我国学前教育质量监控中需处理的三对关系 [J]. 学前教育研究, 2014 (1): 43–47.

上是主观的，在对托幼机构质量进行外部督导时，评价主体对评价标准的理解就可能存在差异。此外，由于缺乏标准化的监测过程和工具，自我评价的多样化也可能造成外部评价和内部评价的不一致。另一方面，评价工具本身的科学性无法充分保证。例如，大多数学前教育专家都对 IELS 项目不知情，几乎没有专家被邀请加入该项目的论证。有研究者指出 IELS 项目的几大关键问题：取消了文化多样性，缺乏自我反思，而且 OECD 对儿童成长权利、文化多样性和幼儿教育的社会文化背景缺乏认识，这种标准化评估所收集到的信息"在很大程度上毫无意义"。①

其次是文化适应性问题。一个成熟的学前教育评估项目是在开发者所在的文化地域中成长起来的，不可避免会受到本土文化的影响。若一项评估致力于取消文化适应性，必将会影响其效力，唯有充分了解和尊重当地的幼儿教育文化，将所在国家的标准作为评价标准的一部分，才有可能得到有意义的评估。②新西兰政府明确提出不参加经济合作与发展组织的 IELS 项目，他们强调 IELS 测试普遍主义的方法和官僚化的技术实施方式会给国家的教育制度带来伤害，质疑 IELS 测试能否尊重民族文化特性。③我国地域广大、民族众多且城乡差异大，因此，学前测评所建构的指标框架以及评估项目的引进必须尊重地域之间、民族之间、城乡之间的差异，并照顾到数量庞大的农村留守儿童、城市随迁儿童、有特殊需求的儿童等。④

最后是学前教育评估制度不明，这是目前我国学前教育评估所面临的问题。《幼儿园保育教育质量评估指南》要求将幼儿园保育教育质量评估工作与已经开展的对地方政府履行教育职责评价、学前教育普及普惠督导评估、幼儿园办园行为督导评估等工作统筹实施。在实际工作中，很多地方已开展的督导、评估和监测工作在目的、程序和标准等方面既有重复，又有差异，甚至有相矛盾的地方。⑤如何做好新评估系统与旧评估系统的融合与衔接将是我国学前教育评估实践必须厘清的问题。

---

① URBAN M, SWADENER B. Democratic accountabilityand contextualized systemic evaluation: A comment on the OECD initiative to launch an International Early Learning Study（IELS）[J]. International Critical Childhood Policy Studies, 2016（1）: 6-18.

② BENNETT J, COLLETTE T. Starting Strong Ⅱ: Early Childhood Education and Care[M]. London and New York: Routledge, 2006: 8-9.

③ URBAN M. We need meaningful, systematic evaluation, not a preschool PISA[J]. Global Education Review, 2017（2）: 18-24.

④ 周森. 审慎对待国际标准化学前教育评估项目[J]. 中国教育学刊, 2020（05）: 33-38.

⑤ 潘月娟. 我国幼儿园教育质量评估制度的演化变迁与优化建议[J]. 中国教育学刊, 2022（11）: 60-64.

第三节　文献述评

一、教育评估的相关研究述评

教育评估历经面向测量—面向目标—面向判断—对话建构四个阶段，基本对应"评估即测量""评估即反思""评估即探究""评估即研究"四大隐喻。目前教育评估已经更新到第四代。作为一种新的评估范式，"对话—建构"式教育评估处于不断发展之中，其最显著的特点就是信息技术的介入。"评估即研究"（Assessment as Research）的隐喻理念形成，这也预示着教育评估最新的发展趋势。在第四代教育评估范式的不断发展和作为学习的评估理念背景下，教育评估研究领域介入了新元素——信息技术。基于信息技术的教育评估在 21 世纪得到快速发展，引发了教育评估在评估方式、评估主体、评估内容、评估数据处理以及评估风险等领域的变革。

（一）教育评估方式的变革表现为由纸质测评转向电子测评

传统的纸质评估方式尽管在评估效果方面经得住实践检验，但大规模的纸质测评在组织实施和数据整理方面耗时费力。大量研究证明，基于信息技术的电子评估方式在评估效果方面与传统纸质评估没有显著差异，而电子评估在组织实施方面具有明显的优势，如节约成本、高效快捷、公平、客观等。因此，电子评估备受教育评估领域学者的青睐，将成为未来主流的教育评估方式。但限于相关信息技术开发不够成熟与完善，电子评估依然面临应用领域、技术适应、可及性等方面的挑战。对于大规模、系统性教育评估项目，根据具体的评估目的与评估内容，综合使用两种评估方式才能全面、客观地统揽全局。

（二）教育评估主体变革出现明显的两个阶段划分

第一阶段，评估主体从单一的学校或教师逐渐多元化。学生、家长、同学、社团、社区等利益攸关方对教育评估的贡献逐渐受到重视，以得到尽可能全面的评估结果。第二阶段，评估主体从局内人转向第三方。无论是教师、学生或家长，他们是作为教育现象的局内人参与评估，竞争的压力导致局内人难以客观公正。第三方评估以局外人的身份展开，能最大程度保障评估结果客观公正，逐渐受到国内外学者青睐。尤其在教育机构质量评估方面，第三方评估具有更鲜明的优势。第三方评估能减轻机构内部评估的负担；也能将外部评估权利从政府主导中解脱出来，从而有效避免腐败；还能提高评估的效率。显然，第三方评估将成为未来教育评估的主流。

（三）教育评估功能跨越式质变

教育评估功能变革因信息技术的介入，显露出跨越式的质变。在信息技术介入之前，评估功能比较传统，以成绩评定为典型的总结性评估为主导。信息技术初步介入教育评估后，使得信息收集的全面性、客观性快速提高，信息分析效率提高，对教育教学和学生学习的背景信息和过程信息进行评价成为可能。教育评价功能从总结性评价发展为过程性、诊断性评价。随着信息技术，尤其是人工智能、大数据、云计算等高新技术与教育评估的深度融合，教育评估将成为个性化学习的强大助手。它能为学习者提供学习过程的全面画像，有助于更深入地理解所考察的现象，并能为传统评估技术无法回答的问题提供答案，以更好地理解所研究现象的细微机制。未来的教育评估以促进学生学习为宗旨，为教学改革提供强大支撑与参考。

（四）教育评估过程显现剧烈性变革

教育评估过程因信息技术的应用和线上教学的兴起发生剧烈变革。由于信息技术的深入渗透，教育评估过程从结果数据收集转向过程性数据收集。纷繁复杂的过程性数据需要更为灵活的数据分析框架，网络科学兴起为过程性数据分析提供方法。2020年，基于技术的评估过程迅速成为全球主流的教育评估组织形式。电子评估在线上教学中的优势是明显的，其弊端也是鲜明的，比如安全问题、伦理问题、公平问题和可及性问题。电子评估虽然受到教育者们的喜爱，但传统的教育评估也有其独特优势，于是一种综合的教育评估组织方式成为折中选择。教育者们根据不同的评估目的、对象或内容，灵活地选择评估资料的收集、整理和分析方式，形成双线混融的评价模式。

（五）国内外教育评估实践异同并存

教育评估实践方面，国内实践与国际实践既相同又相异。其共同之处在于二者皆注重小学阶段与初中阶段的评估实践。从国际上大型的教育评估项目发展历程来看，基础教育评估全球化趋势明显。相对来说，高等教育阶段与学前教育阶段的教育评估实践稍显不足。其相异之处在于我国作为历史悠久的泱泱大国，在推动教育评价改革的道路上有很多现实性影响因素。技术智能时代对教育提出了新的要求，教育改革虽迫在眉睫，但步履维艰。社会经济开放的地区如北京、上海、广州等地已经加入国际性教育评估项目，并在评估项目中表现优异。而我国广大中西部地区，尤其是边远偏僻地区的教育评价还比较传统。西部地区教育评估作为我国教育评估的薄弱环节，需加大改革力度，提升教育评估科学性、有效性。尤其是西部学前教育阶段的教育评估，成为我国教育评估实践的最短板，未得到充分重视。

二、学前教育评估的相关研究述评

从学前教育评估的发展阶段来看,国际学前教育评估的发展可以从评估工具的演进窥见大致脉络。从无权威工具的开发式评估,发展为注重学前教育结构质量的总结性评估,再到强调过程质量的过程性评估。最新的评估方式开始与信息技术融合。这一发展趋势与教育评估的发展阶段基本保持一致,信息技术已经向学前教育评估领域渗透,并引发了该领域评估主体、功能与内容等方面的系列变革。相比较而言,我国学前教育评估的发展稍滞后,同时体现出中国特色模式。

(一)我国学前教育评估由政策落地为事实

由于学前教育不属于我国义务教育阶段,加上学前教育的启蒙性,学前教育评价没有一个依托的准则。在 21 世纪之前,我国学前教育没有统一的课程标准、教材、测评。从新中国成立到 21 世纪初这近半个世纪里,基本上不存在规范的 "学前教育评估" 的事实,只在国家政策层面稍有提及。初期,它只作为学前教育纲领性文件中的一个条目出现在文件中。21 世纪第一个十年,各级地方政府研制适宜的学前教育评估制度,为学前教育评估营造了良好的政策氛围与空间。21 世纪第二个十年,是我国学前教育发展的黄金时期。2012 年发布的《3～6 岁儿童学习与发展指南》成为第一个可直接指导学前教育评估的 "课程标准"。2022 年发布的《幼儿园保育教育质量评估指南》则成为学前教育评估的 "指标体系"。自此,我国学前教育评估才真正成为事实。相比于国外学前教育评估发展,我国学前教育评估在本土化评估工具研发、信息技术应用以及学前教育质量评估实践方面还有待深入研究与实践。

(二)我国学前教育评估内容指标正在与国际接轨

学前教育评估内容的变革主要体现在国际学前领域,因为我国学前教育评估几乎到 21 世纪第二个十年才有了初步实践。从国际研究来看,学前教育评估内容经历了 "结构质量—过程质量—结果质量—高质量" 等指标建构阶段。每个典型的指标体系都有典型的、影响广泛的评估工具与之对应,并在评估实践中得到相应的验证。我国学前教育评估的内容指标虽然建构比较晚,但其建构时期恰逢国际学前教育评估内容的高质量发展的综合性指标阶段,我们得以跨越前期探索,直接从综合性指标着手。2022 年教育部发布的《幼儿园保育教育质量评估指南》就是国内专家团队在研究国际学前教育评估指标基础上,基于本土国情研制的综合性指标体系。该文件的发布,意味着我国学前教育评估在内容指标维度已经与国际先进理念接轨,也为学前教育高质量发展提供了科学框架。

（三）学前教育评估功能、方式体现出学前特性

学前教育评估功能与教育评估功能的发展趋势基本保持一致，最终落脚在结果质量。学前教育评估由最初的筛选、定等、问责的总结性功能，逐渐发展出诊断、改进、决策等发展性功能，并最终归于促进儿童发展、提高服务质量。学前教育评估功能的特殊性就体现为结果质量的儿童性：一切为满足儿童发展需求，促进儿童发展。

学前教育评估方式在技术融合上与教育评估方式保持一致，其学前特性突出表现为"表现性"评估。从梳理的文献来看，智能化评估方式已经向学前领域渗透，信息技术将实现"无痕化"测评，儿童在模拟的真实情境中自然展露发展水平，完成测评。过程性信息将通过智能扫描详尽记录，网络算法将大量信息数据化，为决策提供直观参考。学前儿童认知能力、语言能力发展尚不成熟，因此通过测验（考试）的方法取得儿童学习与发展情况的信息会越来越少。同时 AR/VR 技术的运用使"表象性"评估更接近真实情境，未来的儿童发展测评在信息技术的加持下会更具年龄适宜性。

（四）我国学前教育评估实践起步晚、挑战大

从国际学前教育评估实践状况来看，发达国家在 21 世纪初就启动了评估指标体系顶层设计，并在全国评估指标下开展学前教育质量评估。在国外众多的学前教育评估项目中，最具影响力的项目主要有两个：经济合作与发展组织（OECD）开展的学前教育质量评估（IELS）与美国建立的学前教育质量评级与提升系统（QRIS）。但这两个评估项目在信效度和文化适应方面面临巨大挑战，我国学前教育评估只能对其进行批判性学习。

近年来，我国也非常重视学前教育质量评估，全国性的测评研究在 2020 年前后发展起来，关注点集中在学前教育的普惠性问题。在评估指标体系方面，教育部 2022 年发布的《幼儿园保育教育质量评估指南》是纲领性文件，对测评实践起指导作用。各地区要进一步研制评估标准。我国地域广大、民族众多且城乡差异大，因此，学前教育评估所建构的指标体系以及评估项目的引进必须尊重地域之间、民族之间、城乡之间的差异等。这些都是我国学前教育评估亟待解决的重大问题。

第二章

学前教育发展评估的理论基础 ≫≫≫

科学开展西北农村学前教育发展评估，需要一个良好的评价模型作为支撑。一个良好的评价模型可以为评估行动提供框架，从而有效地指导西北农村公办幼儿园发展中关键问题的应对。美国学者 Daniel L. Stufflekeam 提出的 CIPP 评价模式超越了泰勒的目标模式，同时它还突出了评价的发展性功能及改进性功能。通过评估更好地提供有用的反馈信息，从而为教育发展服务。它的主导思想是：教育评价的目的不是为了证明教育，而是为了更好地改进教育。本研究的中心主旨乃是对 2010—2020 年间西北农村公办幼儿园运营发展情况进行全面评估，在总结成效的基础上，更加注重评估的发展性功能与改进功能，为西北农村学前教育后期发展提供参考。在此意义上，CIPP 评价模式理论对本研究具有较好的指导价值。在我国的教育政策监测模式中，最具代表性的是北京师范大学杜育红教授团队研制的"投入（Input）—产出（Product）—结果（Outcome）"模式（IPO）。本研究结合经典的教育评价模式以及教育政策监测模式，构建研究分析框架。

第一节　CIPP 评价模式理论

一、CIPP 评价模式的缘起与发展

CIPP 是一种评价模式，意为背景、投入、过程和结果（Context, Input, Process and Product）。美国培训与发展协会（American Society for Training and Development）开展的一项研究表明，与其他评估模型相比，CIPP 模型是最受欢迎的[1]，是教育领域应用

---

[1] ZHANG G L, ZELLER N, GRIFFITH R, et al. Using the Context, Input, Process, and Product Evaluation Model (CIPP) as a Comprehensive Framework to Guide the Planning, Implementation, and Assessment of Service-learning Programs [J]. Journal of Higher Education Outreach and Engagement, 2011, 15 (4): 57-84.

最广泛的评估模型之一①，是最有用的评估方法之一②。该模式的发展经历了从"问责"到"改进"再到"证明+改进"等三个阶段。

（一）CIPP 评价模式起源于补偿教育的提质需求

在美国，补偿教育由政府主办的公立学校来承担，为贫困儿童提供免费或普惠性的教育服务。1957 年 10 月 4 日，苏联向太空发射了第一颗人造卫星，由此全美教育界开始反思整个教育体系中存在的问题。当时，由泰勒于 1934 年提出的教育评估概念已经广为流行，并主导了美国教育评估 20 多年。在反思中，人们发现，使用这些方法进行课程评估的结果并不能决定方案的有效性。Daniel L. Stufflebeam 对俄亥俄州哥伦布市公立学校课程方案评估的结果证实了这一点，他认为标准化测试僵化和人为的实验室研究忽略了真实和动态的学校环境，几乎不能解决弱势学生的需求和问题。③美国总统林登·约翰逊于 1965 年 9 月 23 日签署了《中小学教育法》（*Elementary and Secondary Education Act*，简称 ESEA），向美国各地的学区提供了数十亿美元，以改善中小学教育。

《中小学教育法》第一章的重点是为弱势儿童提供补偿教育，要求学区每年评估其项目，以确定他们是否使用适当的标准化测试数据实现了目标。该法案第三章是提供联邦援助，以增加教育创新，明确指出对创新项目要进行评估。④然而，许多教育工作者缺乏设计和进行系统评估的培训和经验，现有的课程评估方法无法满足 ESEA 的问责要求。因此，专业协会和机构开始开发新的评估方法。俄亥俄州立大学教育中心组建了一个专业的研发团队，研制能满足多种需求的评估模式。团队成员具备教育心理学、测量学、临床心理学和定性分析等方面的知识，也具有在辅导实习中监督和评估学生表现的经验。

（二）CIPP 评价模式的发展简述

Stufflebeam 在 Ramseyer 博士的批准下，于 1965 年将俄亥俄州立大学测试开发中

———————————

① NICHOLSON T. Using the CIPP Model to Evaluate Reading Instruction［J］. Journal of Reading, 1989, 32(4): 312-318;

② STUFFLEBEAM D L, CORYN L S C. Evaluation Theory, Models, & Applications［M］. 2nd ed. San Francisco: Jossey-Bass, 2014.

③ STUFFLEBEAM D L, An EEPA Interview with Daniel L. Stufflebeam［J］. Educational Evaluation and Policy Analysis, 1980, 2 (4): 85-90.

④ DSTUFFLEBEAM D L, A Depth Study of the Evaluation Requirement［J］. Theory into Practice, 1966, 5 (3): 121-133.

心扩展为评估中心。①评估中心的使命是通过开展研究，开发模型、方法、工具来"推进评估的理论和实践"。

评估中心的第一个项目是帮助俄亥俄州哥伦布市的公立学校获得价值660万美元的Title I项目。Stufflebeam 帮助评估中心制定了评估方案，包括编写评估计划、培训评估人员、设立评估办公室以及评估和记录整个评估过程。 评估中心对俄亥俄州哥伦布市公立学校评估和研究部的建立起了重要作用。他们利用660万美元的拨款开展了八个评估项目，这些项目主要致力于提升学生的数学能力和阅读能力。起初，评估中心采用泰勒的方法来评估这八个项目，他们为每个项目确定了行为目标。

然而，他们意识到，让教师立即知道项目会导致什么样的学生行为是不现实的。通过对项目学校的访谈调研，Stufflebeam 和他的评估团队发现：执行项目的老师并不是写提案的人；实施这些项目所需的资源没有按承诺交付；提案中的行为目标和程序与教室内学生的需求和问题不匹配；评估项目中提议的措施或方法对学生表现的影响也是不可能的。Stufflebeam 意识到，评估应该"帮助人们决定应该采取什么样的改进方法，或者应该制定什么样的计划，以及如何使人们步入正轨"，而不是仅仅在每个项目年末评估结果，否则可能会使研究结果无用且过时。

他认为，"主导实验设计模式"（the Dominant Experimental Design Model）的评估方式不太可能使项目完成"通过评估来发现和满足贫困儿童的教育需求"的预期目标。Stufflebeam 开始改进和完善此评估模式，认为评估模型应该是一个工具，它将"帮助项目更好地服务它的研究对象"，而不仅仅是一种问责工具。②历经几十年发展，CIPP模型第六次修订后，其基本原则发生了变化。评估的目的从"不是为了证明，而是为了改进"变成了"不仅是为了证明，而且是为了改进"。

二、CIPP 评价模式的基本含义

评价被定义为"描述、获取、报告和应用关于事物价值的描述性和判断性信息的过程，如质量、价值、诚实性、公平性、可行性、成本、效率、安全性和重要性等标准所定义的"。③这意味着评估应指导决策、支持问责制度、传播有效实践、增加对相关现

---

① BEATTY W H. Association for Supervision and Curriculum Development [M]. Washington, DC: 1969: 41-73.

② KELLAGHAN T, STUFFLEBEAM D L (eds.). International Handbook of Educational Evaluation [M/OL]. https://doi.org/10.1007/978-94-010-0309-4_4.

③ DIZON A G. Historical development of CIPP as a curriculum evaluation model [J]. History of Education, 2023, 52 (1): 109-128.

象的理解，并酌情使决策者、利益相关者和消费者认识到不值得进一步使用的决策。评价应向学校行政人员、方案指导者和学校全体人员的决策提供信息。在教育过程中，存在着四种类型的决策，即计划决策、组织决策、实施决策和再循环决策。与此对应的是四种评价，即背景评价（Context Evaluation）、投入评价（Input Evaluation）、过程评价（Process Evaluation）和结果评价（Product Evaluation）。①②

背景评价的评价目的：确定机构的背景，明确评价对象、评定其需要，明确满足需要的机会，诊断需要的基本问题，判断提出的目标是否充分地应答了已评定的需要。背景评价关涉的问题：提出了何种需要？它们有多广泛和多重要？方案的目标在何种程度上反映了已评定的需要？背景评价的评价方法：系统分析、调查、文献评论、倾听意见、会谈、诊断性测验和德尔菲技术等方法。

投入评价的含义：是为组织决策提供信息的评价，是指对备择方案设计的相对优点加以识别和评定的过程。其目的是确定与评定系统的性能、备择方案的策略和实施这一策略的设计、预算和进度表。投入评价关涉的问题：采用了何种程序、计划和预算来满足这些需要？考虑了哪些备择方案？为什么选此而不选彼？它的合理程度有多大？它潜在的成功程度如何？费用在多大程度上有效地满足了已评定的需要？投入评价需要调查与分析可用的人力物力资源、解决问题的策略及相应的项目设计的可行性和经济性，可使用文献调研、访问典型方案、支持者小组等方法。

过程评价的评价目的：在过程中确定或预测程序设计或其实施中的不足之处。过程评价是为之前计划好的决策提供信息，记录和判断依次发生的事件与活动，为实施决策提供信息的评价。过程评价关涉的问题：方案计划实施的程度如何？怎样以及为何对它进行修改？过程评价的评价方法：通过描述真实过程，持续地与工作人员相互了解，观察其活动，控制活动的潜在障碍，保持对意外障碍的警惕，获得已确定的决策的特殊信息。

结果评价的评价目的：搜集对结果的描述与判断，把它们与目标以及与背景、输入和过程信息联系起来，为再循环决策提供信息。结果评价关涉的问题是：观察到了何种结果（肯定的和否定的结果，预期的和非预期的结果）？各类资助人员是怎样判定其结果的价值和优点的？满足方案预定实施对象的需要的程度如何？结果评价的评价方法：为测量结果制定可操作性标准，搜集评估者对结果的判断，进行定性和定量分析。

---

① 鄢超云. 学前教育评价［M］. 北京：高等教育出版社，2010：32.

② 瞿葆奎. 教育学文集·教育评价［M］. 北京：人民教育出版社，1989：313.

三、CIPP 评价模式的实施

教育是一个不断改进的、开放的大系统，在这个系统中，评价起着重要的作用。周期性的背景评价，能够帮助教育工作者判断当前的教育系统是否需要变革；而投入评价则能够对选择、制订解决问题的方案提供必要的信息；过程评价和结果评价则是对计划实施的评价。在一个系统运行的不同时期，不同的评价起着不同的作用，四种类型的评价的共同作用，则构成了 CIPP 的具体流程。① CIPP 在具体实施过程中的特征有：①评价是机构常规方案必要的组成部分，它并不是一种特殊的活动，而是融合于整个教育过程、教育系统之中的；②评价在激发和计划变革中具有重要作用；③使用 CIPP 中的某一种评价，并不是因为进行这种评价具有内在的价值，而是因为人们需要现有信息以外的信息；④在制订方案、计划的过程中，应明确会在何时使用评价，采用什么样的评价；⑤评价的信息不仅是为教育机构解决问题提供帮助。如果把评价信息记录下来，并为公众评论所用，这种信息就能发挥更大的作用。

第二节　IPO 教育政策监测模式理论

IPO 教育政策监测模式是由北京师范大学杜育红教授团队与世界银行组织合作研发的专门用于我国西部基础教育发展项目的监测模式。研究团队通过对西部基础教育的"投入（Input）—产出（Product）—结果（Outcome）"进行监测，获得关键性指标的连续信息，分析项目的资源（人、财、物）是否严格按照预期规划进行配置，项目是否按照原定的标准和程序执行，用于特定目标群体的资源是否真正落实到位，项目的预期目标是否实现等。该监测模型对本课题考察西北农村学前教育的投入、产出和结果情况具有较好的适切性。

一、监测的内涵分析

监测（Monitoring）关注正在发生的事，是对项目全程进行常规的（Routine）、连续的（Continuous）、同步的（Daily）、微观的（Micro）评价。建立良好的指标体系是实施项目监测的核心。一个良好的指标体系必须具备四个特征：①针对性，即所设计的指标必须紧扣项目的目标，准确获得项目的关键信息；②可得性，即通过一定的方法，

---

① 鄢超云. 学前教育评价［M］. 北京：高等教育出版社，2010：34.

可以获得相关指标的数据；③可跟踪性，即指标不是一次性的，而应在项目实施过程中持续可得，这是获得项目进展纵向信息的前提；④时效性，即指标所提供的信息必须及时。[1]事实上，项目监测的重要特征是通过短周期的信息反馈保证项目管理者及时发现问题。监测的成功与否与提供信息的及时性密切相关。

项目监测主要回答六个问题：①项目或政策是否按照计划实施与推行？②项目或政策的投入是否很好地瞄准了目标人群？③事先计划的产出是否有效完成？④现实的产出是否与项目最终结果持续相关？⑤在实现项目或政策目标的过程中，我们面对哪些问题与挑战？⑥针对项目或政策执行过程中发生的变化，需要作出哪些决策调整？[2]

二、IPO 教育政策监测指标体系

监测指标体系是由一系列具有针对性、可得性、可跟踪性及时效性的指标构成的。根据指标测量的对象以及用途，可以将监测指标分为投入指标、产出指标和结果指标。投入指标是为了测量实现项目目标而进行的人、财、物的投入，主要用来分析项目的资源是否严格按照预期规划分配。产出指标测量通过项目投入所获得的直接福利，即项目投入对项目覆盖对象带来的直接变化，分析用于特定目标群体的资源是否落实到位。结果指标测量的是项目产出的获得、使用情况以及满意度等，即分析项目产出对目标群体带来的直接或间接影响，主要用来分析项目目标的达成情况。监测指标中，前两类指标均属于中间指标，结果指标属于终期指标。中间指标测量的仅仅是项目或政策的干预情况以及这种干预带来的直接产出，仅与该项目或政策的实施相关；而终期指标与项目的目标息息相关，测量项目目标的达成情况。

在"西部地区基础教育发展"项目的监测指标体系中，投入指标包括：①学校办学条件，包括学校基础设施、计算机设备、课桌椅及图书；②教师培训，包括参与式教学培训、新课程培训、教育公平培训等方面；③学校发展规划，主要包括对校长和教师实施学校发展规划的培训。产出指标对应于项目所进行的投入活动，西部基础教育发展项目的产出指标包括：①学校办学条件投入的使用状况；②教师质量的变化，包括教师学历和职称的变化情况；③教师对参与式教学的理解状况；④校长对学校发展规划的理解状况。结果指标直接反映项目预期的目标，考察项目预期目标的达成情况。"西部地区基础教育发展"项目的结果指标包括：①学生入学率与辍学率的变化；②学生语文、数学成绩的变化；③毕业生语文、数学考试通过率的变化。

---

① 杜育红. 教育政策的监测与评价研究［M］. 北京：人民教育出版社，2011：24.

② 杜育红. 教育政策的监测与评价研究［M］. 北京：人民教育出版社，2011：153.

西部基础教育发展项目特别关注项目对女童、少数民族学生等目标人群的影响。①

三、监测与评估的关系

评估是对项目的整个过程，包括设计、实施和结果进行客观、系统的分析，目的是要确定项目是否带来预期的影响（或者反过来说，实际变化在多大程度上是由项目引起的），具体是如何产生这些影响的，实施的效率如何，以及项目的可持续性如何。这些信息对项目管理者、项目资助方和受助方来说都是宝贵的经验。评价主要回答以下四个问题：

（1）项目或政策结果产生的原因是什么？

（2）项目或政策的实施对目标人群的具体贡献有哪些？影响如何？

（3）我们怎样才能改进项目或政策的实施结果？

（4）从项目或政策的实施过程中，我们可以获得哪些经验和教训？

从以上定义可知，监测与评价在分析问题的深度、内容、目标等方面有着本质区别。监测回答的是 Where 和 How 的问题，即项目或政策的实施进展到哪一步了，进展得怎么样。它是描述性的。而评价回答的是 How 和 Why 的问题，即预定的目标在多大程度上实现了，是怎样实现的，为什么能够实现或是为什么不能实现。

监测与评价虽然存在本质区别，但二者并不是完全割裂的。在一个完备的项目管理体系或政策生命周期中，监测与评价必须紧密结合。一方面，监测为评价提供必要的信息和资料。因为监测更多的是在进行"事实挖掘"，而评价则是在监测收集到的信息基础上进行"价值判断"，所以高质量的监测是评价的重要信息来源。另一方面，评价总结了项目的经验和教训，对监测标准、指标体系的设计及其方法的改进能够起到很好的促进作用。

第三节　本项目的理论框架与评估指标体系

基于以上两个教育评估与监测模式以及本研究的目标，梳理和分析 2010 年以来国家与西北地区发展农村学前教育的政策文件、西北农村公办幼儿园十年发展的数据，借鉴西北地区幼儿园基本办园标准，构建西北农村公办幼儿园发展评估指标体系。依托本项目全体人员的社会关系，运用问卷调查、深入访谈、参与式观察、个案研究等方法实

---

① 杜育红. 教育政策的监测与评价研究［M］. 北京：人民教育出版社，2011：25.

地考察所选择的公办幼儿园的发展状况,借助生态学、社会学、管理学、心理学和教育学等相关理论分析农村公办幼儿园发展取得的成绩和存在的问题及主要原因,在此基础上,向西北省区和国家提出发展农村公办幼儿园的政策建议。本项目研制了西北农村公办幼儿园十年发展的理论框架(图 2-3-1)与评估指标体系。

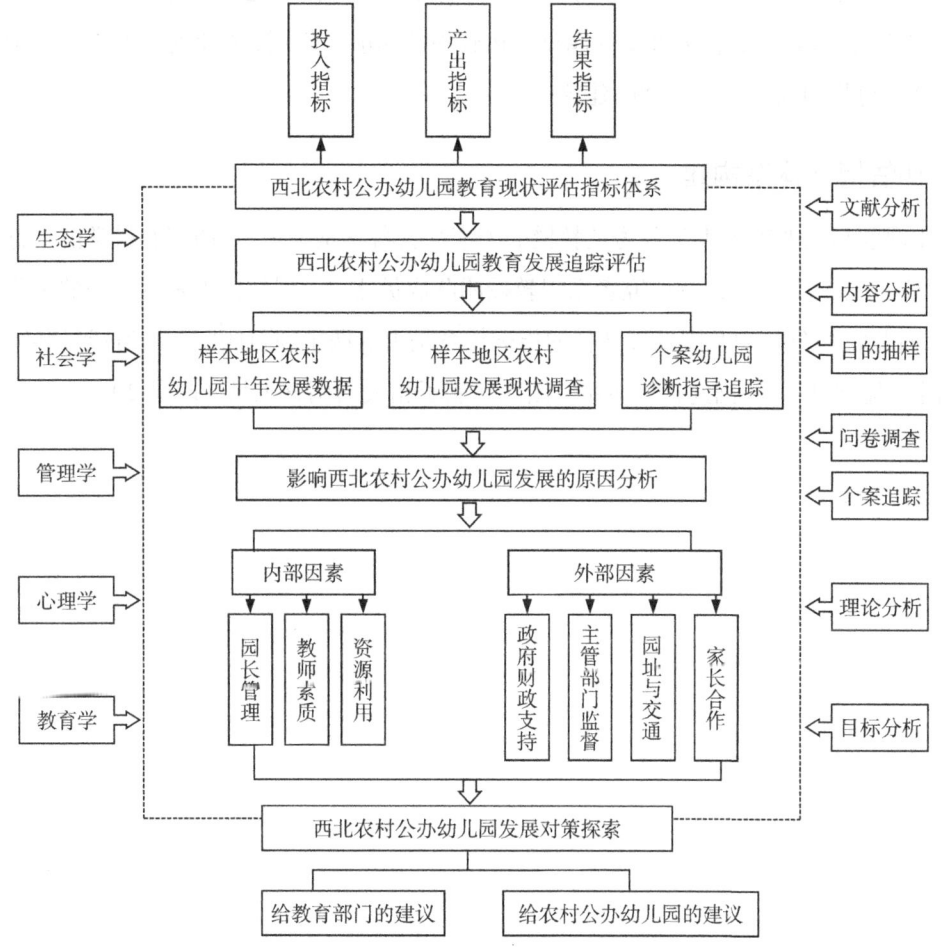

图 2-3-1　西北农村公办幼儿园十年发展的理论框架

一、研究的理论框架

根据"西部地区基础教育发展"项目将监测指标分为投入指标、产出指标和结果指标,采用 CIPP 模式对投入指标和结果指标的界定,借鉴西北地区幼儿园基本办园标准,构建西北农村公办幼儿园发展评估指标体系。

基于所构建的指标体系对西北农村公办幼儿园十年来的发展进行追踪与评估研究。从三个方面展开调查:一是幼儿园投入情况,指建园以来在人、财、物方面的投入情况,包括幼儿园建园资金、硬件设备等的投入;二是幼儿园资源使用情况和办园条件的改善，包括入园儿童数量、园舍和户外场地利用、玩教具使用情况、保育教育质量情况等；三是项目完成情况，包括幼儿入园率年变化情况、幼儿身心发展情况、幼儿家长满意度及教育观念变化情况等。

本研究基于监测数据与材料分析，对西北农村公办幼儿园发展取得的经验进行梳理；对现存问题的原因进行分析；对影响农村公办幼儿园良性运转的内外因素进行具体分析。针对各因素在农村公办幼儿园良性运转中的功能与作用，着重对西北地区和国家建设公办幼儿园提出科学合理的建议。

二、评估指标体系构建

本课题与陕西师范大学程秀兰教授的国家社会科学基金项目"西部农村学前教育发展评估"关联密切。本课题研究者系程教授团队成员之一，程教授也是本课题的主要参与人。西北农村公办幼儿园发展评估的指标体系是由这两个项目团队的所有成员共同研究制定（附录1）。依据此指标体系，团队研制了相关的调查工具（附录2）。

第三章

西北农村公办幼儿园
十年发展状况调查

依据课题研究方案，首先要将指标体系中能量化的指标编制成调查问卷。在当地政府部门审核、经过幼儿园园长同意后，园所财务负责人和园长共同填写问卷。由于这十年来幼儿园人事变动比较大，很多过去的数据查无可查。我们只能依据回收回来的信息做粗浅的描述和分析。本章内容先对调查研究的背景做简要介绍，而后从投入、产出、结果三个方面整理资料和数据，最后分析可能的结论与存在问题，进而提出一些改善问题的对策。

本章采用了问卷调查法、访谈法、文献法。使用《西北农村公办幼儿园发展评估调查表（幼儿园用表）》，对样本地区24所农村公办幼儿园进行了问卷调查，对2位幼儿园园长进行了访谈。西北农村公办幼儿园总体来说发展较稳定。在投入状况中，幼儿园基本建设投入与运营经费的投入合理，但幼儿园财务管理制度有待完善。各地区在教师基本工资保障投入中差距较大，C地区的最高，B地区次之，较低的是A地区。在产出状况中，各地区幼儿园总体办园规模合理，办园条件总体较好。生均资源情况良好，教师资源情况分配不均衡，如教师人均图书种类和册数等方面。在结果状况中，由于城乡一体化发展，2018年后农村公办幼儿园生源逐年递减。园长资质有待提高，教师队伍发展向好，但部分地区没有配备保育员与保健医生。基于数据追踪分析，本章提出以下保障农村幼儿园良好运营的对策：进一步完善农村公办幼儿园的财务管理制度；各级政府及主管部门加大对贫困地区幼儿和教师的保障投入；促进教师资源均衡良性发展；妥善处理农村公办幼儿园生源减少的情况；着力提升园长资质；加强教师队伍质量；加强重视保育与保健问题。

第一节　西北农村公办幼儿园发展状况研究概述

一、问题提出

本章的必要性分析。国家中长期发展规划和其他文件均从不同的角度提出了发展农村幼儿教育的重要性。学前教育是个体教育的开始，也是基础教育的重要启蒙。当前，我国农村学前教育发展面临着诸多问题，亟待研究和解决。本章对农村幼儿园的发展具有重要的理论和实践价值。

本章的价值分析。本章通过问卷法，全面了解西北地区农村公办幼儿园的投入、产出、结果指标，有助于促进农村学前教育资源均衡发展、丰富农村公办幼儿园的发展质量评估的理论内涵，也为农村公办幼儿园在各个方面的发展提供了有益的补充和参考。随着我国学前教育事业的迅速发展，我国农村地区的学前教育问题日益受到人们的重视。国家在财政方面的投入让农村的学前教育有了较大的发展，办园规模和办园条件等方面都有了较大的提高。但是由于经济、地理环境等因素的制约和影响，农村公办幼儿园在数量、经费投入、教学质量等方面相对薄弱。鉴于当前农村公办幼儿园在教育系统中的重要性，以及社会对其各个方面的需求，我们对样本地区农村公办幼儿园的办园规模、园所的基本情况以及各项指标状况进行调查和分析，提出针对性建议，为推进西北农村公办幼儿园学前教育事业的发展提供参考。

二、研究目的与研究内容

（一）研究目的

利用课题组共同编制的调查问卷与访谈提纲，调查西北地区农村公办幼儿园的发展现状，探究影响农村公办幼儿园发展的因素，为农村公办幼儿园的发展提供建设性策略。

（二）研究内容

本章对西北农村公办幼儿园的办园规模、园所的基本情况以及幼儿园的投入指标、产出指标和结果指标进行调查分析，追踪西北地区农村公办幼儿园的发展状况。从内、外两方面分析影响农村公办幼儿园发展的因素，通过分析问卷调查反馈出的问题，为农村公办幼儿园的发展提供参考。

三、研究方法

（一）文献法

文献法是指收集、归纳、查阅国内外相关文献资料，并对其进行整理和分析，为调查研究奠定基础、对调查结果进行理论分析。

（二）问卷调查法

1. 问卷的来源与内容

在本次调查研究中，研究团队编制了《西北农村公办幼儿园发展评估调查表（幼儿园用表）》问卷，通过问卷的调查情况，深入了解西北农村公办幼儿园的发展现状。该问卷的第一部分是各个幼儿园的基本情况和幼儿园的办园规模等基本信息，其中包含园所所在的省市、是否村级园等；第二部分为正式测查题项。

2. 调查对象

本次调查研究按照分层抽样和目的抽样的要求，确定了需要调查的园所。共向 32 所西北农村公办幼儿园发放了调查问卷，收回 24 份，未收回 8 份，回收率为 75%。一些幼儿园因招生人数过少而撤点与隔壁村镇幼儿园合并，另有一些幼儿园因更换园长，导致部分数据丢失。从回收问卷的数据情况来看：地方园 14 所，兵团园 10 所；乡镇中心园 14 所，村级园 10 所；办园时长 5 年以下的新办园 2 所，5～10 年的幼儿园 14 所，10 年以上的幼儿园 8 所。样本幼儿园在地域、性质和办园历史等方面具有较好的代表性。

（三）访谈法

根据研究目标，研究团队编制了针对各个地区园长的访谈提纲（附录 3）。访谈对象：A 园长，乡镇中心幼儿园，该园 2012 年开始运营，2022 年在园幼儿 91 人；B 园长，乡镇中心幼儿园，该园 2014 年开始运营，2022 年在园幼儿 292 人。

四、调查研究过程

本次调研从 2020 年 6 月持续到 2022 年 3 月。2020 年 6 月至 7 月完成 G 地区和 C 地区调研；2020 年 9 月至 10 月完成 L 地区和 H 地区调研；2020 年 11 月至 12 月完成 A 地区和 K 地区调研；2022 年 2 月至 3 月完成 B 地区和 D 地区调研。首先，通过分层抽样，在各地区选择样本幼儿园；其次，联系园长说明调研目的，取得教师、家长和园长的调研同意；最后，由三位研究助理（经过培训）分别负责不同群体的问卷发放和回收工作。研究助理均为学前教育专业大四学生。

在问卷填写过程中，研究助理通过电话跟踪的方式，在问卷填写者遇到不明白的地方时给予一对一解释。在问卷回收后，研究助理一一核实数据，对于没有填写的数据，查明缺失原因。最后通过园长自愿参与的方式，研究者对两位园长进行电话访谈。征求园长同意后对访谈过程进行录音。最终获得访谈转录文字 1.5 万余字。

第二节　西北农村公办幼儿园发展状况调查结果

本章从总的指标体系中整理出可能通过幼儿园获得的考核条目，编制了调查问卷。在回收的 24 份问卷中，依然有部分数据无法追踪。本章只能在可获得的数据基础上，对西北农村公办幼儿园在上个十年中的投入、产出和结果状况进行分析和描述。当然，有很多幼儿园是在近几年才新建运营的，所以很多数据是从开园当年开始填写。样本数量较少、数据缺漏较多也在一定程度上影响了本次调查的信效度，使本次调查参考价值受限。

一、西北农村公办幼儿园的投入指标状况

归入此次调查的投入指标包括：幼儿保障投入、教师保障投入、基本建设投入、幼儿园运营经费投入。因为每所幼儿园建园时间、招生时间不同，个别园所频繁更换园长导致之前的财政数据丢失等情况，本次调查的部分幼儿园数据空缺。

（一）幼儿保障投入

调查数据显示，乡村贫困幼儿补助标准的平均值为 328 元/人·月，普通幼儿生活补助标准平均值为 294 元/人·月。政府在幼儿保障投入上科学管理，按照幼儿人数与实际情况统筹经费投入。

（二）教师保障投入

教师保障投入主要涉及教师基本工资投入、奖金绩效津贴投入、教师编制数量投入以及教师培训年均次数情况（含国培、省培和其他各级培训）。

1. 教师基本工资投入

调查数据显示，2015 年之前农村幼儿园教师工资收入处于较低水平，且增幅很小。2016 年至 2017 年，西北地区农村幼儿园教师年均基本工资支出金额大幅上涨，2018 年之后涨幅趋于稳定，但各地区之间支出的金额差异较大。工资支出映射出两个现实：一是教师数量增加，二是教师工资上调。

2. 奖金绩效补贴投入

调查数据显示，从 2015 年至 2020 年，西北地区农村公办幼儿园每年的奖金、绩

效、补贴支出金额都较稳定，每年支出金额的变化起伏不是很大。但各地区的金额稍有不同：A 地区为 1.4 万~1.5 万元/人·年，B 地区为 2.2 万~2.4 万元/人·年。

3. 建园以来的编制投入

根据图 3-2-1 的折线统计图可以看出，在编制数量情况中，K 地区某幼儿园在 2016 年至 2017 年编制数量增幅较大，2017 年以后，各个地区农村公办幼儿园的编制数量逐渐稳定。A 园长在访谈时说："我们幼儿园基本上每年都会招聘新的老师，虽然都是有编制的，但是现在招聘的编制数量也不多，因为我们园的师资还是挺完善的。"B 园长在访谈时说："我们园这几年的编制数量慢慢减少了，没有刚开始建园招生那时候那么多，这几年明显少了。"这说明编制数量趋于饱和。

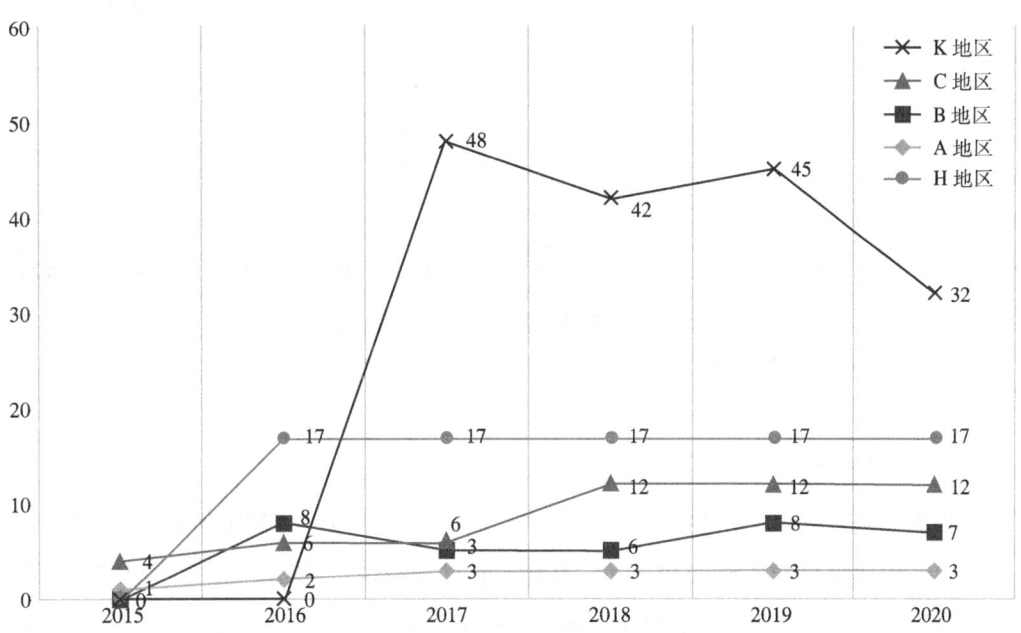

图 3-2-1　样本幼儿园建园以来年均编制数量情况

注：数字 0 表示数据空缺。

4. 建园以来教师培训机会情况

根据图 3-2-2 的折线统计图可以看出，G 地区每年都有培训的机会，C 地区和 G 地区的培训机会次数相对来说较多，其他地区也有培训机会，但是次数少。A 园长访谈时说："我们幼儿园会有培训机会，但是次数不是那么多，如果举办线上培训，一般大家都可以参与。"B 园长在访谈时说："对于教师培训，现在的机会还是挺多，因为我们成立了幼儿园联盟园，总园就会安排一些线上的讲座，或者线下的参观学习，基本都有涉及。"说明受经济发展水平等因素的影响，每个地区培训机会的投入分配不同，一些地区的幼儿园培训机会较少。

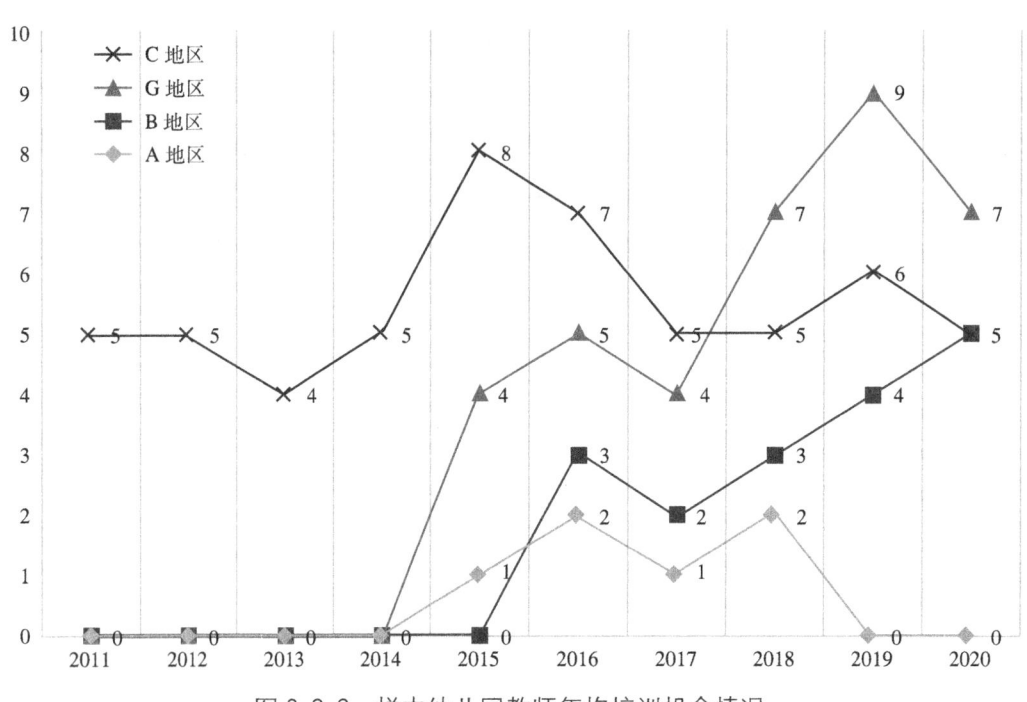

图 3-2-2   样本幼儿园教师年均培训机会情况

注：数字 0 表示数据空缺。

（三）基本建设投入

根据调查数据，在幼儿园建园总资金方面，资金最大值为 7170 万元，最小值为 192 万元，平均建园总资金为 1542 万元。B 园长在访谈时说："幼儿园在建园初期，国家财政拨款力度很大，在规模和条件上，我们园作为农村幼儿园，设施设备是非常不错的。"这说明建园资金充足，国家财政投入力度很大。

（四）建园以来幼儿园运营经费投入

西北农村公办幼儿园的运营经费投入几乎全部由国家和各级地方政府的财政性拨款承担，没有任何赞助或其他来源。公办幼儿园的属性决定了它的主要财政负责人必然是政府，但办园经费来源单一，政府的财政压力较大。

1. 国家或地方财政性经费拨款

从调查数据来看，西北农村公办幼儿园的经费来源主要是国家财政拨款。政府财政投入总数是根据在园幼儿数量核算而来，规模越大，拨款越多。不同地区的拨款因地方经济状况稍有差异，G 地区的生均年拨款为 295 元/生，A 地区为 375 元/生，C 地区为 383 元/生。总的来看，政府财政拨款金额较合理、均衡，能保障幼儿园的正常运营。对于幼儿规模不足百人的幼儿园，政府会考虑运营成本，给予经费倾斜。

2. 赞助或其他投入

根据调查，各农村公办幼儿园均没有其他赞助或收入。

二、西北农村公办幼儿园的产出指标状况

此次调查从总的指标体系中整理出来的产出指标包含办园规模、办园条件改善、生均资源情况以及教师平均资源情况。从调查数据来看，国家十年来对西北农村学前教育的紧密投入是卓有成效的。幼儿园规模足以收纳所有学前适龄儿童，幼儿园的办园条件达到国家和西北地区的相关标准，幼儿的生均资源也明显得到改善，但资源的数量和质量还有待提升。教师资源，尤其是图书资源，作为一所学校的标志性资源，分配极其不均衡。

（一）办园规模

办园规模是指幼儿园能容纳正常教学的班级数量。按照国家相关文件的规定，幼儿园班级的人数是 25～35 人，各地区按此标准规划幼儿园规模。西北地区社会经济发展不均衡，农村人口分布不均，各幼儿园规模从 2 个班级到 12 个班级不等。调查数据显示，办园规模考虑到了当地当时的学前儿童规模，但很难对人口出生率的未来变化作出预判和提前应对，很多村级幼儿园开园之时就显露出学位剩余的端倪。

1. 规划班级数与实际班级数

A 地区、C 地区、L 地区的平均班级规划个数与实际班级个数相一致；B 地区（规划 3，实际 2）、G 地区（规划 9，实际 7）、K 地区（规划 10，实际 9）、H 地区（规划 12，实际 10）的平均班级规划个数比实际班级个数多出 1～2 个班。在访谈时，A 园长说："每年 9 月份，很多新生入园，我们在这之前会提前计算、规划幼儿的人数。开设几个班，能接收多少名幼儿，都是我们会考虑的问题。"说明一些地区在建园时，大致掌握了周边村镇幼儿的人数，能根据实际情况合理规划幼儿园规模。同时，调查数据也间接反映部分地区的幼儿人数在减少，导致幼儿园学位剩余。

2. 普通家庭幼儿与困难家庭幼儿入园状况

根据表 3-2-1 的数据，24 个园所中普通家庭的幼儿占多数，困难家庭的幼儿也占有相当比例。B 园长在访谈时说："幼儿园里困难家庭的幼儿还是相对较少的，基本上不会存在幼儿入园难、入园贵的问题。"说明幼儿入园难、入园贵的问题基本解决。

表 3-2-1　样本幼儿园普通家庭幼儿与困难家庭幼儿人数情况

地区	园所数量	普通家庭幼儿人数	所占百分比	贫困家庭幼儿人数	所占百分比
A 地区	4	121	100.00%	0	0.00%
B 地区	5	153	62.71%	91	37.29%
C 地区	3	594	96.58%	21	3.42%
G 地区	7	1708	89.15%	208	10.85%
K 地区	2	587	99.66%	2	0.34%
L 地区	1	91	95.79%	4	4.21%
H 地区	2	467	91.03%	46	8.97%

（二）办园条件改善

办园条件基本情况中各项条件的最大值是 5 分，最小值是 1 分。在研究调查的 24 个园所数据中，各项条件的评估均值为：园址——3.637 分，园舍规划——3.842 分，消防与安全建设——3.657 分，园舍建筑设计——3.858 分，户外设备——3.532 分，室内设备——3.674 分，现代化教学设备——3.646 分，卫生保健设备——3.515 分。户外设备和卫生保健设备为中等状况，其余各项为良好状况。A 园长在访谈时说："我们幼儿园各方面设备都挺好的，而且相关部门管理人员也会来我们幼儿园督导，会涉及很多方面，比如室内外设备的安全、消防设备的安全、卫生保健设备以及食品安全，还是非常全面的。"B 园长在访谈时说："我们幼儿园该有的设施设备都是非常全面的，像在教学方面，各班都配有多媒体设备，打印机、音箱、电子钢琴也都有。"说明大部分地区的幼儿园在规划办园条件时，都较注重硬件设施，但户外设备和卫生保健设备的基本条件还有待提高。

（三）生均资源情况

生均资源情况中各项条件的最大值为 5 分，最小值为 1 分。如表 3-2-2 所示，在 24 个样本幼儿园的生均资源情况中，只有玩具生均不少于 5 件一项为中等状况，其他各项为良好状况。A 园长在访谈时说："我们幼儿园对每个班投放手工材料、绘本图书时，都是根据幼儿人数投放的。"B 园长在访谈时说："幼儿园里室内外的活动场地都是比较开阔的，园内的绿化也做得不错，还有一些空地可以让幼儿自己种植，户外设备也比较充足。"说明每个地区的幼儿园在生均资源状况中都做得很好。但仍需要加大对玩具的投放，保证园内幼儿平均不少于 5 件玩具。

表 3-2-2　样本幼儿园生均资源情况

	最大值	最小值	平均值	标准差
图书量生均不少于 3 册	5	1	3.7	1.34
玩具生均不少于 5 件	5	1	3.5	1.22
幼儿园生均占地面积不少于 18 平方米	5	1	3.6	1.35
生均室内活动场地不少于 3 平方米	5	1	3.8	1.29
绿化生均用地不少于 2 平方米	5	1	3.6	1.32
生均室外活动场地不少于 3 平方米	5	1	3.7	1.27

注：平均值 2.5 分~2.9 分为合格、3 分~3.5 分为中等、3.6 分~3.9 分为良好、4 分~5 分为非常好。

（四）教师资源情况

如表 3-2-3 所示，样本幼儿园教师资源情况反映出各地区资源情况差异较大，同一地区的不同幼儿园也有较大差异。在教师人均年培训费方面，K 地区的教师人均年培训费用相对较多，培训力度较大。在教师人均办公面积方面，A 地区最为充分，其他地区的教师人均办公面积在 5~10 平方米之间。在教师人均图书方面，各地区差异与地区内各园差异最大，G 地区的幼儿园教师人均图书种类最大值达 860 种，教师人均图书册数达 2000 册，同时有些园教师人均只有 2~3 种图书，教师人均图书册数也只有 2~4 册。说明图书资源分配极不均衡。从整体来看，各个地区对于教师资源的投入差距较大，侧重点不同。

表3-2-3　样本幼儿园教师人均资源情况

教师人均资源项	A地区 (N=4)			B地区 (N=5)			C地区 (N=2)		
	最大值	最小值	标准差	最大值	最小值	标准差	最大值	最小值	标准差
教师人均年培训费	—	—	—	0.1 万元	0.1 万元	0	0.5 万元	0.07 万元	0.22
教师人均办公面积	22 平方米	15 平方米	3.03	10 平方米	5 平方米	2.05	3.17 平方米	3.17 平方米	0
教师人均图书种类	2 种	2 种	0	10 种	5 种	1.94	4 种	0.42 种	1.8
教师人均图书册数	4 册	4 册	0	80 册	20 册	22.58	23.29 册	3 册	10.15

教师人均资源项	G地区 (N=7)			K地区 (N=2)			H地区 (N=2)			L地区 (N=1)		
	最大值	最小值	标准差	最大值	最小值	标准差	最大值	最小值	标准差	最大值	最小值	标准差
教师人均年培训费	0.08 万元	0 万元	0.03	1 万元	1 万元	0	0.5 万元	0.5 万元	0	0.35 万元	0.35 万元	0
教师人均办公面积	10 平方米	3 平方米	2.54	5 平方米	3 平方米	1	3 平方米	1 平方米	1	9 平方米	9 平方米	0
教师人均图书种类	860 种	2.54 种	337.7	15 种	3 种	6	2 种	2 种	0	24 种	24 种	0
教师人均图书册数	2000 册	3.75 册	660.2	600 册	10 册	295	3 册	2 册	0.5	36 册	36 册	0

注：1. N 代表该地区参与调查的幼儿园个数。

　　2. "—" 表示数据暂缺。

三、西北农村公办幼儿园的结果指标状况

本章从历年在园幼儿情况和幼儿园教师队伍、专任教师数量、保育员和保健医配备以及教职工发展变化情况来考察西北农村公办幼儿园发展结果状况。相对于财务数据，这部分数据的回收情况较好。从数据整理的情况来看：西北农村公办幼儿园的在园幼儿人数在 2017 年达到最高点，呈抛物线形发展。教师队伍在人数方面，与全园教职工人数的发展趋势一致，2015 年之后基本保持平稳状态。在教龄和年龄结构方面，教师年轻化趋势明显，大多数教师年龄在 30～40 岁之间。保育员和保健医生的配备情况在农村幼儿园不太乐观。

（一）在园幼儿情况

在园幼儿的数据是西北各地区样本幼儿园的各年度在园幼儿人数。样本幼儿园基本上在 2015—2018 年之间陆续开园招生。《国务院关于当前发展学前教育的若干意见》提出以多种形式扩大学前教育资源；以县为单位编制学前教育三年行动计划，有效缓解"入园难"。2014 年，第二期学前教育三年行动计划开始，着力扩大农村学前教育资源总量，提高入园率，解决"有园上"；坚持公益普惠、注重可持续发展、强化政府职责、落实地方政府发展学前教育的主体责任，发挥中央财政引导激励作用。第二期学前教育三年行动计划着力发展农村学前教育，西北地区大量农村公办幼儿园就是在该阶段建成的。

如表 3-2-4 所示，A 地区的生源数量虽然不大，但比较稳定；G 地区与 C 地区的在园幼儿人数波动不大，C 地区在园幼儿人数在 2017 年达到最高值后，小幅度逐年减少；H 地区的生源数仅次于生源最多的 K 地区，并且两地的在园幼儿人数在 2018 年达到最高，之后便出现较大幅度逐年减少趋势。

表 3-2-4　十年来各地区样本幼儿园的在园幼儿数量情况

	2011 年	2012 年	2013 年	2014 年	2015 年	2016 年	2017 年	2018 年	2019 年	2020 年
A1 园	0	0	0	0	0	0	22	24	26	31
A2 园	0	0	0	0	24	22	22	18	21	20
A3 园	0	0	0	0	31	39	50	42	44	42
A4 园	0	0	0	0	31	39	50	42	44	42
B1 园	0	0	0	0	0	0	78	69	50	38
B2 园	0	0	0	0	0	0	53	42	42	33
B3 园	0	0	0	0	0	0	94	83	77	51

	2011 年	2012 年	2013 年	2014 年	2015 年	2016 年	2017 年	2018 年	2019 年	2020 年
B4 园	0	0	0	0	0	0	0	235	223	178
B5 园	0	0	0	0	0	0	60	55	45	33
C1 园	0	0	0	250	250	250	300	200	200	200
C2 园	0	0	0	156	268	276	311	303	288	304
C3 园	0	0	0	0	0	0	191	181	169	141
G1 园	250	250	223	235	230	216	199	196	218	222
G2 园	326	327	360	384	360	325	393	373	358	336
G3 园	0	0	0	298	286	275	258	232	220	163
G4 园	0	0	0	0	0	0	0	0	0	263
G5 园	301	289	317	316	305	303	292	264	253	214
G6 园	0	0	0	0	0	0	0	0	0	134
G7 园	—	209	193	196	258	256	300	302	299	261
K1 园	0	0	0	0	0	0	0	0	320	295
K2 园	0	0	0	0	0	0	0	796	795	670
H1 园	0	0	0	0	0	0	0	0	119	124
H2 园	0	0	0	0	0	500	456	499	358	300
L1 园	0	0	0	0	0	0	0	0	82	95

注：1. A1 园代表西北 A 地区编号为 1 的样本幼儿园，其他编号以此类推。

　　2. 数据 0 代表该幼儿园当年还未开园。

　　3. "—"表示数据暂缺。

（二）幼儿园教师队伍情况

1. 园长资质情况

《幼儿园保育教育质量评估指南》中，园长资质的评估要点是"园长应具有五年以上幼儿园教师或者幼儿园管理工作经历，具有较强的专业领导力"。园长的资质情况主要从其年龄、学历、工龄和证书等几个方面进行考察。园长证书是指"幼儿园园长岗位培训合格证书"。调查结果显示：园长的年龄在 30 岁及以下的占 13.00%，30～39 岁的占 61.00%，40～49 岁的占 13.00%，50 岁及以上的占 13.00%。园长教龄在 3 年及以下的占 33.00%，3～5 年的占 33.00%，6～10 年的占 29.00%，11 年及以上的占 5.00%。这说明大部分农村公办幼儿园园长的年龄小，教龄短。园长的学历中，大专及以下学历和本科学历各占 50.00%，没有研究生及以上学历，说明园长管理层缺乏高学历人才。任现职年限时间中，11 年以上的园长占比最少，说明资深有经验的园长较少。在是否持有园长证书方面，有 33.00% 的园长没有园长证书。可见，西北农村公办幼儿园比较缺乏优质园长。

2. 当前教师队伍状况

本章从教师年龄、教龄和学历三个方面考察西北农村公办幼儿园的师资队伍情况。该问卷于 2020—2021 年期间收集，教师填写问卷时教龄集中在 5～10 年，说明大部分农村教师是在 2010—2015 年入职的。前两期学前教育行动计划期间，大量农村幼儿园新建开园，他们是这批新建农村公办幼儿园的第一批教师。

调查数据显示：教师年龄方面，30 岁以下占 42.00%，30～39 岁占 37.00%，40～49 岁占 11.00%，50 岁及以上占 10.00%；说明大部分地区的农村公办幼儿园教师队伍趋于年轻。教师教龄方面，3 年以下占 18.00%，3～5 年占 30.00%，6～10 年占 40.00%，11 年及以上占 12.00%；说明农村公办幼儿园教师以青年教师为主。在学历方面，本科占 33.00%，大专占 55.00%，中专及以下占 12.00%，没有研究生学历教师，说明幼儿园在招聘教师时，教师的准入门槛逐渐提高，多数向大专和本科层次靠近。A 园长在访谈时说："我们幼儿园有比较资深的教师，近几年也招聘了几名年轻的教师，我们经常会开展教师技能大赛、师徒结对等活动，增强教师的各个方面素质，带动新教师的成长。"说明大多数地区幼儿园教师的教龄结构逐步合理化。

（三）建园以来各年专任教师数量

专任教师是指在班级中专门负责教育教学的主班老师和配班老师。如表 3-2-5，因园所规模不同、幼儿在园人数不同，各地教师数量差异较大。但各地教师数量自 2015 年之后，一直保持稳定，说明各地区的专任教师数量基本饱和。随着农村在园幼儿数量自 2017 年之后逐年下降，农村幼儿园教师数量开始出现过剩。过剩教师的安置问题将成为农村公办幼儿园教师队伍管理的重要工作。

表 3-2-5 十年来各地区样本幼儿园的专任教师数量

	2011 年	2012 年	2013 年	2014 年	2015 年	2016 年	2017 年	2018 年	2019 年	2020 年
A1 园	0	0	0	0	—	—	1	1	1	1
A2 园	0	0	0	0	1	2	3	2	2	2
A3 园	0	0	0	0	1	2	3	2	2	2
A4 园	0	0	0	0	1	2	3	2	2	2
B1 园	0	0	0	0	0	0	6	6	6	6

	2011 年	2012 年	2013 年	2014 年	2015 年	2016 年	2017 年	2018 年	2019 年	2020 年
B2 园	0	0	0	0	0	0	1	1	1	2
B3 园	0	0	0	0	0	0	2	3	3	3
B4 园	0	0	0	0	0	7	6	6	7	11
B5 园	0	0	0	0	0	0	0	2	2	2
C1 园	0	0	0	0	4	6	6	12	12	12
C2 园	0	0	0	3	4	6	6	15	20	19
C3 园	0	0	0	0	0	0	8	7	7	7
G1 园	14	14	14	14	14	16	16	15	16	17
G2 园	16	16	14	11	13	14	19	18	17	21
G3 园	13	13	13	14	15	15	15	15	16	16
G4 园	0	0	0	0	0	0	0	0	0	18
G5 园	13	13	14	16	16	18	20	19	19	18
G6 园	0	0	0	0	0	0	0	0	0	9
G7 园	—	13	13	13	20	20	22	22	22	22
K1 园	0	0	0	0	0	0	—	—	13	15
K2 园	0	0	0	0	0	0	48	42	45	32
H1 园	0	0	0	0	0	0	—	—	—	15
H2 园	0	0	0	0	0	60	63	63	63	63
L1 园	0	0	0	0	0	0	0	0	0	9

注：1. A1 园代表西北 A 地区编号为 1 的样本幼儿园，其他编号以此类推。

2. 数据 0 代表该幼儿园当年还未开园。

3. "—"表示数据暂缺。

（四）保育员与保健医生配备情况

保育员是幼儿园专门从事保育活动的人员，其主要工作是班级卫生、消杀、配合教师教学等。保健医生是幼儿园专门负责幼儿健康管理的人员，须有儿科医学的专业背景和医师执业证书。在调查的 24 所农村公办幼儿园中，有 4 所幼儿园没有配备保育员；有 7 所幼儿园没有配备保健医生。A 园长在访谈时说："我们幼儿园在建园初期保育员人数是不够的，后来通过多种渠道招聘，到现在，幼儿园的保育员数量还算是维持在一个刚够的数量。"B 园长在访谈时说："在幼儿园刚开始招生的那一年，我们招聘了专业的保健医生，很多具体的工作都是由保健医生来指导规划的。"说明部分地区的保育和保健工作较为薄弱，有待改善和提高。

（五）建园以来各年教职工总数

幼儿园教职工是指所有在幼儿园工作的职工，包含教师岗、管理岗、后勤岗三类人员。如表3-2-6所示，由于每个地区办园规模不同，各幼儿园的教职工总数差距较大。2018年K地区教职工人数增幅较大，说明2018年K地区入园幼儿人数增多。但其他地区教职工总数的增幅不是很明显。A园长在访谈时说："在我们幼儿园里，每个岗位的人员数量配备得很齐全。"B园长在访谈时说："我们每年基本上都会根据幼儿人数的波动，然后调整幼儿园教职工的岗位人数。"说明每个地区的幼儿园每年教职工的数量较为稳定。

表 3-2-6　十年来各地区样本幼儿园教职工数量情况

	2011年	2012年	2013年	2014年	2015年	2016年	2017年	2018年	2019年	2020年
A1园	0	0	0	0	—	—	5	5	5	5
A2园	0	0	0	0	4	5	5	4	4	4
A3园	0	0	0	0	5	5	6	6	7	7
A4园	0	0	0	0	5	5	6	6	7	7
B1园	0	0	0	0	0	0	12	13	13	13
B2园	0	0	0	0	0	0	6	7	10	8
B3园	0	0	0	0	0	0	4	5	8	7
B4园	0	0	0	0	0	14	13	13	14	18
B5园	0	0	0	0	0	0	8	8	8	7
C1园	0	0	0	8	16	18	18	23	23	23
C2园	0	0	0	3	11	13	13	35	35	31
C3园	0	0	0	0	0	0	29	25	25	24
G1园	24	24	24	24	23	24	23	24	23	24
G2园	34	37	34	38	37	36	36	35	34	36
G3园	21	21	21	22	22	23	22	23	24	24
G4园	0	0	0	0	0	0	0	0	0	25
G5园	22	21	21	25	24	26	28	27	27	26
G6园	0	0	0	0	0	0	0	0	0	23
G7园	0	15	15	15	26	26	30	30	30	30

续表

	2011 年	2012 年	2013 年	2014 年	2015 年	2016 年	2017 年	2018 年	2019 年	2020 年
K1 园	0	0	0	0	0	0	0	0	28	28
K2 园	0	0	0	0	0	0	0	71	59	50
H1 园	0	0	0	0	0	0	0	0	0	23
H2 园	0	0	0	0	0	63	63	63	63	63
L1 园	0	0	0	0	0	0	0	0	11	13

注：1. A1 园代表西北 A 地区编号为 1 的样本幼儿园，其他编号以此类推。

2. 数据 0 代表该幼儿园当年还未开园。

3. "—"表示数据暂缺。

第三节　西北农村公办幼儿园发展状况调查结论与发展对策

一、西北农村公办幼儿园十年发展数据分析结论

基于投入、产出、结果等三个指标中的各项数据分析，可以发现过去十年间西北农村公办幼儿园的发展和运营状况是基本稳定的。大量的专项投入在基础设施、园所运营、教师编制和教师培训等方面全面铺开。由此，直接的产出也是明显的：幼儿园办园规模能收纳所有适龄农村幼儿，办园条件达到良好水平，生均资源和教师资源持续改善。随着保障农村学前教育正常运营的各项条件的完善，其发挥的社会效益和教育效果也显露出来。在园幼儿可谓"应收尽收"，在编教师也基本"应入尽入"，尤其是在边远艰苦地区，教师的福利待遇持续提升。西北农村公办幼儿园的教师和职工数量保持基本稳定，教师的学历大幅提升，教师教龄较低、年龄年轻化。年龄低、学历高的青年教师愿意扎根乡村，成为"新生代乡村教师"。

（一）投入指标达成情况

归入调查的投入指标包括：幼儿保障投入、教师保障投入、基本建设投入、幼儿园运营经费投入。从数据分析的情况来看，西北农村学前教育投入呈现以下几个特点：贫困儿童入园有保障，教师保障投入持续提高；基本建设投入合理，运营经费的投入不均；农村幼儿园管理体制机制有待改进。此三个特点与以往相关研究基本保持一致，既呈现出全国公办幼儿园发展的共性，又具有西北农村公办幼儿园发展的特性。针对投入指标中出现的短板和弱势问题，从宏观、中观与微观层面探析了可能的原因。

1. 贫困儿童入园有保障，教师保障投入持续提高

在数据结果中，可以看出，困难幼儿保障投入是按需分配，依据各地贫困幼儿人数给予经费补助。在经济发展水平较高地区，贫困幼儿人数较少，相应补助也少。尤其是城郊地带的乡镇区，农村幼儿家长有较多的就业机会，家庭贫困概率低，所以该乡镇幼儿园可能没有贫困幼儿。随着国家乡村振兴战略和脱贫攻坚战的推进，农村经济得到发展，农村贫困家庭逐年减少。2021 年 2 月，习近平总书记在全国脱贫攻坚总结表彰大会庄严宣告：我国脱贫攻坚战取得了全面胜利。西北农村绝对贫困已经消除。贫困儿童的入园保障，一方面得益于专项经费的投入，另一方面也是脱贫攻坚战的成果。

整体上看，教师基本工资支出在逐年提高，但是各地区之间差异较大，C 地区农村幼儿园教师工资水平相对较高，各地区奖金绩效补贴基本保持稳定。在过去的十年中，西北各级各类教师的工资水平都有不同程度的提升。提高乡村教师的工资待遇一直是国家教育经费管理的重要导向，这是西北农村幼儿园教师工资逐年提升的主要原因。C 地区的幼儿园教师工资水平相对最高，很可能是当地政府对学前教育的重视和财政倾斜。C 地区是西北学前教育改革发展的前沿阵地，教育部第一批"安吉游戏"推广试点就落户当地。2023 年，这里又被评为教育部"幼儿园保教质量提升实验区"。学前教育改革和领衔发展的现状倒逼 C 地区的学前教育经费投入攀升。

西北各地区农村幼儿园教师编制数量在 2016 年和 2017 年有较大增长，之后编制数量趋于饱和。幼儿园教师编制数量的大幅增加是与农村大量幼儿园建成开园密切关联的。第二期学前教育三年行动计划重点建设农村幼儿园。幼儿园教师在 2016—2017 年出现激增后归于稳定，是对农村学前教育改革发展需求的科学回应。大量农村幼儿园的运营进入正轨后，教师和职工数量也趋于稳定，这是农村学前教育正常发展的重要标志。当然，随着全国出生人口下降，以及城市化过程中人口向城市流动，农村儿童生源减少，导致农村幼儿园教师出现结构性过剩。过剩编制内教师的安置问题，值得政府相关部门重视。

各地农村公办幼儿园的教师外出培训的机会差异较大，但总体而言，2015 年之后农村幼儿园教师参与各级各类培训的机会呈增长趋势。乡村教师作为重要的教育资源，是振兴乡村教育的关键。长期以来乡村教师队伍建设面临"下不去、留不住、教不好"的困囿，国家推出系列行动缓解"下不去"问题，但"教不好"问题依然突出，尤其是在边远乡村地区。[1]为了提升乡村教师队伍质量，国家从 2010 年开始启动面向各级各

---

① 李志辉，王纬虹. 乡村教师离职意向影响因素实证研究：基于重庆市 2505 名乡村教师调查数据的分析 [J]. 教师教育研究，2018（6）.

类教师的"国培计划"。2015 年,"国培计划"的培训重点开始聚焦乡村教师,在这一背景下,西北农村公办幼儿园教师的培训机会明显增多。

2. 基本建设投入合理与运营经费的投入不均

在幼儿园建园初期,国家或地方财政部门根据每个地区每个幼儿园的基本建设规模进行投入,对幼儿园建园总资金的投入幅度较高。国家或地方财政性拨款对各个地区分配较合理。西北农村公办幼儿园基本没有其他赞助和收入。公办幼儿园的性质决定了其经费运营管理的统筹特征,以及政府主导责任,这种自上而下的统筹管理模式,容易出现投入不均衡的问题。比如政府一般按照幼儿人数配给幼儿园运营经费,城市幼儿园生源充足,资金也充足。乡镇幼儿园,尤其是地广人稀的农村地区,本就生源分散,随着人口出生率降低,有不少村级园只有 20~30 名在园幼儿。按照生均拨款,这些经费基本难以支持幼儿园的正常运营。在调研过程中,团队联络过的 7 所村级园都是因为生源较少而撤点,与邻村园合并。虽为数不多,但这些农村家庭将面临远距离接送孩子的困难。

庞丽娟等人的研究表明,目前我国有不少公办幼儿园长期面临管理主体缺位、办园经费不足、教师待遇缺乏保障等问题,甚至有些园所基本运转困难。公办幼儿园作为我国普惠性学前教育资源的重要组成部分,由于其独特的举办主体、服务对象,并且就近就便、收费较低、质量较好、弱势补偿等明显特征,具有突出的教育性与社会公益性。①公办幼儿园改革发展还须坚持普惠公益的价值取向,不让任何一个处境不利的孩子失去良好教育开端的机会。

3. 农村幼儿园管理体制机制有待改进

在调查过程中,发现幼儿园经费投入的部分数据缺失严重,或者找不到以往的财务记录,或者记账不精细、无法区分各项条目。除财务数据外,建园以来的教职工人员变动情况,玩具、教具、图书资源等变动情况都没有进行梳理和登记,导致很多历史信息查无可查。其原因主要有两个方面。微观层面,农村幼儿园的财务管理人员专业性不强且流动性比较大,在财务管理上不够细致,在工作交接上不够全面;农村幼儿园管理者(园长)对财务管理不熟悉,财务岗位责任督导落实力度不够;还有些乡镇园属于城市某幼儿园的集团园,他们各项工作的管理都由集团总园主导。宏观层面,主要是农村公办幼儿园的管理体制和机制不够精细。"大一统""一刀切"的情况比较普遍,各项管理和规范办园行为的政策制度有待精细化。在访谈中,有园长提到"幼儿园账户上有钱,但我们想用这些钱购进一些玩教具非常困难,常常无法通过上级领导的审核批示,最后

---

① 庞丽娟,袁秋红,王红蕾. 我国公办性质幼儿园改革的发展方向、改革原则和政策建议 [J]. 北京师范大学学报(社会科学版),2022(01):55-61.

钱没花，又被收回去"。这样的现象唯有从管理体制上变革，才有改观的可能。

（二）产出指标达成情况

本研究从总指标体系中抽离出来的产出指标包含办园规模、办园条件和生均资源情况以及教师人均资源情况。从调查数据来看，国家十年来对西北农村学前教育的紧密投入是卓有成效的。总体上表现出以下特征：办园规模合理，办园条件总体优质均衡；生均资源情况良好、教师资源情况分配不均衡。教师资源分配不均主要有整体与部分两方面原因。

1. 办园规模合理，办园条件总体优质均衡

在建园初期，相关部门能及时根据当地的学龄前人口实际情况合理规划办园规模。大部分地区幼儿园的班级个数规划是合理的，规划班级数量比实际招生班级数量多 1～2 个。入园难、入园贵的问题基本解决。调查的 24 所幼儿园都非常重视幼儿园内的硬件设施，大部分指标为良好（总分 5 分，平均分在 3.6～3.8 分之间），只是户外设备和卫生保健设备方面处于中等水平（总分 5 分，平均分 3.5 分）。调查结果与样本地区相关部门公布的数据基本保持一致。当然样本地区的官方数据总体上高于研究的调查结果，因为参与督导的幼儿园中涵盖了城区和县域幼儿园，这些幼儿园各项条件都优于农村幼儿园。可见，国家投入的财政经费直接带来了良好的产出效果，农村公办幼儿园表现出较好的运营状况。

2. 生均资源情况良好、教师资源情况分配不均衡

在生均资源情况中，根据标准差结果看出，生均资源总体较平衡，但玩具生均不少于 5 件这一项的赋分稍低。生均资源，比如玩具、图书、活动面积等，在规划建园时便按照国家办园标准规划，因此各地区的生均资源分配较好、较均衡。教师资源情况，尤其是教师人均培训费用、人均图书种类和册数分配较不均衡，且每个地区投入分配的侧重点也不相同，导致各个地区对于教师资源的投入存在差距。

从局部视角来看，在实地调研中，有园长提到，教师的培训费是根据教师培训机会与次数决定的，所以每年都有高有低；教师用书一般都是根据教育主管部门的要求投放。教师用书的差异，表现为 G 与 K 地区图书资源尤其优厚，其他地区则相对较少。这很可能与样本幼儿园的级别有关。G 和 K 地区参与调研的幼儿园均为城市直属的乡镇中心幼儿园，这些幼儿园规模较大、生源充足，办园经费比较稳定，能够进行资源建设的经费较多。而其他地区的幼儿园为村级园和离市区较远的乡镇园，在运营经费不太充足情况下，教师用书投入相对较少。

从整体视角来看，农村幼儿的教师队伍建设是西北学前教育发展的最薄弱环节。教师资源的分配、教师培训的机会、教师专业发展的支持等在西北农村公办幼儿园最为紧缺。相关部门在统筹城乡学前教育发展时，应考虑教师资源向边远农村倾斜。

（三）结果指标达成情况

1. 农村幼儿"应入尽入"

各村幼儿园的规划班级数普遍比实际班级数多 1～2 个，从幼儿园建园时的规划班级数量与实际的班级数量差额来看，农村幼儿园的学位充足，所有适龄学前儿童能够"应入尽入"。

在彻底消除"入园难"的困难后，农村幼儿园生源减少、学位空余的情况逐渐出现。2016 年 1 月 1 日起我国实施全面两孩政策。全国出生人口在 2016 年与 2017 年出现较大幅度增长，之后便持续回落。出生人口的波动情况最开始影响的就是幼儿园的生源，3 年后幼儿园生源大幅增加，便逐渐下降。这是全国人口变动的大趋势导致的现象。对于农村幼儿园来说，随着城乡一体化进程的加快，大量农村幼儿随着父母流动到城市，农村公办幼儿园潜在的生源也在流失，这是导致农村幼儿园生源在 2018 年之后大幅度减少的重要原因。

2. 园长资质逐步提高，教师队伍向好发展

在调查的 24 所幼儿园中，大部分幼儿园园长的年龄低，教龄短，但其学历较高。园长的年龄在 30～39 岁的占比 61%；园长的教龄在 3～5 年的占比 33%，教龄在 10 年以内的占比 95%；园长的学历以大专和本科为主。这一结构特点产生的原因有以下几个方面：一是大量新建的农村幼儿园集中在 2015—2017 年开园，有资质、有经验的园长储备不足。二是在规模较小的农村幼儿园，具有大专或本科学历的教师本就缺少。在权衡现实需求，对比现实情况之后，大量具有学前教育专业背景的青年教师在工作 3～5 年后就任职园长。这些年轻的园长具有专业的教育背景、开放灵活的思想、高效的执行能力以及学习能力。借着"国培计划"，他们在农村幼儿园教师队伍中首先成长起来，带动整所幼儿园的发展。

教师年龄方面，大部分地区的幼儿园教师都较年轻，以 30～40 岁的青年教师为主。学界将这一代青年教师称为"新生代乡村教师"。新生代乡村教师，并不仅仅是年龄上的特征，更有其本质内涵与特质。他们是在整个社会大变革潮流中成长起来的新一代青年，他们凭借技术优势、文化资本和人脉资源为乡村学校募集先进的教学设备和丰富的办学资源，是推动乡村学校现代化转型和乡村教育高质量发展的核心力量。他们是个性张扬、富有主见的新一代青年，"勇锐盖过怯弱，进取压倒苟安，看似'我行我素'的背后实则是对随波逐流、与世沉浮的反叛和拒斥"。[1]他们怀揣着青春梦想和教育理想，

---

[1] 邹太龙，王世枚. 守望德育的崇高性：疫情下的学校德育省思 [J]. 中国教育学刊，2020（10）：97-102.

在最边远、最基层、最艰苦的乡村学校中追求自我价值和生命意义的实现。他们在城市接受了现代化的高等教育，视野开阔，思维活跃，思想开放，愿意尝试新鲜事物，富有创造力，是兼具现代文明意识和素养结构的新型教师。①

3. 保育与保健工作有待强化提升

本章调查的部分幼儿园存在未配备保育员的情况，未达到国家"两教一保"人员配置的要求，保育员的专业能力也不高，难以做到保教结合。24 所农村公办幼儿园中，有4 所幼儿园没有配备保育员。农村公办幼儿园保育人员数量不稳定、专业性不强的原因主要有：一是保育员教师的聘任基本由幼儿园或其直属教育局管辖，通常采用合同聘任制，聘用机制灵活。二是农村幼儿园班级规模较小，运营经费有限，在两位教师能胜任正常教学工作的情况下，幼儿园会选择不聘用保育员。三是由于保育员教师属于非编制系统，他们的工资待遇不高，在农村基本聘任不到专业能力强的保育教师。在访谈中，一位乡镇中心园长提到，她所在的幼儿园生源充足，班级幼儿人数在30 人以上，必须配齐"两教一保"，但保育教师没有编制，她们只能在村里招聘农村家庭主妇。只要能说普通话，她们就能在幼儿园做卫生清洁和保育的工作。这类型保育员学历低，没有经过专业训练，只会做清洁工作，在保教配合上能力有限。

保健工作在幼儿园中占有非常重要的位置。在园所内，幼儿健康检查与管理、各种消毒与清洁工作的规范与标准、合理的幼儿营养膳食标准等都需要保健医生的规划和指导。一些地区的幼儿园没有配备保健医生，不利于保障幼儿的身体茁壮健康地成长。24 所农村公办幼儿园中，有7 所幼儿园没有配备保健医生。事实上，研究团队在实地考察中发现，农村幼儿园基本配有单独的保健室，遗憾的是不少村级园没有保健医生。一是因为保健医生的专业性强，在偏远的农村地区很难招聘到医学专业的人才。二是因为保健医生的工作不能随便让村里的闲散劳动力来担任，它对专业能力要求较高。因此在招聘不到合适人才的时候，岗位只好空缺。幼儿身体官能稚嫩，自我保护力较弱，在发育过程中会遇到很多突发的健康事件，保健医生的配备非常必要。

二、西北农村公办幼儿园提质发展的相关对策

（一）完善农村幼儿园体制机制建设

调查过程发现了园所历年运营状况信息收集困难的问题。一方面，幼儿园相关工作人员要正确认识到自己的责任，树立科学的财务管理观念，合理分配资源，提高管理效能。幼儿园财政工作直接影响到幼儿园的运转，也影响到所有教职工的切身利益。幼儿

---

① 邹太龙. 新生代乡村教师的三重身份与因应对策［J］. 教育科学研究，2023（10）：51-56.

园要加强管理体系建设，妥善管理、保存幼儿园的每一项工作数据。另一方面，信息管理问题折射出整个农村学前教育体制机制建设薄弱的问题。公办园改革政策的制定应充分考虑地区、类型的适宜性，避免"大一统""一刀切"的思路。《中共中央　国务院关于学前教育深化改革规范发展的若干意见》明确提出要"完善学前教育体制机制和政策保障体系"，党的十九届五中全会指出要"完善普惠性学前教育保障机制"。西北农村学前教育的发展具有边疆地区、多民族地区和边远地区等复杂性，各省应根据中央的纲领性文件，为发展农村学前教育制定具有针对性的体制机制。

（二）加大对贫困地区幼儿和教师的保障投入

针对各地区保障投入分配不均的情况，首先要加强各地方政府的主体作用，在保证学前教育资金合理配置的基础上，加大对贫困地区的投入，使贫困幼儿的受教育权得到充分的保障。在推进乡村振兴的过程中，强调乡村教育振兴，以教育振兴促文化振兴与社会振兴。其次，在教师保障投入方面，各级政府和有关部门要加大经费投入，加大对贫困地区教师的基本工资、奖金、生活补助、教龄津贴等方面的补助。相关部门着力改善农村幼儿园教师的生存发展状态，满足教师职业发展需求；为农村公办幼儿园教师提供外出培训学习的机会，提高农村公办幼儿园教师的专业水平，促进农村幼儿园教师的专业发展。最后，有关部门要重视幼儿园保健医生的配置情况，尤其是边远农村地区。一方面，可以通过设置岗位编制招揽专业人才。另一方面，考虑西北农村地广人稀的乡村现实，统筹医护人员的调配。通过农村卫生院聘用兼职儿科医生，或者片区内多个幼儿园共聘儿科医生等灵活多样的形式，加强农村幼儿园的保健工作。

（三）妥善处理农村公办幼儿园生源减少的情况

针对目前农村幼儿园学位剩余情况，对于部分地区出现的"撤点并园"现象，要提前做好调研工作，妥善处理相关园所的教师、家长、幼儿的利益和需求，合理规划闲置校舍的再利用等问题。首先是妥善安排撤园后儿童的入园问题。一个镇上有好几个小规模村级园需要撤并时，要考虑到各村落之间的地理空间位置，尽量保留处于中心位置的幼儿园，保障撤园村落的孩子能便捷入园。偏远且人口稀少的村落撤园后可以考虑配置校车，或者与村际公交车达成合作，想方设法保障每一个儿童的入园机会，减轻家长接送压力。其次，妥善安排撤园后教师的去向问题。在编教师可以就近安排，也可以根据需求调入镇里或县里教师资源不足的幼儿园任教。合同制教师，要按照合同签订的情况，结束合同，结算工资，妥善处理。再次，撤园后的校园建筑和用地也要合理安置。集体资产严禁私人占用。乡政府应统筹将闲置房舍充分利用，为乡村文明建设赋能。比如将其打造为"乡村多功能文化中心"活动用地，设置村级舞蹈室、阅读室、书法室等文娱活动室，也可以结合当地特色文化来建设，比如设置特色文化传承室、乡村特产陈列室等，以最大限度发挥校舍的乡村文化振兴功能。

（四）持续提升园长专业能力，加强教师队伍质量

采取多种渠道，持续提升农村幼儿园园长专业能力。根据教育部颁发的《全国幼儿园园长任职资格、职责和岗位要求（试行）》，园长的任职资格包括：乡镇中心幼儿园园长应具备幼儿师范学校（含职业学校幼教专业）毕业及其以上学历，有五年以上幼儿教育工作经历，并具有小学、幼儿园高级教师职务；其他幼儿园园长应具备幼儿师范学校（含职业学校幼教专业）毕业及以上学历或高中毕业并获得幼儿园教师专业考试合格证书，有一定幼儿教育工作经历，并具有小学、幼儿园一级教师职务；获得幼儿园园长岗位培训合格证书①。调研结果显示农村幼儿园园长教龄主要集中在 3~5 年，有些园长也未获得园长岗位培训合格证书。在非常时期，只能以非常之法，任用人才。相关部门应坚持多种渠道提升现任园长的专业能力：一是统筹安排年轻园长尽快获得园长岗位培训合格证书；二是坚持开展各级各类培训项目，专门对年轻园长进行《幼儿园园长专业标准》培训学习；三是坚持通过为期 1~2 年的挂职、支教等形式引入优质园长，手把手带领当地年轻园长成长；四是坚持通过交流、轮岗等形式将农村幼儿园园长送到城区示范幼儿园跟岗历练。

在一些贫困地区，公办幼儿园的教育质量难以有效改善，其根本原因在于幼儿园教师专业素养不高。2010 年以来，"国培计划"确实给广大农村幼儿园教师带来了很多培训学习机会。但教师学习了先进的学前教育理论和方法后，回到自己的幼儿园想推行新理念与方法时，却发现：一是当地教育行政部门教研员不认可新理念；二是自己的教师团队在学习力、执行力方面跟不上。学习归来，却无用武之地，无可用之才，成为西北农村幼儿园教师队伍建设的"硬伤"。一方面，相关部门要正确认识当前我国农村公办幼儿园师资队伍的状况与问题，想方设法让培训内容落地生根，发挥实效。改变短期集中的"补短板"式培训，转向长期性、实践性、跟踪性和针对性的"精准式"培训。另一方面，相关部门要明确规定农村公办幼儿园教师需要持证上岗，逐步提高准入门槛，促使农村幼儿园教师的专业技能、业务水平、基本素养等方面的提高。

（五）重视农村幼儿园保育与保健问题

从调查情况来看，部分地区农村公办幼儿园没有专门的保健医生以及保育员，幼儿园的卫生保健制度还有待完善。幼儿园要配备数量合理的幼儿园教师、保育员、保健医

---

① 中华人民共和国教育部. 国家教委关于颁发《全国幼儿园园长任职资格、职责和岗位要求（试行）》的通知［EB/OL］.（1996-1-26）［2024-02-04］. http://www.moe.gov.cn/s78/A06/jcys_left/moe_705/s3327/201001/t20100128_81998.html.

生等工作人员，建立相关的用人政策。有关部门也要明确要求幼儿园教职工以及其他相关人员持证上岗，尤其要重视幼儿园保健医生的配备问题。农村地区的环境卫生条件容易滋生病毒和细菌，农村儿童的父母多数在城镇打工，祖辈对于儿童的卫生情况经常"无心也无力"。这就使得农村幼儿园的保健工作格外重要，几乎成为保障幼儿健康成长最重要的一道屏障。对于缺少保健医生的农村幼儿园，相关部门应采取灵活多样的形式给予保障。比如，安排县域妇幼保健工作人员以挂职的形式下乡入园；安排乡镇卫生院的医护人员采用兼职的方式入园工作；属于集团化办园模式的农村幼儿园可以共用一个保健医生等。

第四章
西北农村公办幼儿园
十年发展的生态学图景

　　农村学前教育是学前教育的重要组成部分与最薄弱环节，党和国家高度关注，并颁布系列政策，促进农村地区学前教育发展。中央财政重点倾向对西北农村地区新建园所和配套资源的专项经费投入；地方政府高度重视学前教育普及普惠工作，逐级力推相关措施，西北农村学前教育迎来快速发展的黄金期。大批公办普惠幼儿园得以建立，基本解决了西北农村地区儿童"入园难""入园贵"的问题。截至 2020 年，陕西省、新疆维吾尔自治区、内蒙古自治区、甘肃省的学前三年毛入园率分别达到了 98％、95.95％、94.1％和 91％[①]。十年来相关政策的紧密推行卓有成效。西北农村学前教育经历了怎样的发展历程？十年发展遵循怎样的衍进逻辑？未来的发展道路何在？对这些问题的回答不仅是对过去十年国家相关政策的现实回应，也能以西北为"窗口"窥探全国农村学前教育的发展脉络，更能为其他农村地区的学前教育发展提供重要参考。

　　振兴农村学前教育既是教育策略也是社会治理策略。2010—2020 年是我国西北农村学前教育发展的黄金十年，快速发展必然蕴含诸多变化，厘清变化样态与逻辑，方能正位前行。本章基于生态学视角，遵循质性研究范式，发现西北农村学前教育生态位历经实体化、明晰化和多样化等三种衍进样态，从人口稳态机制、发展限制因子、运转原始动力和校—园生态关系分析其衍进逻辑，并从鼓励互补竞争、改善乡村环境、规范基层行政、优化教师生境、构建共栖关系等五方面探索促进西北农村学前教育发展的道路。

　　本章依然是从整体切入，纵向追踪西北农村公办幼儿园的十年发展状况。与第三章的数据调查不同，本章从亲历这十年发展的教师经历切入，参考叙事研究的资料收集方法，以具体、鲜活的教师经历来叙述西北农村公办幼儿园的发展故事。可以说，第三章

---

① 中国发展研究基金会. 中国西部学前教育发展情况报告［J］. 华东师范大学学报（教育科学版），2020，38（01）：97-126.

的数据分析描绘了西北农村公办幼儿园的十年发展"主干和分枝",此章便是由"主干和分枝"生长出来的"细枝叶条"。两章相互呼应,相得益彰,共同勾勒出西北农村公办幼儿园十年发展的面貌。

第一节　西北农村公办幼儿园十年发展的质性研究概述

一、问题提出

　　学界有关农村学前教育的研究视角出现明显的跨学科趋势,社会学、历史学与生态学逐渐成为研究农村学前教育的新视角。社会学视角以社会资本理论为基础,研究农村幼儿园对当地社会资本的增殖作用,但学前教育的社会资本功能发挥大体不强。[1]社会学结构主义视角主要用以分析"一村一幼"政策的结构变化与发展趋势。[2]历史制度主义视角从教育扶贫与扶智切入,解读政策体系的协调与互动,共同推动农村学前教育"后普及时代"的可持续发展。[3]近年来,生态学视角逐渐受到重视,相关研究从聚集乡村教师流失[4][5]与发展[6]的焦点注视,转向关注乡村教育现状、变革[7]与价值逻辑[8]的系统考察。

　　本章基于生态学视角,尝试在已有研究基础上向纵横双向延伸,突出研究的系统性和追踪性;采用质性研究范式,对具有十年及以上教龄的农村幼儿园教师进行深度访谈,回溯其十年教育生活经历;深度分析该地区学前教育十年衍进的生态样态与发展逻

　　[1] 朱宗顺,李小婷. 学前教育功能的新视阈:滋养社会资本:基于浙江省安吉县农村幼儿园的调查与分析 [J]. 教育研究与实验,2018,36(03):75-79.

　　[2] 何真. "变"与"不变":后扶贫时代民族地区"一村一幼"政策的生成逻辑:以四川凉山彝区为例 [J]. 理论与改革,2022,35(05):122-133.

　　[3] 陈志其,蔡迎旗. 民族地区学前教育反贫困政策的演进脉络与未来接续:基于历史制度主义的视角 [J]. 西南民族大学学报(人文社会科学版),2022,43(07):209-217.

　　[4] 余应鸿,胡霞. 农村中小学校教师流失的问题、归因及重构:基于教育生态学视角的分析 [J]. 西南大学学报(社会科学版),2013,39(5):71-76.

　　[5] 杨柳. 教育生态学视阈下农村中小学教师流失问题的探索 [J]. 广西社会科学,2016,32(8):208-212.

　　[6] 王鑫,张卫国. 教育生态学视阈下的教师发展研究[J]. 教育理论与实践,2015,35(19):40-43.

　　[7] 师丹慧. 教育生态学视野下薄弱学校的变革:现状与展望 [J]. 当代教育科学,2020,35(2):52-58.

　　[8] 兰慧君,司晓宏,周丽敏. "小城镇"推动西部乡村教育振兴的价值逻辑:基于教育生态视角[J]. 当代教育论坛,2022,21(04):11-22.

辑，探索该地区学前教育良性发展的"生态学"路径。

二、研究目的

回溯西北农村地区公办幼儿园教师十年教育生活经历；深刻描绘西北农村学前教育发展的生态图景；深度分析该地区学前教育十年衍进的生态样态与发展逻辑；探索该地区学前教育良性发展的"生态学"路径。

三、研究对象

质性研究的对象选择要突出代表性与多样性。[①]西北地区广大的农、牧区学前教育发展历程可作为窥视全国农村学前教育发展的重要窗口。访谈对象所在园所涵盖新建园、改建园、扩建园；所在地区涉及农耕区与放牧区，包括农村、乡镇与城郊三种地域类型。访谈对象经历农村学前教育十年来发展的重要阶段。如表4-1-1所示，参与研究的14位教师是对幼儿园整体情况非常了解，具有丰富实践经验的书记、园长、中层管理人员以及幼儿园骨干教师，且教龄均在十年及以上，他们亲历并见证了西北农村学前教育发展的十年。

表 4-1-1　访谈对象的基本信息及访谈资料编码

序号	性别	教龄	资料编码
1	女	14	Z20230715
2	男	10	W20230715
3	男	20	DLT20230715
4	女	11	DXH20230715
5	女	14	J20230715
6	女	17	SRH20230711
7	女	18	TEX20230711
8	男	10	ASBY20230712
9	女	18	PTM20230712
10	女	10	G20237012
11	女	10	D20230607
12	女	29	G2023613
13	女	10	Z20230526
14	女	11	L20230412

① 陈向明.扎根理论在中国教育研究中的运用探索[J].北京大学教育评论，2015, 13（01）：2-15.

四、研究方法

本章遵从时间脉络，纵向审视西北农村学前教育十年（2010—2020 年）发展的历程，采用深度访谈法收集研究资料。根据所需内容，灵活采用个别访谈与小组访谈的形式，在告知访谈目的并征得录音同意后，对每位受访者开展访谈工作。访谈主题包括：幼儿园一日生活安排、教师配备情况、教师的专业发展情况、办园经费支持情况、家园共育情况、教师教育经历或故事、工作心态与体验等在 2010—2020 年间的发展变化。生态学是研究生物及其环境相互关系的学科①，教育生态学的方法就是"把各种教育机构与结构置于彼此联系中，置于维持它们并受它们影响的更广泛的社会之间的联系中来加以审视"②。为更进一步探析西北农村学前教育发展与当地环境之间的联系，访谈还涉及十年来农村环境发展变化，涵盖农区自然环境、政策环境、经济环境、人口环境、文化环境的发展变化情况。

五、研究过程

为获得全面且真实的资料，本章遵循"访谈—整理分析—再访谈"这一循环推进的过程。最终获得有效访谈时间 600 余分钟，共转录整理访谈资料 10.5 万余字。依循"三级编码"思路对访谈内容进行整理分析。首先，通过开放式编码规整学前教育发展样态的初始概念或范畴；其次，通过主轴编码归类整理西北农村学前教育十年发展的概念并建立连接；通过回访，不断丰富、扩充资料，完善已有框架。在访谈和分析第 13 位教师时，未出现新的概念或范畴，为进一步检验资料饱和度，访谈了第 14 位教师，资料整理未出现新的范畴。最后，通过选择性编码进行范畴整合，建立范畴间的联系，并从生态学视角阐释西北农村学前教育十年发展的样态与逻辑。

第二节　西北农村公办幼儿园十年发展的生态样态衍进

一、实体化阶段

该阶段的时间跨度集中在 2010—2016 年。在此期间，西北地区在中央的领导和

---

① HAWLEY A H. Human Ecology: a theory of community structure [M]. New York: The Ronald Press Company. 1950: 3.

② CTEMIN L A. Public Education [M]. New York: Basic Books Inc Publishers, 1976: 36.

支持下开展了第二期学前教育三年行动计划，大量农村幼儿园得以改建、扩建与新建，西北农村学前教育生态位呈现三个主要特征。

（一）生态位从无到有

大量新办幼儿园意味着学前教育对该区儿童的重要意义从理论转向实践，西北农村学前教育在教育生态系统中应占据的时间和空间位置得以充实。位于天山北坡的 M 县牧区辽阔，牧民逐草而居，牧区儿童入园问题严峻。1986 年这里就建成了村办幼儿园，当时只有两间房，招收镇里的孩子。2013 年国家为解决牧区儿童"入园难"问题，在村里建了牧民定居点，由牧民和政府共同出资。房子建好后，年长的牧民带着孩子搬到定居点。政府改建并扩建了村里的幼儿园，为牧民儿童提供免费的学前教育（G2023613）。位于 C 市郊区以农耕为主的某村级园长回忆道："我们是 2017 年建园，因为当时乡政府旁边有个食品工厂，很多外来务工人员就会把孩子就近送到村里的幼儿园，当然也在隔壁村建了一所幼儿园。"（D20230607）可见，在国家强有力地推动与大量经费投入过程中，西北农村地区基本实现一村一所幼儿园。

（二）生态位界限不清

刚融入整个教育生态系统的西北农村学前教育生态位界限不清，主要表现为与小学共用时间、空间和资源。来自牧区乡镇幼儿园的教师讲道："幼儿园刚开园时，几乎都是和小学在一个院子里，大小事情由小学统一管理。比如集体教学活动时间是 25 分钟左右，如果哪个老师还没有上完课，但是铃声响了就必须跑去户外进行活动或做广播体操。"（SRH20230711）"刚开园时，因为幼儿园没有厨师，加上电力不稳定，我们就会把孩子带到小学食堂，跟小学生一起吃饭"（PTM20230712）。这一时期，改建园一般直接由乡村小学划分出空间区域给幼儿园办学，新建园一般紧靠小学校园而建，幼儿园普遍与小学校园在一起，共享空间、时间和资源。

（三）生态功能受限

西北农村学前教育的生态功能受限，表现为幼儿园执行小学功能，为小学服务。某牧区村级园长说到"2019 年之前几乎没有园长，幼儿园是组长管理，负责一日生活的常规或给老师们考勤"（TEX20230711）。某牧区城郊园书记提到"在我们幼儿园，班级老师要是抽调走或者去给小学帮忙归档、整理材料，我们就要进班，或者留在班里的老师就要一个人干完班级两个老师的任务"（J20230715）。可见，西北地区的农村幼儿园在建园初期，因为职能岗位划分不够明确，未形成独立运作的管理机制，使得幼儿园自主管理受限。小学似乎成为幼儿园的上级机构，贯行科层组织间的运行逻辑，幼儿园在自身事务上的话语"失声"，几乎成为小学的"附属物"，以至于失去自身独立的生态功能。事实上，幼儿园与小学在学制体系中为启承关系，并非科层关系，需将两者置于学制逻辑中，才能各行其是。

二、明晰化阶段

该阶段的时间跨度集中在 2014—2017 年。教育部自 2010 年开始启动"国培计划"，2010—2014 年以"示范引领、雪中送炭和促进改革"为宗旨为西部农村教师开展专项培训，部分西北农村地区幼儿园教师接触到科学的学前教育理念，并开始进行规范化办园改革；2015—2017 年聚焦乡村，以"项目县"为载体送教下乡，为西北农村地区幼儿园规范化办园提供强大助力。①在此期间，西北农村学前教育生态位逐渐明晰化，体现为三个主要特征。

（一）幼儿园行政管理脱离小学

西北农村公办幼儿园行政管理的独立主要体现在财务独立与教育自治两方面。财务方面，政府划拨专项经费由幼儿园独立支配。某城郊村级园园长提到"2013 年，我从城里幼儿园调到这当园长，上任前两年就是在与小学校长斗争，他们想用我们的经费、管理我们的教学工作。我们当然不答应，政府给我的是专项经费，我们要自己支配"（L20230412）。教育方面，幼儿园逐渐实现自治。"我们不再和小学共用下课铃声，做了幼儿园一日生活作息时间表"（DLT20230715），"教育小学化也改善很多，不准他们（小学教师）用试卷来考孩子"（SRH20230711），"幼儿园会根据区域或主题墙，对教师进行月考核"（TEX20230711）。行政管理独立为西北农村地区幼儿园教育的学前性提供了必要前提。

（二）教育教学体现学前性

西北农村地区幼儿园教育教学逐渐体现出学前性。在教学上，最明显的变化是游戏活动在幼儿园逐渐受到重视。如教师们提到"一般室外有体育游戏活动，中班教师会给幼儿教一些儿歌，大班会教拼音练习"（W20230715），"教师也让幼儿玩报纸或者尽量投放材料，为幼儿准备收纳盒，但是没有划分角色、表演等区域"（DLT20230715），"这几年，幼儿园会给孩子们买纸、蜡笔之类的，让他们涂鸦、手指印画、创意画之类的"（J20230715）。此外，幼儿园环境创设也体现出学前特点，"各楼以及班级室内外也开始进行符合幼儿特点的环境创设"（SRH20230711）；家园共育逐渐得到重视，"在家长的配合下进行园内绿化，种树，修建水渠"（DLT20230715）。西北农村地区幼儿园教育教

---

① 中华人民共和国教育部. "国培计划"蓝皮书（2010-2019）摘要［EB/OL］.（2020-09-07）［2023-09-11］. http://www.moe.gov.cn/jyb_xwfb/xw_zt/moe_357/jyzt_2020n/2020_zt16/guopeijihua/guopeilanpishu/202009/t20200907_485968.html.

学的学前性逐渐凸显，意味着该区幼儿园办园规范化提高，其促进儿童发展的生态功能显露。

（三）学前教育呈现区域性

西北农村学前教育呈现区域性，主要体现在师资配备及教学内容上。师资配备方面，农、牧区与城区的师资配备政策各异。"农区不像城里，我们不按人头配备教师数量，而是按班级配备，就算班里十来个孩子，也会配齐两教一保，但是我们没有配备行政岗，就像书记也是教师岗"（D20230607）。还有的是"没有专职保安"（L20230412），牧区村级幼儿园"按照当地教育局的规定，不是大班额的班级，只有两教，没有保育员，班里的所有工作都是这两个老师去做"（Z20230715）。教学内容方面，更偏向于学前儿童普通话教育。有教师说道："由于农牧民区孩子普通话水平普遍较弱，为了打好语言基础，幼儿园很重视语言教学，教育局要求教师具备二级乙等普通话水平，而且引进了很多汉族老师，我们园现在每个班都有一位汉族老师，孩子们的普通话口语发展非常快。"（SRH20230711）区域性特征首先出现在边远农、牧区，该区的儿童在入园之前几乎没有接触普通话的机会，语言教育成为该区学前教育的重要使命。

三、多样化阶段

该阶段的时间跨度集中在 2018 年至今，随着"国培计划"进入"精准扶贫，分层施训"阶段，西北农村学前教育生态位体现多样性。各种牛境中的乡村园均得到因地制宜的发展支持，但由于地域环境、经济发展、执行力度等因素的影响，西北农村地区园所生态位分化出多种样态。

（一）边远牧区幼儿园以语言教学为主

边远牧区的儿童在进入幼儿园之前，完全不懂普通话，该区幼儿园主要以促进幼儿国家通用语言发展为主要功能，且评价内容以结果为导向。如位于天山南麓和昆仑山结合处的某县，主要以牧民为主，"这里的幼儿很少进行游戏活动，我们要按教材教学，大部分在园时间是给幼儿教拼音、朗读儿歌童谣"（ASBY20230712）。来自牧区的另一位教师说到"早上幼儿入园后有 20 分钟的经典诵读，下午也会有一些像教《三字经》、讲故事等语言特色活动；我们的教师也都在练习普通话，必须通过普通话等级考试，不然就会调离教学岗"（Z20230526）。边远牧区特殊的语言环境，使得普通话教育成为首要任务，牧区儿童只有掌握了通用语言，才能适应学校生活，其后续学习才有可能发生。

（二）农区乡镇幼儿园以小学入学准备为主

乡镇幼儿园以小学入学准备为主要功能，以集体教学活动和主题活动为主。某县农区园教师提到"我们也开始开展集体教学活动，会给幼儿准备头饰，音乐和 PPT，还有一些辅助图让孩子操作"（PTM20230712）；地处高寒区的某县农区园教师回忆到"现在我们会针对我们幼儿园存在的问题来开展，比如开展'感恩教育'以及'小学生活真美好'等主题的活动，让孩子理解这些主题"（J20230715）。在《幼儿园教育指导纲要（试行）》《3～6 岁儿童学习与发展指南》等纲领性文件框架下，乡镇园逐渐形成五大领域为核心的主题教学活动，不断摸索适合农村幼儿的课程模式。

（三）城郊乡镇幼儿园以游戏化教学为主

县市直属的乡镇幼儿园由于地理环境与城区靠近，最易受到先进教育理念的影响，加上城乡结对帮扶的集团化办园模式，这些乡镇园的办园理念几乎与城区园一致，表现在以幼儿终身发展为主要功能，不断探索游戏化教学模式。"班里面划分了方块（区域活动），到了活动时间，幼儿就可以进入到自己喜欢的区域，玩一个小时，时间到了之后幼儿和教师会稍微做个小的总结"（TEX20230711）。集体教学逐步过渡到区域游戏活动，农区儿童有了自主游戏的机会。另一所县直属的村级园作为自主游戏推广试点园，在室外给孩子会提供轮胎、滚筒等，将室外划分为沙区、水区等区域，孩子大部分时间是在进行户外游戏活动，比如玩滚轮胎、滚筒、玩泥等。游戏结束后是自主表征和一对一倾听，下午还会基于自主游戏开展思维分享活动（G2023613）。近年来，城郊乡镇园教师的游戏教学理念和教学能力大幅提升，正努力探索适合农村幼儿园的自主游戏课程，为幼儿终身发展奠定基础。

第三节　西北农村公办幼儿园十年发展的生态逻辑

一、社会环境制约园所生源稳态机制的形成

2010—2020 年间，农村幼儿园发展最显著的变化就在生源上。抛物线式的总体趋势在全国的农村地区都有显现。从生态学的视角来看，种群数量是衡量种群发展的重要标志，它受到生态环境直接影响。甚至可以说，种群数量就是某物种与环境中的各项生态因子博弈的结果。西北农村人口总量下降是导致幼儿园生源下降的直接原因，而向农村倾斜的政策环境又一定程度上稳定了部分生源。家长日渐重视教育的农村文化环境导致学龄儿童向城市流动，而逐渐振兴的乡村经济环境又一定程度上吸引着乡村人口回流。

（一）人口环境直接导致生源下降

生态学认为环境阻力与生物势之间的制约机制是种群数量稳态机制的运作原理。马

尔萨斯提出,在没有环境限制的情况下人口以几何速率增长,而环境资源以算数速率增长;当人口增长到一定程度,其增长速率会减缓。①这就是生态学中人口(或种群)数量衍变的逻辑斯谛方程:在环境阻力作用下,人口数量增长先快后慢,并且保持在与环境容纳相适切的水平,以缓慢速率增长。近十年全国人口出生率以2017年为最高点近乎呈"倒U"形势发展。②③受人口环境的直接影响,西北农村地区学前适龄儿童数量呈同一态势变化。④⑤全国人口环境发展态势直接导致西北农村公办幼儿园生源稳态机制难以形成。

(二)政策环境助力稳定生源数量

政策环境方面,基于乡村振兴、脱贫攻坚战和当地政府的大力推动,西北农村地区公办幼儿园生源得到了一定程度上的稳定。有教师提及"农村孩子从幼儿园开始就会享受到国家的一系列补贴,比如学杂费、伙食费等"(W20230715),国家为西北农村地区儿童提供专项教育经费的政策可以在一定程度上稳住当地生源。有园长说"因为城市相对教育条件好,村里生源有减少的趋势,政府出了新的规定,从2022年开始,户口在哪儿就必须在哪儿上幼儿园,如要去城镇上幼儿园,须出示父母房产证或工作单位证明"(G20230712)。政府对农村儿童流向城镇出台的相关政策,也在一定程度上减缓了该区园所生源流失。

(三)文化环境导致生源结构性失衡

文化环境方面,家长教育观念的转变一定程度上加剧了农村儿童向城区幼儿园流动的趋势。"牧区的家长认为孩子在幼儿园什么都不学,上不上幼儿园都没关系,孩子小送学不方便,很多孩子从大班开始上学"(W20230715)。70后、80后农村家长对学前教育的不重视在一定程度上稳住了农村幼儿园的生源,他们连附近的幼儿园都不想送,更不会将孩子送进城区。随着90后、00后逐渐成为学前儿童的家长,因他们自身受过更高的教育,"他们越来越重视孩子的教育问题,竭尽全力送孩子去县城,很多牧民并

① 尚玉昌. 普通生态学[M]. 北京:北京大学出版社,2010.

② 梁海艳. 中国出生人口月度模式及其特征研究:基于第六和第七次全国人口普查数据的分析[J]. 人口学刊,2023,45(02).

③ 吕利丹,梅自颖,唐语新,等. 中国儿童人口发展新特点与新趋势:基于对第七次全国人口普查数据的分析[J]. 青年研究,2023(05):1-16+94.

④ 吕利丹,刘小珉. 西部民族地区农村学龄儿童基础教育现状和影响因素:基于家庭背景和地区教育资源的研究视角[J]. 中南民族大学学报(人文社会科学版),2017,37(03):54-58.

⑤ 王东晖,靳永爱,刘涛. 中国少数民族生育转变:过程及影响因素[J]. 人口研究,2022,46(03):30-43.

不缺钱，他们会在县里租房子，让老人住下，孩子就能在城里上幼儿园"（J20230715）。此趋势逐渐增强，形成城区园所学位紧张（超过 35 人的班额情况比较普遍），农村园所学位空余的结构性生源失衡现象。

（四）经济环境缓和生源线性流动

经济环境方面，通过脱贫攻坚战，截至 2019 年，在贵州、青海、宁夏、新疆等省份，农区居民消费价格指数接近全国水平，生活水平根本性提高。[①]"这几年通过政策的宣传与实施，政府为当地解决水、电、暖等问题，也为当地居民提供农业生产的技术指导，还提供各类无息贷款和小额贷款，增加就业和创业机会，有些打工的年轻人回来了"（W20230715）。在乡村振兴战略和脱贫攻坚战的刺激下，西北农村地区经济情况好转，一定程度上稳定住了一部分生源。但目前城市经济的相对优势依然明显，进城务工人员会把孩子带去县城上学；相对城郊，边远农村经济状况稍有滞后。来自某市城郊村级园的园长说到"自 2017 年，我们园的孩子逐年减少，村里的家长在镇上或城里打工，把孩子也带走了。镇中心园在乡政府旁边，那有很多工厂，好多外来务工人员会进厂打工，相对生源就要好一些"（D20230607）。在西北农村地区，学前儿童基本呈现村级园—镇中心园—城郊园—城市园的"经济"线性流动。

二、基层教育行政成为学前教育发展的限制因子

为考察环境对生物发展的影响，生态学将环境要素中对生物起作用的因子称为生态因子。任何生态因子，当接近或超过某种生物的耐受性极限而阻止其生存、生长、繁殖或扩散时，这个因素称为限制因子。专业的基层教研科室能带动整个片区教育向好发展，否则会阻碍其发展。研究发现，基层教育行政是西北农村学前教育发展的限制因子，其限制作用体现为两个方面。

（一）专业引领力度有待加强

学前教育日益受到重视，各县市也设立了专门的学前教育科室，但西北农村地区的科室缺乏专业教研员，对该区学前教育发展的专业引领力度较弱。一是教研员专业不对口，教育管理思想陈旧。"我们县的学前教研员是学旅游管理专业的"（SRH20230711）；有的则是"刚刚毕业的大学生，没有去幼儿园一线实践过"（ASBY20230712）；还有的"是从基础教育教研室调过来的，他们的思想还停留在小学化时代"（Z20230715）。二是教研员工作保守，对学前教育改革的敏感性和支持性不够。来自牧区的几位农村教师

---

① 吕灿，李敬，杨元庆. 西南民族地区农村生活水平、减贫实效与防返进路［J/OL］. 民族学刊. https://link.cnki.net/urlid/51.1731.C.20231110.0914.002.

表示，自己参加过多次区级培训，到过北京、南京等大城市参加各种国培班，每次学习都大开眼界，学习归来，本想做一番改革，却得不到上级部门支持（W20230715）。"我们现在学习到很多幼儿园游戏课程的理念和知识，也尝试在幼儿园里让孩子玩，但是上边领导看了就批评，说我们不给孩子上课是不行的"（DLT20230715）。在推进农村学前教育改革的进程中，如果没有基层教育行政强有力的专业引领和支持，广大教师心有余而力不足。

（二）教育管理模式须更具弹性

西北农村地区基层行政管理虽然专门分离出了学前教育科室，但科室管理弹性不够。一是重行政事务轻教育服务。有园长提到"园里的行政检查很多，一检查就要做材料，仅我一个人根本做不完，只能抽老师去做档案，去跑跑腿，去做资料，自然就顾不上教学和教研了"（TEX20230711）。还有教师提到"（教育）局会随意调动我们的教师，比如借几个人到哪个地方参加活动或暂时做其他工作，我们说人不够，就让我们先凑合一下，幼儿园也没有办法"（ASBY20230712）。基层教育行政常以行政事务为重，影响幼儿园正常教学活动开展。二是管理模式欠灵活。某县园所管理人员谈到"我们县局规定 34 个幼儿园每周食谱是固定的，一模一样、一成不变"（G20237012）。某地区园长说道："政府给采购很多玩具包，每个幼儿园都是一样的，好多科学玩具老师也不懂怎么利用，只是放在那里。"（Z20230715）甚至"拿小学的评价标准评判幼儿园，用成绩来说话；像轮胎这样的游戏活动，他们觉得有安全隐患，根本不让玩"（G20237012）。固化的管理模式也许在一定程度上能规范办园行为，但不利于园所自主发展，农村幼儿园难以进入内涵式发展轨道。

三、乡村教师是学前教育系统运转的原始动力

生态学将光合作用视为推动整个生态系统运转的原始动力。学界也将乡村教师定位于教育生态系统中的生产者①②，视其为能进行"光合作用"的物种。为维持西北农村地区幼儿园良性运转，国家和地方政府采取了系列政策与行动，教师队伍建设从数量保障逐渐转向质量提升。

（一）优先配齐教师数量

2010 年之前，西北农牧地区幼儿园数量整体偏少，能留下任教的人数有限。随着

---

① 王金利、李莹、耿涓涓. 教育生态学视角下乡村学校教师发展问题研究：基于一所乡中心小学的个案［J］. 教育科学研究，2020，31（03）：86-92.

② 谭天美. 生态学视角下民族地区基础教育发展的问题与对策研究：以广西 12 个民族自治县为例［J］. 民族教育研究，2021，32（03）：87-93.

大批扩建、新建农村公办幼儿园基本建成，幼儿园教师的数量需求迅速增长。师范生培养周期为 3~4 年，一时难以满足需求。在 2017 年之前，国家和地方政府采取了一系列措施，优先配齐教师数量。"刚开始因为师资力量紧缺，会有支教的、挂职的老师，也从省外引进了好多师范生，那时候新入职的国家公职人员都要到农村幼儿园支教一年"（Z20230526）。"以前是轮岗、分流，现在园里 90 多个孩子，在岗老师 16 人，按比例来说是够的"（TEX20230711）。在满足农村幼儿园师资数量方面，政府采取的临时性政策卓有成效，保障了教师数量，维持了幼儿园的正常运转。

（二）逐步提升教师质量

教师数量缺口巨大时，只能降低准入门槛，教师队伍整体质量有待提升。有教师提到"各种口子上到幼儿园支教或轮岗的教师每个学期都在换，我们刚毕业的这届孩子三年就换了三任老师，虽然老师够了，但是流动性大、专业性不强"（Z20230526）。有教师反馈"最初是为了就业，刚开始一起在幼儿园参加工作的 5 个人里面没有一个是学前教育专业的"（SRH20230711）。国家于 2010 年启动了"国培计划"，为西部农村地区的新任、转岗幼儿园教师开展培训，对教师质量提升意义重大。随着农村公办幼儿园生源下降，教师数量逐渐饱和，教师准入和专业要求也逐步提升。"2019 年正式开始必须要有教师资格证，而且必须是学前教育专业"（DLT20230715）；"对在职教师的普通话要求提高，须具有普通话水平测试二级乙等证书，教育局也开始安排村与村之间、村与县之间的幼儿园相互交流、参观学习"（TEX20230711）。通过"国培计划"，西北农村公办幼儿园教师的专业能力大幅提升；通过采取聘用岗位与专业对口、持证上岗的用人机制，西北农村学前教育师资队伍专业性和稳定性逐渐增强。

四、"校带园"与小学的生态关系向好发展

生态学常见的物种间关系有：寄生关系，于寄生者有利，于被寄生者有害；中性关系，彼此互不影响；竞争关系，彼此相互抑制；共生关系，彼此有利，分开后不能生存；共栖关系，彼此有利，分开后能独立生存。本研究发现西北农村公办幼儿园基本以"校带园"的形式存在，即幼儿园与小学在地理空间上相通，虽不完全是小学附属幼儿园的性质，却有着隔不断的复杂联系。十年间，幼儿园与小学的联系从寄生关系向中性关系转向。

（一）校与园的寄生关系

在人口稀少的西北农村，国家普及义务教育，先建立了村级小学，后来建立的幼儿园基本紧靠小学校园。在幼儿园建园初期，各项规章制度不明，人事、财务与资源都依赖小学来协调，形成明显有利于小学发展，且危害幼儿园发展的"寄生关系"。小学成

为"寄生者",为小学的利益而不断损害幼儿园的利益,幼儿园成为"被寄生者"受制于小学。在师资分配上:一是调用幼儿园教师去做小学的档案,"他们觉得幼儿园老师一天到晚就看着孩子,没啥事,就拉去小学做档案"(G20237012)。二是调换幼儿园的优质教师,"招进来的汉族老师,让他们不要在幼儿园工作,抽出来在小学里面教语文,派给幼儿园两个普通话没有那么强的老师","幼儿园就是小学的'养老院',分流的、转岗的、年纪大的就给安排进来"(PTM20230712)。在教学管理上:用小学一年级的标准来评价幼儿园的教学质量。"感觉我们就要为小学服务的,'你就要为小学服务'……小学领导看我们孩子玩游戏,就质问我们为什么不给教拼音和加减法"(ASBY20230712)。在"被寄生"状态下,农村幼儿园发展受到多重限制。

(二)校与园的中性关系

随着《幼儿园教育指导纲要》的修订与《3~6岁儿童学习与发展指南》的发布,以及各项培训与督导工作的开展,西北农村公办幼儿园办园行为得到规范,其在教育生态系统中的生态位逐渐明晰,与小学的生态关系从被寄生转为中性。一是幼儿园的行政管理逐渐脱离小学,实现财务独立与教育自治。"刚任园长的前几年最大的成就便是与小学斗争,我们赢得了独立自主管理权力"(L20230412)。二是幼儿园的教育教学逐渐体现出学前性,在教学管理、幼儿园环境创设等方面,突出游戏活动的重要价值与环境育人的理念。三是幼儿园教育呈现西北农村地区的区域性,主要体现在师资配备的独特性及教学内容偏重语言教育上。校与园生态关系的转变,是西北农村学前教育发展的重要成就,对该地区的园所、教师和儿童具有重要意义。

第四节　西北农村公办幼儿园良性发展的生态构建

一、鼓励互补竞争:促进学前教育生态位分化

生态学是大自然的经济学,特定的地点生长着特定的物种。在稳定的群落中,各物种对环境的时间、空间和资源利用趋于互补,以此保证该群落在较长时间内具有较高的生长力和稳定性。①我国西北地区的农、牧区域广布,自然、社会与文化条件各异,应鼓励互补竞争,因地制宜定位各区域学前教育发展方向,促进各区域学前教育生态位分化出多种样态。唯有适应当地发展需求,农、牧区学前教育才能充分利用生境资源,以

---

① HUTCHINSON G E. Cold Spring Harbor Symposia on Quantitative Biology [J]. Concluding Remarks, 1957, 22(2):415-417.

最低成本的投入，走上高效发展道路。如牧区的幼儿园，应充分利用高山大川的辽阔自然涵养儿童开阔、镇静的胸怀与品质，同时考虑牧区儿童与牧区家庭的特殊需求，重点普及语言教育。农耕区幼儿园可以借助得天独厚的自然生态环境，打造自然朴素的游戏环境，弘扬精耕细作的农耕文化。城郊区乡镇园则充分利用现代资源，结合乡土文明，创造兼具乡村—传统性与现代—开放性的新型乡村教育形态，引领乡村教育发展方向，培养健全的乡村儿童。各县、乡、村幼儿园在良性互补竞争下，结合当地实际情况，相互研讨交流，在生态系统中将当地优质资源与文化融入幼儿园课程体系，共促多样化发展，满足不同区域儿童发展的需求。

二、改善乡村环境：维持园所生源数量稳态

本章研究发现西北农村公办幼儿园生源直接受人口环境影响程度正在逐年下降，农牧民家长愈加重视教育的文化环境加剧了农村学前儿童流失。虽然农村教育政策环境优厚，经济环境得到较大改善，但城乡差距犹在，人口向城镇流动趋势明显。稳住农村人口和生源依然是乡村振兴、尤其是乡村教育振兴的任务之一。生态环境是一个整体，改善农村环境必须统筹推进。一是继续改善农村自然环境，加大对西北农村地区修路、供水、网络覆盖等经费的投入，消解农村与城市的地理空间障碍。二是坚持国家生育政策，鼓励和支持家庭的生育功能，改善人口环境。三是给予农牧地区更优厚的教育政策，尤其突出乡村教师队伍建设，培养扎根本土的"新乡贤"。四是重塑新时代乡村文明，提升西北农村地区居民的乡土文化自信与情怀，转变家长功利化教育观念，缓和生源"结构性"失衡。五是始终把农村经济环境改善作为重点工作，巩固脱贫攻坚战和乡村振兴战略的成果。从整体上增强农村居住人口的获得感、幸福感和归属感，吸引农村人口回流。

三、规范基层行政：引领学前教育高质量发展

社会主义制度的优越性集中体现为中国共产党的领导。西北农村地区县域基层学前教育行政科室负责领导该区学前教育发展方向，各项工作开展应遵循学前教育管理的基本原则与规范。一是设立专员专岗，专门化管理。在明确不同管理部门的管辖职责的基础上，强化职责划分，明确职责意识；规范人员调动机制，使幼儿园教师从繁重的行政事务中抽离出来，专注于研究与教学。二是提升学前教育教研员的专业素养。聘用具有多年一线教学管理经验的优质园长或具有深厚学前教育专业背景的专业人员；教研员要引领辖区学前教育发展，需通过培训学习掌握学前教育发展的前沿知识与理念。三是强化协同管理意识，统筹区域力量共促教育发展。教育行政管理兼具教育性与行政性，不能以行政事务代替教育服务，而要充分发挥行政力量、统筹社会力量做好教育服务。如联合地方高职、本科院校的专家团队与一线优秀园长、骨干教师组建学前教

育"政—产—研—学"平台，共同服务于西北农村学前教育发展。

四、优化教师生境：保障学前教育发展动力

教师在教育生态系统中扮演"生产者"角色，犹如自然生态系统中的绿色植物通过光合作用合成有机物，为食草动物提供生长能量。西北农村地区幼儿园教师"留不住"的问题几乎成为"社会顽疾"。从生态学视角来看，农村教师"留不住"，是因为该区的生态环境无法提供教师进行"光合作用"的材料和条件。对植物而言，阳光、二氧化碳和水是其转化和储存能量的要素，缺一不可。保障西北农村学前教育发展动力，就是要优化教师"生产者"职能，保障"生产"所需的生态"源材料"。对西北农村地区教师而言，"二氧化碳"和"阳光"就是其教书育人的物质来源和精神来源。一方面，相关部门需持续为该区教师提供政策倾斜、创设良好生活环境、提高福利待遇；另一方面，需引导社会观念，提升边远乡村教师的社会荣耀，增强教师个体价值感。植物从土壤中吸取水分，这意味着西北农村地区教师必须扎根乡土，才能获取能量转化的"乡土之水"。此蕴含于乡土中的"水"便是乡村文化。一方面，要坚持振兴乡村文化，才有乡村教师的不竭"水源"，另一方面，要培育乡村教师的乡土情怀，融入文化才能有文化之用。

五、构建共栖关系：校与园携手共创新教育

在西北农村地区特殊的空间场域中，"校带园"普遍存在。过去的十多年间，小学与幼儿园的生态关系从寄生发展为中性，彼此独立才能为彼此创造更大的发展空间。但由于物理空间的融通，校舍与园舍也不可能完全隔开，如若两者能在保持独立运营的同时，在某些可能的领域良性合作，则能创造更广大的双赢空间。在生态学中，物种间彼此有利却不依赖，分开也能独自生存的关系就称为共栖。构建校与园的共栖关系，能促进西北农村地区幼儿园与小学在多领域合作共赢。一是教育行政部门要坚持区别管理幼儿园和小学的教育教学，强化幼儿园办园行为规范，同时突出小学办学规范管理，二者能独自运营是开展合作的充要条件。二是鼓励校与园在关键问题上协同共进。"校带园"本身具有的空间融通为幼小衔接提供天然的一体化物理环境与精神环境，双方应加强交流、共享资源，共同开展科学的幼小衔接工作。三是鼓励校与园携手共建新时代乡村教育（即新教育）。"校带园"既意味着校与园共用的教育空间，也意味着校与园坐落于同样的社会空间，即乡村社会。作为西北农村地区教育的实体，校与园共同承担着乡村儿童健全成人与乡村文明传承创新的使命，双方应携手共建新时代乡村文明与乡村教育。

第五章

西北农村公办幼儿园
结果指标评估：儿童

　　儿童的发展成就是评估教育质量最重要的结果指标，教育的一切努力是否卓有成效，还要回到儿童的发展中来。在本书研究的整体评估指标体系中，儿童发展成绩的评估是最重要、最艰难的部分。学前儿童的学习特征决定了儿童发展评估的特殊性，研究团队不可能，也不可以通过一张简单的"试卷"来评估儿童发展的整体水平。学前儿童发展评估的主流趋势是表现性评估，即在真实情境或虚拟仿真情境中进行评估。目前学界用于衡量学前儿童发展水平的评估内容是综合性的，一般由语言能力、数学能力和社会情感能力三大核心能力构成。因此在儿童发展指标中，本章首先考虑了这三个能力的测评。随着幼儿园课程改革的推进，自主游戏课程越来越受到幼儿园青睐。幼儿绘画表征环节作为自主游戏活动的延伸，在幼儿园普遍开展。这为研究团队从另一个角度来评估儿童的发展提供了可能。绘画表征作品是儿童经验水平、游戏水平、思维水平和书写水平的集中表现，能很好地反映出幼儿的整体发展水平。因此在儿童发展结果指标中，添加了绘画表征能力的分析。

　　幼儿发展结果测评研究发现：农村幼儿语言能力、社会情感能力和数学能力呈正态分布。相较于理论中值，西北农村学前儿童的三项能力发展处于中等偏下水平。从三项能力的百分制均值来看，西北农村幼儿园的三项能力从高到低为：语言能力、数学能力和社会情感能力。西北农村幼儿语言能力、数学能力和社会情感能力发展不均衡，在性别、年龄、地域等维度上表现出不同程度的差异水平。

　　幼儿绘画表征评估发现：在幼儿绘画表征内容的主题特征方面，小班幼儿表征内容并不能完全贴近他所绘画的主题；中班幼儿绘画的内容基本可以与主题相吻合，幼儿的表征目的十分明确；大班的大多数孩子能有意识地围绕游戏展开主题绘画。在幼儿游戏绘画表征细节方面，小班幼儿还是处于"象征期"的初期，刚开始用图形来进行表达，比较容易受到别人的影响；中班的幼儿可以运用丰富的细节来表征具体的游戏过程，并且细节的表征形式丰富多样；大班幼儿通过丰富的细节来表达视觉的概念，并且细节的表征形式多样。在幼儿游戏绘画表征形式的造型特征方面，小班幼儿大部分是用点、线条、圆圈等来表达内容；中班幼儿绘画表征以线和图形的组合运用为主，并且线条流畅，对形象的基本特征也能够比较准确地把握；大班幼儿能够做到以线条来塑造造型，线和形状融合，能够熟练地运用线条画出形状，并且能够画出图像的轮廓，绘画自然形成。

第一节　西北农村公办幼儿园儿童发展评估概述

一、问题提出

3～6岁是个体发展的重要阶段。在这一阶段，儿童身体机能快速发育，生理发展、认知发展、情感发展和社会性发展并驾齐驱，这些发展对儿童未来的发展至关重要。在我国，相较于经济相对发达的东部地区，西部地区的幼儿在认知发展方面处于弱势，这一现象在教育欠发达的农村更为常见。近年来，随着国外较权威的发展评估工具引进我国，学者开始关注儿童发展水平评估，逐渐形成了以语言能力、数学能力和社会情感能力为核心能力的评估方案，相关的评估工具也在本土运用的过程中得以完善和调整。[1][2]总体而言，有关农村儿童发展的研究相对较少，在西北地区开展农村幼儿发展水平评估，是考察过去十年农村学前教育发展的重要途径，也有助于明确农村学前教育未来发展的重点与任务。

幼儿绘画是幼儿美术教育内容之一。幼儿运用笔、墨、颜料等，在平面材料上通过线条、色彩、构图等造型艺术手段，表现具有一定形象、体量、空间感的艺术形象。这些形象包括直接的视觉外部形象和儿童的内心形象世界。表征是认知心理学的基本概念。它是人类的一种非常重要的心理能力。它指的是信息和知识在人类心理活动中表达和记录的方式。表征还分为广义和狭义，现代认知心理学认为广义的表征指头脑中知识的组成或者构成。而狭义的表征是指象征的运用，即以一物为另一物的信号，运用语词、艺术形式或其他物体作为事物的象征或代替物，由象征性形象或符号引起不在眼前之物或没有做出动作的心理反应活动。格罗姆认为从视觉环境更加狭义的角度上来说，表征是

① 程秀兰，王彦淇.农村3～6岁幼儿接受性语言能力与情感社会性、数学认知能力的关系［J］.陕西学前师范学院学报，2023，39（04）：47-56.
② 侯莉敏，罗兰兰，吴慧源.幼儿园学习环境质量与幼儿发展结果的相关分析及其阈值效应［J］.学前教育研究，2021（01）：29-42.

指一种图画形式的发明，它可以在不混淆符号与所指代物的情况下来表征被指代的对象。根据绘画和表征的概念，本章将绘画表征定义为：绘画表征是指有意识地使用纸、笔等工具和材料，运用相应的艺术手法创造图形符号来指称事物，并通过绘画作品表达自己对外部世界和心理活动的理解。对幼儿绘画作品的分析能从整体上评估幼儿发展状态。

二、研究目的

本章的主要目的是通过权威的测评工具、科学的测评过程对西北农村公办幼儿园的儿童发展水平做出描述与推断。同时通过对儿童绘画表征特征进行研究，了解儿童绘画的特点，分析如何在表征活动中对幼儿进行指导。

三、研究方法与研究工具

（一）研究方法

1. 测量方法

研究者通过使用权威的儿童语言能力、数学能力和社会情感能力测评工具，深入到西北地区的农村公办幼儿园对儿童做一对一的发展测评，以便了解儿童的发展水平。

2. 访谈法

研究者在收集儿童作品后，与儿童进行沟通，获得儿童对自己画作的解读。访谈对象为大、中、小班各个绘画作品的作者。研究者针对每名儿童的不同情况对各个儿童进行访谈，访谈主要话术围绕着"画中的你在做什么呀？和谁一起呢？周围有哪些食物呢？"等进行。

3. 作品分析法

作品分析，又称产品分析，是对研究对象的作品进行分析，发现问题，掌握其特点和规律的一种方法。本章将运用作品分析法分析儿童绘画表征的特点，收集 C 市某乡镇中心幼儿园中儿童绘画表征的作品，对儿童游戏绘画表征的作品进行分析。本研究共收集儿童游戏绘画作品 90 份，其中大班幼儿游戏绘画表征作品 30 份，中班幼儿游戏绘画作品 30 份，小班幼儿游戏绘画作品 30 份。

（二）研究工具

1. 儿童发展测评工具

本研究选取 PPVT（Peabody Picture Vocabulary Test）、皮博迪图片词汇测验（修订版—甲式）、REMA-SF（研究型早期数学测验—短版）和情感与社会性个别测试，从学前儿童语言发展、数学认知和情感社会性三个方面对儿童发展水平进行测评。上述测验、测试工具的特点是：容易引起被测者的注意，激发他们的参与兴趣；测试时间可以控制在一个合理的范围内，不会引起被试的反感；操作简单，测试人员能够熟练掌握，非常方便快捷。[①]PPVT 的计分方式为正确计 1 分，错误不计分。REMA-SF 测验由 50 道题目组成，题目类型包括数数、数运算、集合、空间关系、平分概念和图形等，回答正确计 1 分，回答错误计 0 分。情感与社会性个别测试依据幼儿的作答进行编码，中性计 1 分，积极计 2 分，消极计 0 分。

2. 幼儿绘画作品分析工具

本研究参考王盼美惠作品分析框架[②]，并根据研究目的对该框架进行了改编（附录4）。

四、研究对象

在方便取样的原则下，采用分层随机抽样的方法，按照经济发展水平的高、中、低级别分组，共选取乡镇中心园和村级幼儿园 11 所，其中乡镇中心园 6 所，村级幼儿园 5 所。从每所幼儿园的小、中、大班各选取 3 名相对于测评时间而言生日较近的幼儿作为测评对象。测评结束后，在征求家长同意的情况下，向教师征求幼儿近 30 天内所画的绘画表征作品。参与研究的 67 名幼儿情况如下：女孩 36 名，男孩 31 名；来自镇中心园 37 名，来自村级园 30 名；小班 22 名，中班 22 名，大班 23 名；经济发展相对较高组 34 名，经济发展中水平组 23 名，经济发展低水平组 10 名。

第二节　西北农村公办幼儿园儿童发展评估结果

一、幼儿语言、数学、社会情感能力评估结果

PPVT 工具测评的是儿童的接受性词汇水平。由主试根据指南提问被试"请指出页面中的×××"，被试只需根据听到的词语，指出与之对应的图画。测试内容从具体的名词、动词到形容词，再到抽象的名词、动词、类词、叹词，任务难度逐步增加。幼儿从其年龄对应的题项开始答题，必须连续答对 6 题，才能继续往后做题。当幼儿在连续

---

① 程秀兰，马艳，张慧. 教育投入对我国西部农村 3~6 岁儿童发展的影响：基于多层线性模型分析 [J]. 成都师范学院学报，2022，38（12）：1-11.

② 王盼美惠. 5~6 岁幼儿绘画表征特征研究 [D]. 南京：南京师范大学，2014.

的 8 题中做错 6 题，测验结束。测评计分方法：答案符合者得 1 分，将顶点分减去错误总题数，即为初分。

REMA 工具测验的是学前儿童的数学能力，儿童借助道具，如卡片、盒子、图片等材料，在主试的帮助下理解任务含义，独立解决任务问题。测验的内容从数数到推理，任务难度逐步提升。主试按照任务完成情况，根据计分标准给予 1~3 分。幼儿从其年龄对应的题项开始答题，必须连续答对 3 题，才能继续往后做题。连续做错 3 题时测验结束。累加所有得分，即为测验总得分。

社会情感能力测验采用的是临床法。主试通过图画向幼儿呈现生活中常见的社会交往情境，比如在家看电视时与好朋友争抢遥控器、自己的好朋友受到欺负等。描述清楚故事情节后，主试询问"如果你是故事里的×××，你会怎么办"，鼓励儿童说出尽可能多的解决办法，然后快速记录下儿童的回答。测试结束后，根据计分编码表，分析幼儿回答情况，分别对每一个回答进行消极、中性、积极的性质判断，赋予 1~3 分不等。累加所得分即为测验总得分。

由此可知，以上三个测验所得分数是连续型数据。在进行统计分析前，先做正态分布检验，然后做描述分析，最后做人口学因素的差异分析，以此推断农村公办幼儿园儿童语言的发展水平。

（一）幼儿语言、数学、社会情感能力正态分布检验

通过非参数检验对最终的测评得分进行正态分布检验。农村幼儿语言能力、社会情感能力和数学能力的估计分布参数如表 5-2-1，检验结果显示三种能力的测评结果呈正态分布。

表 5-2-1　农村幼儿三种能力的估计分布参数（N=67）

		语言能力	社会情感能力	数学能力
正态分布	位置	47.940	13.194	17.492
	标度	25.969	7.000	12.896

注：个案未进行加权。

研究者分别绘制三项能力的正态分布条形图，如图 5-2-1、图 5-2-2 和图 5-2-3，三项能力的得分符合正态分布。从符合程度来看，从高到低，依次是社会情感能力、数学能力和语言能力。

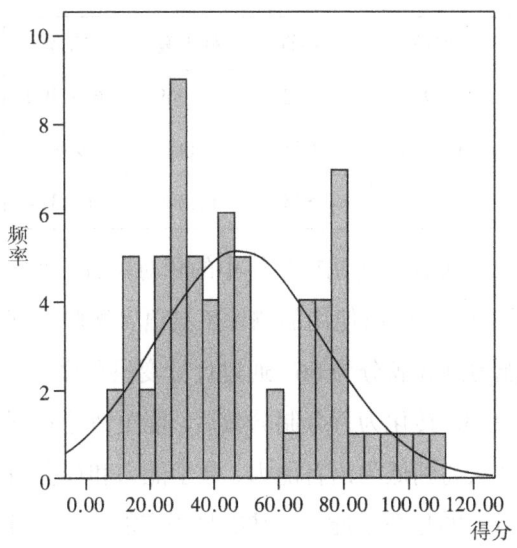

图 5-2-1　农村幼儿的语言能力正态分布

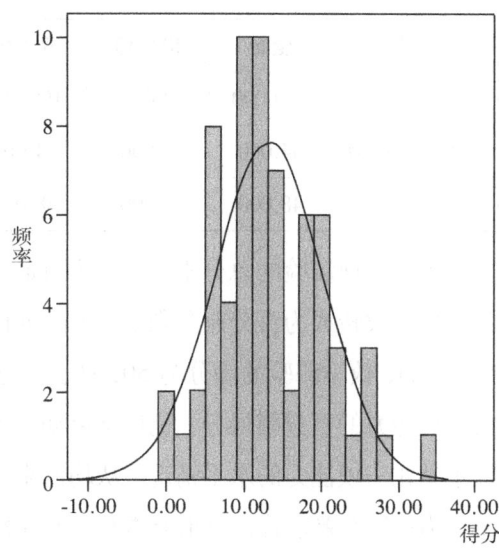

图 5-2-2　农村幼儿的社会情感能力正态分布

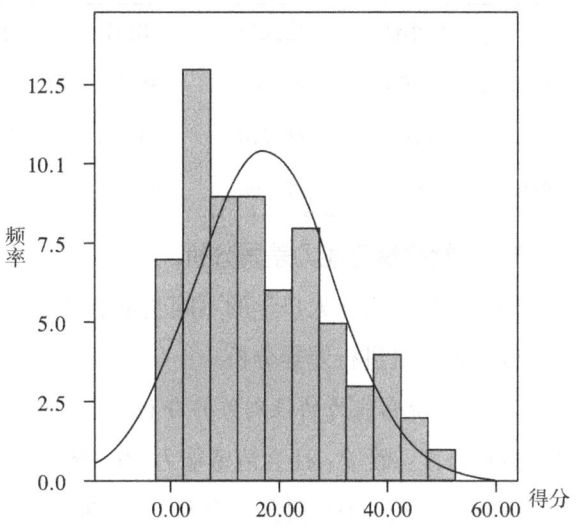

图 5-2-3　农村幼儿的数学能力正态分布

（二）幼儿语言、数学、社会情感能力整体水平

幼儿语言能力、数学能力、社会情感能力初分的分析结果见表 5-2-2。通过对初分的描述性统计分析可知：3～6 岁幼儿的语言能力的平均初分为 41.940，低于理论中值 63.00 分，方差最大，说明西北农村地区学前幼儿语言能力发展的个体差异较大；数学能力的平均初始分数是 17.492，低于理论中值 25.50 分，方差中等；社会情感能力的初始得分 13.194，低于理论中值 28.05 分，方差最小，比较集中。

表 5-2-2　幼儿语言、数学、社会情感能力初分的统计分析结果

维度	全距	极小值	极大值	均值	标准误	标准差	方差
语言能力	100.000	9.000	109.000	47.940	3.172	25.969	674.390
社会情感能力	34.000	0.000	34.000	13.194	0.855	7.000	49.007
数学能力	48.000	0.000	48.000	17.492	1.575	12.896	166.314

由于三项测验的总分不一样，从初始分数无法看出幼儿在整体中的相对位置，因此将初始分数转换为百分制分数后，再次进行统计分析。所使用的测评工具语言测验的满分为 125，数学测验的满分为 50，社会情感能力测验满分为 56。通过计算变量程序，生成三项能力的百分制得分，统计结果如表 5-2-3。转化为百分制分数后，能更清楚看到样本幼儿三项能力的水平情况。从均值来看，从高到低为语言能力、数学能力和社会情感能力；从方差来看，幼儿个体发展差异性最大的是数学能力，其次是语言能力，农村幼儿的社会情感能力普遍较弱。

表 5-2-3　幼儿语言、数学、社会情感能力百分制分数的统计分析结果

维度	N	极小值	极大值	均值	标准差	方差
语言能力	67.000	7.200	87.200	38.352	20.775	431.610
社会情感能力	67.000	0.000	60.710	23.561	12.501	156.273
数学能力	67.000	0.000	96.000	34.985	25.793	665.257

（三）幼儿语言、数学、社会情感能力差异分析

为进一步了解农村幼儿三项能力在人口学的不同变量上是否表现出差异，分别以幼儿性别、年龄和所在地域为自变量进行差异分析。

1. 幼儿语言、数学、社会情感能力的性别差异分析

以性别为自变量，幼儿语言、数学、社会情感能力为因变量，做独立样本 T 检验。从均值来看，男孩的语言能力（52.800）和数学能力（19.300）略高于女孩的语言能力（44.333）和数学能力（16.194），女孩的社会情感能力（13.250）略高于男孩的社会情感能力（13.166）。

差异分析的结果表明：三项能力在性别维度上均表现出方差齐性，Levene 检验的显著性水平均大于 0.05。独立样本 T 检验的结果显示，男孩和女孩的语言能力（T=1.320；P=0.191）、社会情感能力（T=−0.047；P=0.962）以及数学能力（T=0.969；P=0.336）之间的差异均未达到显著性水平。

2. 幼儿语言、数学、社会情感能力的年龄差异分析

幼儿年龄以小班、中班和大班作为区分，从各组的均值统计结果可知，小班、中班

和大班幼儿在语言能力（小班 26.000；中班 48.136；大班 68.739）、社会情感能力（小班 9.000；中班 13.863；大班 16.565）以及数学能力（小班 5.727；中班 15.863；大班 30.304）维度上均表现出明显的发展趋势。

多因素方差分析结果表明，幼儿在语言能力（F=27.423；P=0.000）、社会情感能力（F=8.176；P=0.001）以及数学能力（F=53.718；P=0.000）维度上，均表现出极其显著的组间差异。进一步分析差异存在于哪些组之间需要做 LSD 分析。

LSD 分析结果表明，在语言能力上，小班—中班（P=0.000）、小班—大班（P=0.000）、中班—大班（P=0.001）的幼儿之间均存在极其显著的差异，说明幼儿的语言能力在 3～6 岁期间发展极为迅速。在社会情感能力上，小班幼儿明显弱于中班幼儿（P=0.013）和大班幼儿（P=0.000），但中班幼儿与大班幼儿之间的社会情感能力差异不显著（P=0.158）。在数学能力上，小班—中班（P=0.000）、小班—大班（P=0.000）、中班—大班（P=0.000）的幼儿之间均存在极其显著的差异，说明幼儿的数学能力在 3～6 岁期间发展极为迅速。

3. 幼儿语言、数学、社会情感能力的地域差异分析

农村幼儿的地域差异涉及村级园与乡镇中心园。从均值来看，乡镇中心园的幼儿在语言能力（52.297 VS 42.566）、社会情感能力（14.432 VS 11.666）以及数学能力（18.324 VS 16.466）方面均优于村级园里的幼儿。从标准差值来看，村级园里的幼儿在语言能力（24.171 VS 27.485）、数学能力（14.301 VS 11.771）上表现出更大的离散程度，在社会情感能力上，乡镇中心园离散程度更大（7.324 VS 6.369）。

通过独立样本 T 检验发现，尽管在三项能力的均值上，乡镇中心地区幼儿优于农村地区幼儿，但二者的差异在语言能力（T=1.541；P=0.128）、社会情感能力（T=1.628；P=0.108）以及数学能力（T=0.583；P=0.562）上，均并未达到统计学上的显著水平。

二、幼儿绘画表征评估结果

（一）幼儿游戏绘画表征特点的总体量化分析

本章研究从"绘画内容是否贴近游戏主题""细节的表征""线条与形状的使用""结构特征的把握"四个主题对大、中、小班游戏绘画表征的内容进行了分析。"绘画内容是否贴近游戏主题"是指幼儿绘画表征作品能否被他人理解和辨认；"线条与形状的使用"和"结构特征的把握"是指幼儿对线条、图形的使用及其组合使用，以及整个画面比例是否协调。通过表 5-2-4 可以看出，随着年龄的增长，在各个主题中处于等级一的幼儿数量明显上升。在"绘画内容是否贴近游戏主题"中，小班幼儿大部分处于等级二，中班幼儿大部分处于等级二和等级一，大班幼儿大部分处于等级一。其他三个主题

与"绘画内容是否贴近游戏主题"整体分布趋势相似。可见，随着年龄增长，幼儿的整体绘画水平有很大的提升。

表 5-2-4　幼儿游戏绘画表征特点总体分析结果

维度	等级	小班		中班		大班	
		数量	百分比	数量	百分比	数量	百分比
绘画内容是否贴近游戏主题	一	0	0.00%	12	40.00%	18	60.00%
	二	17	56.67%	12	40.00%	8	26.67%
	三	13	43.33%	6	20.00%	4	13.33%
细节的表征	一	2	6.67%	12	40.00%	19	63.33%
	二	16	53.33%	14	46.67%	9	30.00%
	三	12	40.00%	4	13.33%	2	6.67%
线条与形状的使用	一	0	0.00%	4	13.33%	16	53.33%
	二	0	0.00%	9	30.00%	10	33.33%
	三	9	30.00%	14	46.67%	3	10.00%
	四	21	70.00%	3	10.00%	1	3.33%
结构特征的把握	一	0	0.00%	4	13.33%	8	26.67%
	二	3	10.00%	15	50.00%	18	60.00%
	三	11	36.67%	10	33.33%	3	10.00%
	四	16	53.33%	1	3.33%	1	3.33%

（二）幼儿绘画内容是否能贴近游戏主题的特征数据分析

在绘画内容是否贴近游戏主题方面，小班幼儿不能清晰地表达出游戏的过程。在收集的 30 幅作品中，没有一名小班幼儿能够完整地表达出游戏。有 17 名幼儿能够表征出部分游戏或者游戏中的人物，占小班幼儿总数的 56.67%，如图 5-2-4 在美食区的游戏活动，幼儿可以画出他们在做烧烤，但是不能画出幼儿吃烧烤。有 13 名幼儿乱画，占 43.33%。他们虽然能口述出所进行的游戏，但是表征作品和做的游戏毫无关系。部分幼儿的表征作品还处于涂鸦期，如图 5-2-5。

中班幼儿作品中处于等级一和等级二的表征作品分别是 12 幅，各占 40%。一半以上的幼儿能够表征出游戏的过程，虽然不能表达得很准确，但是可以贴近他们所做的游戏，如图 5-2-6，幼儿所表征出的画面和谈话内容基本与游戏过程吻合。处于等级三的作品有 6 幅，占 20%。这些作品虽然没有表征出游戏，但是相较于小班幼儿的绘画作品来说，更加形象，人物也更加贴切。

大班幼儿作品处于等级一的有 18 幅，占 60%，处于等级二的有 8 幅，占 26.67%，处于等级三的有 4 幅，占 13.33%。大班幼儿基本能对绘画主题进行有目的的表征，并且一般能够实现表征主题的目的，如图 5-2-7。由大、中、小班"绘画内容是否能贴近游戏主题"的数据可以看出，随着年龄的增长，幼儿所能表征出的画面越来越完整，年龄越大表征作品越能贴近所做的游戏主题。

图 5-2-4　吃烧烤（1）（小班）

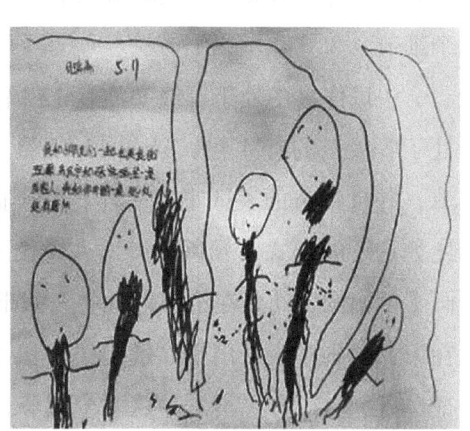

图 5-2-5　逛美食街（小班）

图 5-2-6　建构游戏（1）（中班）

图 5-2-7　讨论心目中的小学（大班）

（三）幼儿绘画细节表征的特征数据分析

本章对各个年龄阶段的幼儿游戏绘画表征细节的大致数量进行了统计。大班幼儿作品处于等级一的有 19 幅，占 63.33%；处于等级二的有 9 幅，占 30.0%；处于等级三的只有 2 幅，占 6.67%。

在细节的表征方面，幼儿通过对细节的刻画来实现游戏主题的绘画表征，比如蓝蓝的天空、大大的太阳，小朋友在搬积木，在沙区玩等细节。在研究的三个年级中，小班幼儿处于等级一的有 2 幅，占 6.67%；处于等级二的有 16 幅，占 53.33%；处于等级三的有 12 幅，占 40.00%。由此可见，小班幼儿大部分能够表征出至少一处以上的细节。在图 5-2-8 中，幼儿能表征出她叫了很多小朋友一起在美食区吃烧烤，并且表征出了"很多人"和"烤串"两处细节；在图 5-2-9 中，幼儿说："太阳出来了，很热。我在和朋友一起在美食区吃烤串，并且远处有两篮石头，一篮白的，一篮黑的。"幼儿在表征中并没有突出"太阳出来了，很热"，但是突出了"烧烤"和"两篮石头"这两个细节。

中班作品中处于等级一的有 12 幅，占 40%；处于等级二的有 14 幅，占 46.67%；处于等级三的有 4 幅，只占 13.33%。由此可见，中班幼儿已经可以表征出大部分细节，并且细节的表征丰富多样。处于此阶段的幼儿也会更加注重对背景细节的表征，比如房子的样式和颜色、天气、场景。在图 5-2-10 中，幼儿将图纸分成四部分，共画了四幅图，幼儿在第一幅画中表征出了"大大的太阳"和"拿着气球"这两个细节；在第二幅画中表征出了"攀爬架"和"一起玩"这两个细节；在第三幅画中，幼儿表征出了"看"和"滑索"这两个细节，但是没有表征出"小班小朋友玩滑索"这一细节；最后一幅则无具体的细节表征。在图 5-2-11 中，幼儿表征出了"开心地笑"和跳舞时"举起的双手"。

幼儿对细节的表征有三个特征。一是年龄越大的幼儿表征出的细节数目越多，对细节的描绘也就越准确。幼儿绘画是通过丰富的细节来表征视觉概念的。二是年龄越大的幼儿细节表征越丰富，对游戏的表征也就越清晰。所表征的细节是否贴近游戏主题是幼儿绘画是否成功地表征游戏的重要判定的条件之一。三是幼儿对细节的表征具有变化性和多样性，不同年龄阶段的幼儿对同一游戏表征的细节不同，这显示出他们的个性差异。幼儿会根据自己对游戏的经验，用自己特别的方式来表征细节。

图 5-2-8　吃烧烤（2）(小班)

图 5-2-9　吃烧烤（3）(小班)

图 5-2-10　建构游戏（2）（中班）　　　　图 5-2-11　跳舞（中班）

（四）幼儿绘画线条与形状使用的特征数据分析

在线条与形状的使用维度中，小班幼儿的作品处于等级一和等级二的都是 0 幅；处于等级三的有 9 幅，占 30%；处于等级四的有 21 幅，占 70%。可以看出，小班幼儿大部分只能运用简单的线条和图形，将它们组合在一起，所绘画的形象辨识度特别低。在图 5-2-12 中，幼儿将圆形、三角形和线条组成人，将线条和两个圆形组成风筝，河流则用成团的线条代替，可辨度很低。

中班作品处于等级一的有 4 幅，占 13.33%；处于等级二的有 9 幅，占 30.00%；处于等级三的有 14 幅，占 46.67%；处于等级四的有 3 幅，占 10%。可见，中班幼儿已经可以将线条和图形组成基本的形状了，形象的可辨识度也高很多。在图 5-2-13 中，幼儿可以用方形和线条表征出清晰可辨的秋千，也能用简单的线条和形状来表征出婴儿车和人物形象。但是，仍有部分幼儿只能用线条和图形画出简单的形象，形象的可辨度不高，如图 5-2-14。

大班作品处于等级一的有 16 幅，占 53.33%；处于等级二的有 10 幅，占 33.33%；处于等级三的有 3 幅，占 10%；处于等级四的有 1 幅，占 3.33%。大班幼儿可以用流畅的线条和图形画出自然的形象。在图 5-2-15 中幼儿可以画出自然的树木，形象自然的人和翩翩飞舞的蝴蝶。画中的树上长满了水果，人的手也不是简单的半圆，而是有手指的。

图 5-2-12　放风筝（小班）　　　　图 5-2-13　荡秋千和娃娃家（中班）

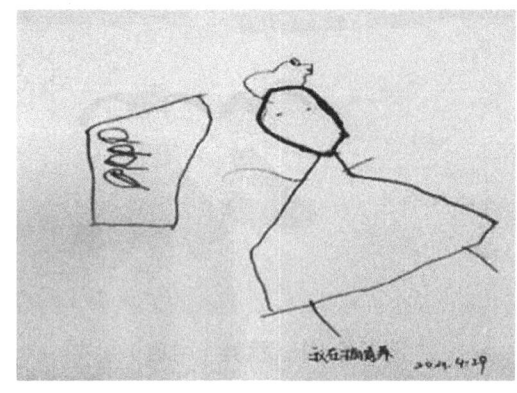 

图 5-2-14　放风筝（中班）　　　　　　图 5-2-15　蝴蝶飞（大班）

（五）幼儿绘画结构特征的把握的特征数据分析

随着年龄的增长，幼儿对结构特征的把握也逐渐稳定。小班幼儿的作品大部分处于等级三（36.67%）和等级四（53.33%），结构比例基本上都不合理。中班幼儿的作品处于等级一和等级二的分别占 13.33% 和 50.00%，数量过半，相比于小班来说增长较多。大班幼儿的作品处于等级一和等级二的分别占 26.67% 和 60.00%，相比于中班幼儿来说增长幅度较大。这可以看出，随着年龄和经验的增长，幼儿对绘画结构的把握越来越准确，各部分直接关系的表征也越来越合理。

第三节　西北农村公办幼儿园儿童发展评估结果分析

一、幼儿语言、数学与社会情感能力评估结果分析

（一）西北农村幼儿语言、数学和社会情感能力处于中等偏下水平

农村幼儿语言能力、社会情感能力和数学能力呈正态分布。相较于理论中值，西北农村学前儿童的三项能力发展处于中等偏下水平。该研究结果与程秀兰教授团队利用同样的测评工具在西部地区的调研结果一致。①同时也与李玲教授团队利用贝利Ⅲ测评工具的研究结论一致。李教授团队对西南三县农村儿童的测评表明，在语言、认知以及社会情感能力三方面，西南三县农村儿童的发展滞后情况较为严重。②从三项能力的百分

①　程秀兰，马艳，张慧.教育投入对我国西部农村 3~6 岁儿童发展的影响：基于多层线性模型分析［J］.成都师范学院学报，2022，38（12）：1-11.

②　李玲，刘一波，石嘉懿.西部农村儿童早期教育发展评估［J］.教育研究，2023，44（12）：97-105.

制均值来看，西北农村幼儿园的三项能力从高到低为：语言能力、数学能力和社会情感能力。这与李玲教授团队的研究结果基本一致，西南农村幼儿的滞后程度由低到高分别为语言能力、认知能力与社会情感能力。从方差来看，西北农村儿童个体发展差异性最大的是数学能力，其次是语言能力，农村儿童的社会情感能力普遍较弱。事实上，在全国范围内，农村学前儿童发展滞后于城市儿童。联合国儿童基金会 2009 年在中国农村的基线调查结果显示，农村儿童在语言、认知、记忆等方面大概的测试得分相当于城市儿童的 20% 到 60%。经过十几年的发展，西北地区农村儿童的发展水平虽有所提升，但依然相对滞后。

农村幼儿三项能力发展相对滞后的原因主要有两个。一是农村幼儿在入学前所享有的家庭教养质量不如城市幼儿优越。研究发现，与城市相比，乡村地区的孩子在早期发展起点上处于劣势，"农村儿童生长迟缓率、低体重率和贫血率约为城市的 2～3 倍"。[1] 农村幼儿的照护人缺乏有关儿童营养和健康的知识，这直接影响儿童的身体健康；照护人缺乏有关儿童教育的知识，这不利于儿童认知能力的发展及优秀品格、习惯的养成。文化资本低的农村家庭缺少亲子交流和互动，也会影响农村儿童非认知能力的发展。[2] 可见，照护人养育知识水平会影响儿童早期养育质量，从而影响儿童的身心发展。二是农村幼儿园为幼儿提供的综合保教质量普遍低于城市幼儿园所提供的。虽然幼儿园教育投入各要素在家长教育投入各要素与儿童各维度发展之间的调节作用是不同的[3]，但总体上，西部农村幼儿园在教师队伍、运营经费、硬件设施、保教质量等方面均没有中、东部地区优越[4][5]，导致城乡儿童发展水平的差距进一步拉大。

（二）西北农村幼儿语言、数学和社会情感能力发展不均衡

从均值来看，男孩的语言能力和数学能力均略高于女孩，女孩的社会情感能力略高于男孩，但二者的差异不显著。李娟等人的研究显示：上海市学前儿童社会情感能力整体发展较好，但具有整体性和不均衡性。随着年龄的增长，儿童社会情感能力整体发展

① 李树燕，唐敏，李彩彦，等. 农村贫困地区 0～3 岁儿童早期发展的意义困境与出路 [J]. 当代教育论坛，2019（6）：35.

② 蒋亚丽. 农村户籍儿童的出生顺序与非认知能力：基于亲子互动多重中介效应的分析 [J]. 中国青年社会科学，2022（2）.

③ 程秀兰，马艳，张慧. 教育投入对我国西部农村 3～6 岁儿童发展的影响：基于多层线性模型分析 [J]. 成都师范学院学报，2022，38（12）：1-11.

④ 刘占兰. 农村贫困地区幼儿园教育质量现状与提升建议 [J]. 学前教育研究，2015（12）：13-21.

⑤ 卢迈，方晋，杜智鑫，等. 中国西部学前教育发展情况报告 [J]. 华东师范大学学报（教育科学版），2020，38（01）：97-126.

水平逐渐提高；女童发展优于男童。[1]本章的研究结果呈现了同样的差异趋势，但差异不显著，这有可能是因为样本量较小。

小班、中班和大班儿童在语言能力、社会情感能力以及数学能力维度上均表现出明显的发展趋势。在社会情感能力上，小班儿童明显弱于中班和大班儿童，但中班儿童与大班儿童的社会情感能力差异不显著。在数学能力上，小班、中班以及大班的儿童存在极其显著的差异。有研究显示，西北农村学前儿童的语言能力在性别、年龄、地域等方面均呈现显著差异[2]，本章的部分研究结果与其保持一致。

乡镇中心园的儿童在语言能力、社会情感能力以及数学能力方面均优于村级园的儿童；村级园的儿童在语言能力、数学能力上表现出更大的离散度；但二者差异未达到统计学上的显著水平。少有研究在分析儿童发展水平时区分乡镇中心地区与边远农村地区的差异。本章研究结果显示二者之间的差异不显著。一方面，本章改变了对二者不作区别的做法；另一方面，也可能由于样本量较小才未显示出明显的差异。事实上，乡镇中心地区的学前教育在师资队伍、环境、教育过程、家长素养等方面均优于边远农村地区的学前教育，乡镇中心地区的儿童发展优于边远农村地区的儿童发展，在理论上是成立的。

二、幼儿绘画表征评估结果分析

（一）幼儿绘画表征主题的特征

小班幼儿在表征内容方面并不能完全贴近他所绘画的主题。在入园前，小班幼儿大多数是以家庭生活为主，所以刚入园的幼儿绘画表征内容基本上与家庭活动有关。即使和别的小朋友做了其他游戏，在进行绘画表征时也会以家庭活动为主。但是随着幼儿入学时间的增加，幼儿绘画的表征内容会越来越贴近游戏主题。

中班幼儿绘画的内容基本可以与主题吻合。幼儿的表征目的十分明确，能够成功表征出主题。他们的绘画内容具有很高的辨识度，比如幼儿以在建构区搭房子为主题绘画，在作品上就可以表征出好几个小朋友在建构区进行游戏。但是受到认知的限制，在幼儿的世界中，所有的静态物体是具有生命和感情的，幼儿会画出"带嘴巴的桌子""会跑的水"等。

---

① 李娟，黄鼎文，赵雅男，等. 3~6岁儿童社会—情绪能力的发展现状与特点：以上海市7所幼儿园为例 ［J］. 学前教育研究，2023，（06）：53-69.

② 贺宏燕. 西北维吾尔族儿童国家通用语言能力发展研究 ［D］. 上海：华东师范大学，2023.

经过象征期的发展，大班孩子变得更有目的性。在本章研究中，大班的大多数孩子都能有意识地表征游戏。孔启英认为，"绘画时期"是儿童开始有目地、有意识地通过绘画来表达自己的经验和再现事物的时期，也是儿童精力最充沛的时期。大班幼儿是带有目的去绘画的，不是一边画一边想"我"应该画什么，而是"我"想好了画什么。大班幼儿不仅可以有目的地进行绘画表征，并成功表征出游戏的特征主题，而且画面内容的辨识度很高，且和游戏息息相关。

（二）幼儿游戏绘画表征细节的特征

小班幼儿在细节的表征方面没有那么出色，他们处于"象征期"的初期，刚开始用图形来进行表达，比较容易受到别人的影响。在表征时，有一半以上的幼儿可以表征出一到两处细节，但是这个细节经过他们口述才能辨识出，并不规范。有40%的幼儿绘画作品中没有细节的表征，访谈中他们表述的画面也和游戏完全不匹配。

中班幼儿可以运用丰富的细节来表征具体的游戏过程，并且细节表征形式丰富多样，这与幼儿的生活和经历是息息相关的。在本章研究的30幅中班幼儿作品中，有26幅作品都表征出了至少一处细节描写，占86.67%，且表征的细节各不相同，呈现出多样化。但是有部分幼儿会忽视对游戏背景的描绘，只关注游戏的过程，也有幼儿比较注重对背景的描绘而忽视对游戏过程的描绘。

大班幼儿绘画通过丰富的细节来表达视觉概念，并且细节表征形式多样，这与幼儿的经验积累是密切相关的。本研究收集到的30幅大班幼儿绘画作品显示，大班幼儿所运用的细节十分丰富，这些细节能够表达出游戏的关键环节，使作品主题更加明确。鲁道夫·阿恩海姆（Rudolf Arnheim）认为，一切艺术形式都是诉诸视觉概念的。绘画当然也不例外。视觉过程就是形成知觉概念和视觉概念的过程。大班幼儿的视觉概念不是简单的轮廓形状，而是包含丰富细节的。本章研究表明，这一年龄阶段的幼儿视觉思维长足进步。不同幼儿因不同的视觉经验以及其他经验，在绘画时表现出不同的细节。大班幼儿绘画内容显示出的细节具有多样性。

（三）幼儿游戏绘画表征形式的特征

小班幼儿大部分是用点、线、圆等来表达自己看到的、想象的、思考的内容，并体现出明显的从简单到复杂的过程。刚入学时，小班幼儿的表征作品是单个的或独立的，所有事物都是平行的。比如画"吃烧烤"，则满图都是线和圆组成的"烤串"。随着入学时间的增加，幼儿能够表达出"吃烧烤的人""美食区附近的物品"等。

中班幼儿的绘画以线和图形的组合运用为主，并且线条流畅，形象的基本特征也比较准确。幼儿既能画出几何形状，又能画出形象本身的形状。这时候的幼儿绘画刚开始呈现线和图形的融合，更加倾向于真实的描绘。中班幼儿的作品虽然结构比例不合理，但是结构基本正确，且形象的关键特征准确。中班幼儿的作品主要存在两个问题：物品和人的比例不够协调；整体比例不协调。

大班幼儿能够做到以线来塑造造型，将线和图形融合，能够熟练地用线画出形状，并且能够画出图像的轮廓，绘画自然形成。离开整体也可以使人认出局部形象。大班幼儿不仅能够画出几何形状，还可以画出自然的图形。这个阶段的幼儿绘画作品不再是简单的几何图形的组合，而是出现融合的痕迹，形象更加清晰。在形象结构方面，大班幼儿画的形象结构基本上是正确的，并且形象的各组成部分基本齐全，但是各个部分的比例还不太合理。大班幼儿比较注重对形象细节的把握，形象特征也比较显著。有研究认为，幼儿画人物时容易把头部画得过大，是因为相较于身体其他部位，头部包含更多细节。在本研究中，研究者也发现了这一特点。

第六章

西北农村公办幼儿园
结果指标评估：教师

　　教师强，则教育强。"教师专业发展"作为结果指标中的重要部分，是衡量 2010—2020 年西北农村学前教育发展情况的标志性指标。在西北边远农村地区，教师队伍建设一直是教育质量提升的重要一环。长期以来，乡村教师队伍建设面临的问题是"下不去、留不住、教不好"。为此，国家出台了诸多政策，基本满足了农村幼儿园教师的数量需求。在所有为解决乡村教师"下不去"问题而采取的政策中，特岗招聘是最为关键的。通过此政策，农村幼儿园吸引了一大批从高校毕业的年轻教师，他们为农村幼儿园的发展注入活力与动力。教师队伍的建设从"下得去"着手，还要从"留得住"发力，更要以"教得好"为目标。秉承此思路，本章将农村公办幼儿园教师专业发展情况的评估细化为：教师专业能力评估、新手教师生存状态评估、骨干教师留任影响因素探析等三个次级指标。分别采用问卷调查法、深度访谈法，从量化和质化视角，对这三个次级指标进行深入研究，在评估现状、总结经验、分析问题的基础上，探索建设高质量农村幼儿园教师队伍的策略。

　　对农村公办幼儿园教师专业能力的调查研究显示：农村公办幼儿园教师专业能力处于中等偏上水平，在七个维度中发展较好的三个部分是环境的创设与利用、一日生活的组织与保育、沟通与合作，而农村公办幼儿园教师最缺乏的是反思与发展能力和激励与评价能力。对农村公办幼儿园新手教师生存状态的研究显示：生活状态方面存在着收入水平普遍令人满意、但补贴未较好落实，政府保障力度大、但师资仍缺乏的现象；工作状态方面存在着教师工作压力大、亲师沟通困难、园所事务繁重、岗位分配不合理的现象；发展状态方面存在着教师职业规划明确、但教师离职意向仍存在，教师对专业发展的渴望强烈的现象。对农村公办幼儿园骨干教师留任因素的研究发现：骨干教师的留任主要受到个体、组织和社会的影响，骨干教师的职前经历会影响骨干教师的留任，园所的社会声望、规范管理、人文关怀、薪资待遇、同事关系及师幼关系也是影响骨干教师长期留任的因素。

第一节　西北农村公办幼儿园教师专业能力评估

幼儿园教师专业能力是指教师在教学过程中表现出来的教学技能、人际互动和自我发展等方面的能力，是教师的综合能力。2010 年教育部和财政部联合启动"国培计划"，2014 年"国培项目"重点向农村地区的教师倾斜，大量农村公办幼儿园教师参与到项目中，并获得实质性的专业发展。持续的国家级培训帮助西北农村公办幼儿园教师的专业能力提升到哪一水平，是一个值得关注的问题，也是评估过去的十年中西北农村学前教育发展的重要指标。

《幼儿园教师专业标准（试行）》中界定了幼儿园教师专业能力的基本概念，并将其划分为七个方面：环境的创设与利用、一日生活的组织与保育、游戏活动的支持与引导、教育活动的计划与实施、激励与评价、沟通与合作、反思与发展。本节研究用问卷调查和访谈的方式调查了样本地区农村公办幼儿园教师的专业能力，并用 SPSS 27.0 对数据进行了处理。调查发现：农村公办幼儿园教师专业能力总均值为 4.073，处于中等偏上水平。运用单因素方差分析法对农村公办幼儿园教师专业能力的七个维度进行差异分析，通过数据处理并分析发现：不同资质的农村幼儿园教师在专业能力上无显著差异；教龄较高的教师进行环境创设的能力较好；不同学历的教师在专业能力上不存在特别明显的差异；经济较好地区的农村公办幼儿园教师创造环境的能力平均值比较高。

一、西北农村公办幼儿园教师专业能力评估概述

（一）问题提出

1. 农村公办幼儿园教师专业能力发展是国家高度关注的问题

2022 年 10 月 25 日，教育部召开会议，学习党的二十大精神，会上强调了协调推进科教兴国战略、人才强国战略、创新驱动发展战略，深刻理解教育是国之大计、党之大计，坚持教育优先发展的丰富内涵和时代要求，深刻把握教育作为社会主义现代化强国重要支撑和基础工程的特殊意义、特殊价值。[①]教育强则国强，教师强则教育强。教师是教育的"粮草"，兵马未动粮草先行。2010—2020 年这十年间，农村幼儿园教师的

---

① 中华人民共和国教育部. 加快建设教育强国 办好人民满意的教育：教育部召开直属系统传达学习党的二十大精神大会［EB\OL］.（2022-10-25）［2023-3-8］. http：//www.moe.gov.cn/jyb_xwfb/gzdt_gzdt/moe_1485/202210/t20221025_672262.html.

专业水平逐步提高，特别是公办幼儿园教师的整体素质不断提高，技能不断增强。西北农村地区由于历史性积弱和地理性偏远，幼儿园教师的专业能力相对较弱。本节通过对经济发展水平不同地区的农村幼儿园教师专业能力现状的调研，剖析其存在问题及原因并提出相应的改善策略，为农村幼儿园教师专业能力的提高提供现实依据，为建设高质量农村幼儿园教师队伍提供实践参考。

2. 西北农村公办幼儿园教师专业能力发展是学界关注较少的问题

有关幼儿园教师专业能力的国内研究大多从能力构成方面展开。步社民把学前教育教师的专业能力分为基本能力和综合能力，它们包括观察和了解儿童的能力、选择和分析教育内容的能力、收集与幼儿教育有关的有效信息的能力、口头表达能力、书面表达能力、有效运用现代教育技术的能力、计划和设计教学活动的能力、组织和管理教育活动的能力、评价教育活动的能力、创造教育环境的能力。[1]国内研究更多关注的是幼儿园教师的实践技能，全面评估教师专业能力的研究较少。

关于农村幼儿园教师专业能力的国内研究表明：农村幼儿园教师专业能力的诸多方面有待提升。姜雨婷认为农村幼儿园教师在反思教学、应用信息技术和教学研究方面的能力较低。[2]刘育红的研究认为，农村幼儿园教师的物质待遇、工作环境、专业水准、内在动机对专业能力的提高有直接影响。[3]可以看出，农村幼儿园教师对基本教育教学能力的掌握较好，这些能力通常直接体现在与幼儿的日常相处中或教学活动实践中，而反思能力和教研能力较低。

越来越多的研究者开始研究幼儿园教师的专业能力。多数将问卷调查和访谈相结合对某一领域进行调研。研究对象涉及公办幼儿园教师、民办幼儿园教师、不同区域的幼儿园教师。相对而言，有关西北地区农村公办幼儿园教师专业能力评估的研究较少。本节基于《幼儿园教师专业标准（试行）》，对西北农村公办幼儿园教师专业能力开展评估调查，能在一定程度上丰富相关研究领域成果。

（二）研究目的与研究内容

1. 研究目的

本节以西北农村公办幼儿园教师为研究对象，用问卷调查法对其专业能力的七个方面进行调查，分析农村公办幼儿园教师专业能力状况，探析存在问题，并提出促进农村公办幼儿园教师专业能力发展的相应建议。

---

① 步社民. 论幼儿园教师的专业技能［J］. 学前教育研究，2005（05）：45-47.
② 姜雨婷. 建构主义视阈下的农村幼儿教师专业发展途径［J］. 基础教育参考，2017（07）：72-73.
③ 刘育红. 农村幼儿教师专业化发展的存在问题及其对策［J］. 江苏教育研究，2010（8）：56-58.

2. 研究内容

首先，从环境的创设与利用、一日生活的组织与保育、游戏活动的支持与引导、教育活动的计划与实施、激励与评价、沟通与合作、反思与发展等七个部分进行调查研究，了解农村公办幼儿园教师专业能力的基本情况。

其次，从教师的年龄、教龄、工作环境等多方面进行差异性分析，探讨影响农村公办幼儿园教师专业能力的因素。

最后，从政府、园所和教师等方面探索提升农村公办幼儿园教师专业能力的对策。

（三）研究方法与研究工具

1. 研究方法

问卷调查法：问卷调查法通过科学的抽样设计和有效的测量工具，对研究对象的整体情况进行推断。本节通过引用学界比较成熟的问卷，对教师专业能力做调查与分析。

访谈法：访谈法能够对研究对象的观点进行深入调查。本节根据访谈提纲，从 D 地区随机抽取两名农村公办幼儿园教师，主要针对问卷中无法反映的问题对农村公办幼儿园教师进行深入访谈。

2. 研究工具

本节参考暴若瑜设计的《农村幼儿园教师专业能力现状的调查研究》[①]，并对问卷做出适当调整。问卷包含七个维度：环境的创设与利用、一日生活的组织与保育、游戏活动的支持与引导、教育活动的计划与实施、激励与评价、沟通与合作、反思与发展。该问卷总体的克隆巴赫系数为 0.869，各维度的克隆巴赫系数分别为 0.793、0.829、0.936、0.864、0.879、0.854、0.865。问卷的内部一致性信度比较好。

（四）研究对象

本节兼顾样本地区的不同经济区，以经济水平较好的 N 地区，经济水平一般的 D 地区的农村公办幼儿园教师为调查对象。一共发放 300 份问卷，回收 281 份，剔除填写不完整的纸质问卷 13 份和填写用时不足 3 分钟的电子问卷 18 份，获得有效问卷 250 份。男性幼儿园教师数量少是普遍现象。接受调查的 250 名农村地区学前教育教师中，只有 11 位男性，占总体的 4.4%。在被调查的农村公办幼儿园教师中，20~30 岁的教师占比 52%，相对来说，30 岁以上的教师占比较低，为 48%。在被调查的农村公办幼儿园教师中，有很大一部分是学前教育专业的教师，占比 72%，而非学前教育专业的幼儿园教师占比 28%；持有幼儿园教师资格证的教师占比 94%，6% 的教师

---

① 暴若瑜. 农村幼儿园教师专业能力现状的调查研究 ［D］. 石家庄：河北师范大学，2020.

没有此证书。

（五）研究过程

数据采集时间为 2022 年 3 月至 4 月。调研步骤如下：（1）通过整群抽样与方便抽样结合的方式，在样本地区选取调研对象；（2）联系幼儿园负责人，取得调研同意；（3）一部分片区的问卷由主持人带领研究助理在现场做问卷发放与收集工作，一部分片区的问卷由课题组成员王老师组织收集；（4）部分交通不便的地区使用网络问卷来搜集数据。

二、西北农村公办幼儿园教师专业能力评估结果

（一）西北农村公办幼儿园教师专业能力整体情况分析

根据调查数据，农村幼儿园教师专业能力总分均值为 4.072，处于中上水平。根据统计结果，表现比较好的三个方面分别是：环境的创设与利用（4.371），一日生活的组织与保育（4.110），沟通与合作（4.054）。其余的排列依次是教育活动的计划与实施（4.032），激励与评价（3.981），游戏活动的支持与引导（3.846），反思与发展（3.758）。这些能力中，农村幼儿园教师比较欠缺的是反思与发展能力、激励与评价能力、游戏活动的支持与引导能力。

（二）西北农村公办幼儿园教师专业能力各维度分析

1. 环境的创设与利用能力现状

环境的创设与利用能力各项目均值：建立和谐的师幼关系（4.503）、促进幼儿同伴关系建立（4.362）、共制规则营造良好氛围（4.324）、提供适当的游戏材料（4.282）。环境的创设与利用维度的总均值 4.371。提供适当的游戏材料虽然低于总均值，但是很接近总均值。

2. 一日生活的组织与保育能力现状

一日生活的组织与保育能力各项目均值：一日生活活动包含教育因素（寓教于保，3.256）、随机教育（4.394）、指导协助保育工作（4.473）、正确处理意外事故（4.337）。日常生活的组织照料能力总均值为 4.110，四个子维度发展最好的是指导协助保育工作，发展最不好的是寓教于保，说明农村幼儿园教师注重保育工作，但识别一日生活活动中的教育因素能力处于中等偏下水平。

3. 游戏活动的支持与引导能力现状

游戏活动的支持与引导能力各项目均值：利用环境材料引发游戏（4.211）、鼓励幼儿自主游戏（2.983）、发挥游戏的教育价值（4.346）。教师在发挥游戏的教育价值上均值最高，鼓励幼儿自主游戏的能力较弱。

4. 教育活动的计划与实施能力现状

教育活动的计划与实施能力各项目均值：制定适宜的教育活动方案（3.714），针对幼儿需要调整方案（3.883），设计具有综合性、趣味性、生活性（4.247），引导幼儿主动学习（4.369）。均值最低的是制定适宜的活动教案能力，其次是针对幼儿的需要调整活动方案，教师引导幼儿主动学习的能力最好。

5. 激励与评价能力现状

激励与评价能力各项目均值：关注并及时鼓励儿童（4.000）、全面客观评价幼儿（3.891）、有效运用评价结果（4.346）。教师有效运用评价结果的均值高于该维度的总均值，但全面客观评价幼儿均值比总均值低，这反映出农村幼儿园教师对于幼儿的评价标准主要依据教师的经验与主观判断，容易忽略评价的客观性与整体性。

6. 沟通与合作能力现状

沟通与合作能力各项目均值：与幼儿有效沟通（4.334）、与同事研讨（3.991）、与家庭共育（4.216）、与社区合作（3.807）。教师与幼儿沟通的能力最好，均值较低的是跟社区共同养育幼儿，和同事进行工作研讨。在社区合作和与同事共同成长方面还需要继续努力，找到适合自己，适合家长、同事的交流方式，加强家园沟通，幼儿的全面发展离不开整个社会的支持。

7. 反思与发展能力现状

反思与发展能力各项目均值：积极反思以改进教学（4.092）、根据保教实践形成研究问题（3.445）、能够制定适合自己的发展规划（3.864）。低于总均值（3.758）的子维度是"根据保教实践形成研究问题"，说明农村幼儿园教师没有能力按照教育活动中的问题形成研究报告，通过研究问题改进自己的活动。农村幼儿园教师的反思与发展能力整体水平有待提升。

（三）西北农村公办幼儿园教师专业能力的差异性分析

1. 不同教龄下的教师专业能力差异性分析

方差分析结果表明：不同教龄的教师在游戏活动的支持与引导（F=0.021；P=0.996）、教育活动的计划与实施（F=0.082；P=0.970）、激励与评价（F=0.135；P=0.939）、沟通与合作（F=0.078；P=0.972）、反思与发展（F=0.176；P=0.913）等维度上无显著差异。但在环境的创设与利用（F=6.650；P=0.001）、一日生活的组织与保育（F=5.374；P=0.001）上有显著差异。通过 LSD 检验发现，工作 5 年以下的教师在环境的创设与利用维度上，显著低于工作 6 至 10 年（P=0.001）、11 至 20 年（P=0.003）、21 年以上（P=0.014）的教师，工作 5 年以下的教师在一日生活的组织与保育维度上，显著低于工作 6 至 10 年（P＝0.001）、11 至 20 年（P＝0.003）的教师。

2. 不同学历下的教师专业能力差异性分析

方差分析结果表明：学历不同的教师在环境的创设与利用（F＝0.018；P＝0.990）、一日生活的组织与保育（F＝0.176；P＝0.951）、教育活动的计划与实施（F＝0.106；P＝0.981）、游戏活动的支持与引导（F＝0.144；P＝0.966）、激励与评价（F＝0.106；P＝0.980）、沟通与合作（F＝0.210；P＝0.933）、反思与发展（F＝0.036；P＝0.997）等七个维度上没有显著的差异性。西北农村公办幼儿园教师学历以专科、本科为主，高中及以下学历的教师 7 名，研究生学历的教师只有 1 名；教师学历结构较为集中，研究生学历极少。

3. 不同资质下的教师专业能力差异性分析

本节研究中教师的不同资质指无教师资格证、有幼儿园教师资格证、有小学教师资格证和有初中及以上教师资格证等四种情况。方差分析结果表明：不同资质的教师在环境的创设和利用（F＝0.161；P＝0.922）、一日生活的组织与保育（F＝0.224；P＝0.879）、游戏活动的支持与引导（F＝0.133；P＝0.941）、教育活动的计划与实施（F＝0.770；P＝0.972）、激励与评价（F＝0.154；P＝0.927）、沟通与合作（F＝0.326；P＝0.807）、反思与发展（F＝0.028；P＝0.994）等七个维度上均不存在差异。

4. 不同经济水平地区的教师专业能力差异性分析

方差分析结果表明：不同经济水平地区的农村幼儿园教师在环境的创设和利用能力上有突出的差异性（F＝3.976；P＝0.047），经济较好地区的农村幼儿园教师在环境的创设和利用能力上均值较高；不同经济水平地区的教师在一日生活的组织与保育（F＝0.048；P＝0.827）、教育活动的设计和实施（F＝0.433；P＝0.511）、激励与评价（F＝1.042；P＝0.308）、游戏活动的支持与引导（F＝0.589；P＝0.444）、沟通与合作（F＝0.319；P＝0.573）、反思与发展（F＝0.820；P＝0.366）等能力上没有显著的差异。

三、西北农村公办幼儿园教师专业能力评估分析

（一）整体呈中等偏上水平

对农村幼儿园教师专业能力的各个方面进行综合分析发现，教师专业能力发展比较好。从各个维度的均值来看，西北农村公办幼儿园教师创造和利用环境均值和一日生活的组织与保育均值高于总均值，可知在这两个方面西北农村公办幼儿园教师的能力较好。沟通与合作均值和计划并实施教育活动均值十分接近总均值，说明这两方面老师专业能力较好。激励与评价、游戏活动的支持与引导、反思与发展均值低于总均值，但是差距很小。总的来说，西北农村公办幼儿园教师专业能力处于中上水平。

（二）各维度发展不太均衡

对西北农村公办幼儿园教师专业能力进行现状研究发现，各个维度存在差异性。教师在创造和利用环境（M=4.371）、一日生活的组织与保育（M=4.110）方面得分较高，而在反思与发展能力方面得分最低（M=3.758）。分析各维度下的子维度可以发现，在各项指标中，鼓励幼儿自主游戏、根据保教事件生成问题方面均值最低。农村幼儿园教师专业能力发展不均衡。

西北农村公办幼儿园教师游戏活动的支持与引导能力较低。导致这一现象的原因可能是农村公办幼儿园资金投入不够充足，游戏材料的投入不够，在很大程度上限制游戏活动展开。更重要的是，游戏活动指导对教师综合能力要求很高，尤其是观察、分析儿童的游戏行为能力。有效指导游戏活动需要教师有较深厚的理论积累以及专业敏感性。因此，农村幼儿园教师需要加强对游戏活动的辅助和指导能力。

反思与发展能力亟待提升。根据总体情况分析得知反思与发展能力均值倒数第一，其中，教师最为欠缺的是科研能力和自我发展意识。调查发现29.6%的教师很少思考职业规划。多数教师对未来的规划处于迷惘的状态。在访谈中了解到，在农村公办幼儿园教师数量长期结构性紧缺的情况下，教师不但需要完成繁重的保教工作，还要分担园所的行政管理工作，他们没有时间反思自己的教学方法，反而抱着过一天算一天的想法，缺少进取心。

激励与评价能力有待发展。根据总体情况分析得知激励与评价能力均值倒数第三，排名比较靠后，其中，全面客观地评价幼儿最为欠缺。在访谈中了解到，教师在幼儿进步的时候能及时进行评价，但是由于时间的原因没办法关注每一名幼儿，只能根据幼儿遵守纪律的情况来进行评价；教师的评价指标单一，评价方式随意，理论欠缺无法对儿童作个性化评价，很多时候评价幼儿都是"某某小朋友今天很听话，奖励一朵小红花"。

（三）西北农村公办幼儿园教师专业能力在不同人口学信息背景下差异分析

本节将教龄、学历、资质等人口学因素设为自变量，探讨教师专业能力差异。

教龄不一样的教师在游戏活动的支持与引导、教育活动的设计与实施、激励与评价、沟通与合作、反思与发展能力上不存在差异，但在环境的创设与利用、一日生活的组织与保育能力上存在显著差异。教龄较高的教师进行环境创设的能力较好，能很好地利用环境来开展教育教学。教龄较低的教师环境创设与利用的能力比较欠缺，另外在日常生活的组织与安排上需要提高能力。环境创设与生活组织是实践性很强的专业能力，教师只能在实践中养成这方面的专业能力，教龄低的教师实践时间不长，因此表现出相对弱势。

农村幼儿园教师专业能力在不一样的学历背景下没有差异。西北农村幼儿园教师学历主要包括大专和本科，不同学历的教师在专业能力上不存在特别明显的差异。大专和本科的学制只相差一年，很多培养学前师范生的本科院校属于应用型，大专专业和本科专业在课程设置上差异不大，这可能是大专学历和本科学历的教师在专业能力上差异不显著的主要原因。其他学历类型，如中专及以下学历或研究生学历，样本数量太小，不具有统计推断的意义。

不同资质类型的农村幼儿园教师在专业能力上无显著差异。理论上来说，持幼儿园教师资格证的教师在专业能力上应该表现更好。由于持有其他教师资格证的教师样本数量均不足 20，其推断意义有限，该结论有待在更大的样本数据中验证。

四、西北农村公办幼儿园教师专业能力评估结论与建议

（一）专业化的培训是提高教师专业水平的关键步骤

作为教师，在教育教学过程中，只有不断学习、不断提高，才能更好地进行教育教学。在教育实践中，教师存在一些困惑，通过安排教师培训给教师解答疑惑，让他们更好地进行教育教学。幼儿期是儿童发展最快的时期，作为幼儿园教师更应该时刻完善自己的知识储备。政府要加大对教师培训的支持和监督。教学实践是幼儿园工作的重中之重。幼儿园要安排园内培训，让新手教师更好地了解幼儿的心理特点和需要，明确工作目标。在教学活动中，每位教师通过观察、反思、分析、交流、调整，让自己教育教学的理念、技能与方法不断得到提升。

（二）建立相互合作的文化环境

在现状分析中可以发现教龄对教师专业能力的影响：教龄越长，专业能力越强。幼儿园应促进有经验的教师与新手教师合作交流。近年来，由于教师专业发展的需要，教师合作交流成为新课程改革和教师教育改革的重要内容。一些地区和学校已经把发展教师合作交流作为新课程改革的一项重要措施。经验丰富的教师通过园内活动分享自己的教学经验、商讨教学策略、为新手教师组织反思活动，让新手教师在专业能力上得到进步。幼儿全面成长离不开家长的帮助。家园共育也是幼儿园工作正常开展的核心要素之一，只有加强家园合作才能达到一加一大于二的效果。

（三）提高农村公办幼儿园教师的工资待遇

接受访谈的教师提到在编教师薪酬待遇都挺好，但聘用教师做同样的工作，薪酬待遇却有明显的差别。提高农村公办幼儿园教师的工资待遇，在各级财政给予农村公办幼儿园教师的基本工资和津贴补贴的基础上，设立农村幼儿园教师津贴补贴制度。建立农村幼儿园教师工资正常增长机制，使其工资水平与当地公务员工资水平相衔接。支持并

保障农村幼儿园教师参与社会养老保险。只有物质生活得到保障，农村幼儿园教师才会考虑自身专业的发展，在自己的工作上投入更多的心思。

（四）完善农村公办幼儿园教师准入考核制度

本节发现，大部分教师是学前教育专业出身，也存在少部分教师专业不对口的情况。由于农村地区教师少幼儿多，教师准入标准仍然存在不完善的情况。农村幼儿园需适当提高对教师学历水平和专业能力的要求，鼓励并组织在职教师参加教育培训，组织参与教师资格证考试等，并一步步提高教师的入职要求。幼儿园管理层应了解教师的压力，减少不必要的工作，合理分配人员和时间，注重加强教师的自身能力，给他们自由安排教学活动和思考教学策略的时间。幼儿园教师应注重自身心理健康，以更好的心态面对工作，用更多的精力关注自我成长，更全面地促进专业能力的发展。

第二节　西北农村公办幼儿园新手教师的生存状态研究

一、西北农村公办幼儿园新手教师生存状态评估概述

《现代汉语词典》对"生存"的解释是"保存生命（跟'死亡'相对）"，对"状态"的解释是"人或事物表现出来的形态"，如"心理状态""液体状态"。[1]从词典中的释义可以概括出生存状态主要是描述人处于现实生命活动中所展现出来的一种形态，它既包括个体身心状态、物质精神状态，也包括外界支持生命体发展的状态，即整个生命体存在的整体外部环境状态。[2]李学书、金燕娜认为"教师生存状态是指教师作为教育教学的主体在其教育生活中表现出来的状况或态势"。他们指出"整体而言，教师生存状态关涉本质直观的物质、身心、成长发展、关系等范畴"。物质方面涉及的是工资水平、福利待遇、工作环境及条件等因素，身体方面关系到的是身心健康、工作压力等因素，精神方面包括职业认同、幸福感、师德等。教师专业发展的重要支撑是学习、培训、教学和科研等方面。而关系范畴主要平衡的是家校合作、现实生活和网络世界、权利与义务之间的关系。[3]本节所涉及的教师生存状况包括：工作待遇、工作压力、政府保障、

---

① 商务国际辞书编辑部. 现代汉语词典：双色插图本［M］. 北京：商务印书馆. 2020：935.

② 高雅. 农村幼儿园教师生存状态的调查研究：以河北省为例［D］. 石家庄：河北师范大学，2019.

③ 李学书，金燕娜. 教师生存状态的内涵、特征及其研究价值［J］. 教育理论与实践，2016，36（10）：38-43.

人际关系、职业认同感、职业发展规划、专业发展等。

（一）问题提出

1. 农村教师队伍建设是党和国家高度重视的问题

百年大计，教育为本；教育大计，教师为本。2018 年，教育部等五部门印发的《教师教育振兴行动计划（2018—2022 年）》中提到，改善教师资源供给，促进教育公平发展。加强中西部地区和乡村学校教师培养，重点为边远、贫困、民族地区教育精准扶贫提供师资保障。建立健全乡村教师成长发展的支持服务体系，为乡村学校培养"下得去、留得住、教得好、有发展"的合格教师。[①]当然，幼儿园的发展离不开对幼儿园师资的培养。在 2020 年 10 月 29 日十三届全国人大三次会议第 8579 号建议的答复中提到，党中央、国务院高度重视农村地区学前教育的发展。加强农村幼儿园教师队伍建设是教育部要重点做好的工作之一。切实落实教师保障待遇，推动各地认真落实农村公办园教师工资待遇保障政策。[②]如何有效地改善农村地区公办幼儿园教师的生存状况，是当前的一个重要课题。

2. 研究农村地区公办幼儿园新手教师生存状态的迫切性

21 世纪是追求公平与正义的世纪。在联合国的倡导下，世界各国正不遗余力创设"一个公正、公平、容忍、开放、有社会包容性和最弱势群体的需求得到满足的世界"[③]。作为联合国人口最多的成员国，我国在落实"2030 可持续发展目标 4（即教育目标）"中取得重大成就，"与此同时，义务教育均衡发展成果还有待巩固和加强，学前教育普惠水平仍有较大提升空间"[④]。教师作为重要的教育资源，是振兴处境不利地区教育的关键。"下不去、留不住、教不好"是我国乡村教师队伍长期面临的困境，其中"留不住"问题在边远乡村地区尤其突出。事实上，"留得住"教师才是振兴乡村教育的关键，下得

---

① 中华人民共和国教育部. 教育部等五部门关于印发《教师教育振兴行动计划（2018—2022 年）》的通知.（2018-03-23）［2022-3-8］. https://www.moe.gov.cn/srcsite/A10/s7034/201803/t20180323_331063.html.

② 中华人民共和国教育部. 对十三届全国人大三次会议第 8579 号建议的答复. 教基建议（2020-10-29）［2022-3-8］. https://www.moe.gov.cn/jyb_xxgk/xxgk_jyta/ jyta_ji jiaosi/202012/t20201202_502878.html.

③ 中华人民共和国外交部. 变革我们的世界：2030 年可持续发展议程［EB\OL］.（2016-01-03）［2022-11-10］. https://www.fmprc.gov.cn/web/ziliao_674904/zt_674979/dnzt_674981/qtzt/2030kcxfzyc_686343/zw/201601/t20160113_9279987.shtml.

④ 中华人民共和国外交部. 中国落实 2030 年可持续发展议程进展报告（2021）［EB\OL］.（2021-09-27）［2022-11-10］. https://www.fmprc.gov.cn/web/ziliao_674904/zt_674979/dnzt_674981/qtzt/2030kcxfzyc_ 686343/zw/202109/P020211019126076276210.pdf.

去但留不住，留不住自然教不好，乡村教师队伍建设面临的问题始终未解。只有留得住才能教得好，才能下得去。①国内外学界关涉乡村教师离职（分为流失与流动，前者指职业转换、不再从教；后者指环境转换、继续任教）问题的研究颇多，研究结果几乎一致：年轻教师②、青年教师③的留任意愿更低、新手教师（入职五年内）的流失率高达40%~50%④。教师高流失率不利于提升学校发展水平与学生学业成绩⑤；不利于儿童健康成长⑥，尤其是对处境不利的低龄儿童而言⑦。可见，留得住乡村新手教师才是提升乡村教师队伍质量，振兴乡村教育的关键环节。

3. 研究农村幼儿园新手教师生存状态具有重要的现实意义

本节对农村公办幼儿园新手教师的生存状态及产生原因进行分析,希望能够为公办幼儿园管理者及相关部门提供相关措施,为促进西北农村地区幼儿园教师发展及幼儿发展提供积极帮助。对教师而言：本节为农村公办幼儿园教师提供发言机会,希望引起有关部门和社会各界的关注与重视；增加教师职业发展的机会,让他们获得工作的快乐和满意；加强自身素质的培养；促进农村地区学前教育的质量。对幼儿园管理者而言：本节有利于幼儿园管理者发现问题、认识问题,从而更有效地解决问题；让管理者在现有的基础上进行深刻反思和改进,在以后的工作中能有针对性地为教师提供更多更好的机会,实施人性化管理,减轻教师的工作压力；通过多种途径,使农村公办幼儿园的师资队伍进一步优化,同时也能使农村公办幼儿园得到更好的发展。对政府而言：本节可以为政府及社会提供参考依据；促使政府及社会通过相关途径改善农村公办幼儿园新手教师的生存状态,从而改善学前教育的质量,进一步实现教育公平。

---

① 郝文武，雒强，贺璐璐. 增强乡村教师职业吸引力的关键指标和特殊措施［J］. 教育与经济，2022，38（02）：46-52.

② 龚继红，钟涨宝，余建佐. 农村教师社会流动意愿的特征及影响因素分析：以湖北省随州市为例［J］. 中国农村观察，2011（1）.

③ 付昌奎，曾文婧. 乡村青年教师何以留任：基于全国18省35县调查数据的回归分析［J］. 教师教育研究，2019（3）.

④ ADNOT M, DEE T, KATZ V, et al. Teacher Turnover, Teacher Quality, and Student Achievement in DCPS［J］. Educational Evaluation and Policy Analysis, 2017, 39（1）: 54-76.

⑤ RONFELDT M, LANKFORD H, LOEB S, et al. How Teacher Turnover Harms Student Achievement［J］.American Educational Research Journal, 2013, 50（6）: 4-36.

⑥ HALE-JINKS C, KNOPF H, Tackling Teacher Turnover in Child Care: Understanding Causes and Consequences, Identifying solutions［J］. Childhood Education, 2006, 82（4）: 219-226.

⑦ INGERSOLL R M. Teacher Turnover and Teacher Shortages: An Organizational Analysis［J］. American Educational Research Journal, 2001, 38（03）: 499-534.

（二）研究目的与研究内容

本节的主要目的是：了解农村地区公办幼儿园新手教师生存现状，分析农村公办幼儿园新手教师生存状态中的问题及其原因，初步探索农村公办幼儿园新手教师生存状态的改善策略。

基于研究目的，本节的研究内容从以下方面展开。

第一，研究农村公办幼儿园新手教师的生存状态。对农村公办幼儿园新手教师进行访谈，对他们的工资待遇、工作压力、政府保障、人际关系、职业认同感、职业发展规划、专业发展状况等方面进行研究。深入了解生存状态中出现的问题。

第二，分析农村公办幼儿园新手教师生存状态中的问题及其产生的原因。从社会及主管部门方面、幼儿园管理方面、教师个人方面三个角度进行原因分析。

第三，依据产生的问题及其原因，分别为社会、幼儿园管理者、幼儿园教师提供有效的意见和建议。

（三）研究方法

1. 文献法

文献法是一切研究的基础。对农村公办幼儿园教师生存状态现有理论成果的收集、分析，为本节提供依据及思路，丰富本节的研究内容。本节在查阅国内外有关文献的基础上，对现有研究进行综合分析，结合教师生存状况的研究情况，合理地引用国内外研究的经验，论证本节研究结论。

2. 访谈法

本节从工作待遇、工作压力、政府保障、人际关系、职业认同感、职业发展规划、专业发展状况等方面对新手教师进行访谈。

通过分层随机抽样与方便抽样结合的方式，在 C、B、K、D、L 等地区抽取七位农村公办幼儿园新手教师进行访谈。访谈提纲见附录 5，被访谈教师基本情况见表 6-2-1。被访谈教师皆为农村公办幼儿园的新手教师，分别来自西北不同经济发展水平的地区，以主班老师为主，平均年龄 25 岁，教龄为 1～4 年。在新手教师的维度上样本代表性较高。

表 6-2-1　访谈对象的基本情况

	性别	年龄	学历	教龄	岗位	园所所在地区	园所教师人数（总人数/非在编）
教师 1	女	28	专科	1 年	主班	C-y 乡	23/14
教师 2	女	23	专科	1.5 年	配班	B-x 乡	26/2
教师 3	女	29	专科	4 年	主班	K-w 乡	40/18

	性别	年龄	学历	教龄	岗位	园所所在地区	园所教师人数（总人数/非在编）
教师 4	女	25	本科	1 年	主班	L-z 团	12/3
教师 5	女	23	本科	2 年	主班	B-t 镇	18/6
教师 6	女	24	专科	2 年	主班	D-q 村	14/7
教师 7	女	24	专科	1.5 年	主班	B-o 镇	4/0

（四）研究过程

1. 实施访谈计划

第一步：根据研究目标与设计，在样本地区选择符合条件的教师。第二步：与符合研究条件的教师取得联系，告知访谈目的，获得访谈许可，预约访谈时间。第三步：正式访谈。每位被访谈教师都接受了电话访谈，每人大约 15 分钟。被访谈教师同意后，访谈人员将整个访谈过程利用录音记录下来。

2. 资料初步处理

访谈总时长为 107 分钟，平均时长为 15 分钟。为了确保数据的"原原本本"，转录采用软件转录和手工转录的方法。第一阶段是利用语音转录软件对录音进行初步的文本处理；第二阶段是对原始文本进行人工校对，以保证数据的"原原本本"和准确性。最后，共获得 23923 个字的文本数据。

3. 进行数据编码

采用扎根范式对资料进行三级编码，即对原始访谈文本进行逐行编码。重点掌握和分析每一句话，概括、类聚和精炼类似主题之后，得出 34 个开放式编码，6 个主轴编码，3 个选择性编码。编码结果和原始资料语句见附录 6。

二、西北农村公办幼儿园新手教师生存状态研究结果

（一）生活状态：虽白圭之玷，但憧憬向往

1. 工作待遇

物质条件是人生存的基础和前提。工资收入是影响教师选择工作的关键因素。了解教师的工资水平是了解教师生存状态的第一步。研究者从教师的工资收入、福利待遇以及其满意度等方面对新手教师进行了访谈。

七位教师对目前的收入水平和福利待遇的满意度打分，满意度满分为 10 分，七位教师给出的平均分为 8.9 分，可以发现大部分教师对目前的收入水平和福利待遇是比较满意的。其中，有两位教师对目前的收入水平和福利待遇打了 10 分，表示十分满

意，有三位教师的打分低于平均分，表示对目前的收入水平及福利待遇还不是很满意。对于问题"除了基本工资，学校为您提供的福利待遇有哪些"，教师回答如下：

教师1：在过生日、春节时，学校工会都会送上蛋糕和祝福。

教师2：交通补贴，但是就我目前这个情况来说，这些只是口头承诺，并没有实际发到手里。

教师3：基本工资以外，其他的福利就是星期六星期天我们能按时休息，另一个就是各种节假日也是按时放。就是物质上可能给我们提供不了，因为是公办幼儿园。但是，这个节假日我们的休息方面，幼儿园是能保证的。就是说那种物质上的没有，但是心意上是时刻达到的。另外会有交通补贴。

教师4：学校为我提供的福利待遇……我们幼儿园是团办团管，由团长来管理。给我们所有老师都提供了一套房子，就是一个宿舍，两个老师一起住。还有就是幼儿园现在是以团场的名义，每个节假日都会发放一些节假日的福利、生活用品。

教师5：福利待遇就是比如说妇女节或者是其他节日，工会会给发一些米、面和一些生活用品。

教师6：我们这边除了基本工资的话，基本的福利待遇都是比较少的。可能比较好的就是这边有交通补贴和乡村补贴。

教师7：还有生活补助。

通过访谈发现除了基本工资，学校为教师提供的福利待遇基本为节假日时生活用品的发放、交通补贴、提供住房、乡村补贴等。但是对于交通补贴，部分幼儿园的落实情况不好，教师表示并没有实际收到。通过访谈得知，农村地区公办幼儿园新手教师的月收入虽然低于当地平均月收入，但是教师对目前的收入水平是比较满意的。福利待遇方面，存在交通补贴未较好落实的现象。

2. 政府保障

政府保障不仅影响着幼儿园教师的发展，而且对学前教育事业发展有着更加重要的影响。研究者从政府对幼儿园教师专业发展的重视程度、政府对有效提高教师待遇及社会地位的重视程度、政府对学前教育的保障力度以及扶持措施等方面对教师进行了访谈。

政府对幼儿园教师专业发展的重视程度满分为10分，七位教师给出的平均分为8.4分。大部分教师表示政府对幼儿园教师的专业发展很重视，会安排各种培训等学习方式。政府对于提高幼儿园教师的待遇及社会地位重视程度的满分为10分，七位教师给出的平均分为7.6分。大部分教师表示政府比较重视有效提高幼儿园教师的待遇及社会地位，但是相较于政府对小学教师、初中教师待遇及社会地位的重视程度来说，该项依然处于弱势。关于政府对学前教育的保障力度这一问题，七位教师回答如下：

教师1：我觉得比较大，因为现在满3岁的孩子必须入园，而且农村都是免费入园的，保障力度是比较大的。

教师2：我觉得政府对学前教育这一块付出得还挺多。

教师3：我觉得挺大的，我们农村地区你也知道，现在如果有些孩子是因为家里的经济条件困难没办法上学，我们会向上反映，让他们享受免费教育，而且如果他们的伙食费不足，也会给予免费。然后对于我们幼儿园来说，经费不够的情况下，我们就会给乡政府、村委会、社区打报告，他们或多或少支持，要么出力，要么出一些钱。

教师4：我觉得保障力度还是挺大的。

教师5：保障力度还是挺大的，比如说现在每一个农村都有一个幼儿园。

教师6：比较大的，这边偏远地区保障力度相对来说是没有那么好的，但是觉得还可以。

教师7：我觉得保障力度是很大的。

通过访谈可以了解到，政府对学前教育的保障力度很大，表现在财政投入、办园数量、幼儿保障等方面。关于最希望获得政府哪方面的扶持措施这一问题，七位教师回答如下：

教师1：资金和设备方面。

教师2：财政扶持，没有钱啥都干不了。还有基础设施。

教师3：我希望政府可以多给我们招聘一些专业的教师，寻找一些了解我们这个专业的人来幼儿园进行宣传培训。

教师4：首先是就像前几年这个农村双语幼儿园的建设这一块，虽然幼儿园建了，数量已经达到了，但是我在毕业那一年写毕业论文的时候去调查这些幼儿园，发现幼儿园里面的设施设备还是不够完善，孩子玩的玩具特别少。可能幼儿园的数量上去，但是幼儿园的办园质量以及教学质量没有跟上。还有就是当时这个农村幼儿园建了以后，（来了）很多非本专业的教师，希望政府可以加强教师队伍的专业性。

教师5：首先就是经济方面，没有钱怎么给他们买玩教具？政府要给家长宣传一些知识，比如让他们多教一下孩子，重视一下教育，这边的人其实不怎么重视孩子的教育。

教师6：需要更多的专业教师，还有硬件、软件上的扶持。无论是硬件、软件，还是专业教师，需求量都特别大，因为这边的好多老师都是非专业的。

教师7：能多招聘一些老师，减轻我们的工作压力。

通过访谈可以发现，新手教师在幼儿园工作中遇到了环境艰苦、基础设施不健全、资金缺乏、师资缺乏等行业困境，同时教师最希望获得的政策扶持主要是：财政支持、政府宣传、招聘专业教师等。从生活状态的总体来看，新手教师对工资待遇是满意的，但是还面临福利待遇不完善、补贴未较好落实的问题。在政府保障方面，教师普遍认为政府对幼儿园的保障力度较大，依然希望政府加强人、财、物方面的支持。

（二）工作状态：始于热爱，却难于压力

1. 工作压力

幼儿园教师在生活和工作中扮演着多重角色。幼儿园教师职业面临巨大的工作压力。研究者从教师的压力感、最大工作压力来源两方面进行了访谈。

在访谈中了解到，压力感满分为 10 分时，七位教师的压力感平均分为 6.7 分，有四位教师的压力感分值高于平均分，更有一位教师表示有 10 分的压力，压力很大。对于最大的工作压力来自哪些方面，七位教师回答如下：

教师 1：我觉得我有时候一着急，就不能特别好地去协调工作和生活，然后有时候就会把自己的情绪带给同事，有时候会带给孩子。我觉得我需要多多改正。

教师 2：教育局的检查，园领导的施压。

教师 3：这个压力是很大的，因为有各种各样的检查，然后填写各种表。对于我们幼儿园来说，上一年九月份开始，我们是用另一个模式进行工作。因为我们比别人走得快，我们幼儿园在我们乡里面推荐安吉游戏，可能其他的人不了解。所以就会突然说下个星期要有人来观摩呀，或者是学习，在这个时候就需要准备材料，然后各种整理，给老师各种各样的培训。压力会比较大。

教师 4：最大的工作压力主要是幼儿园管理。我作为这个幼儿园第一批在编老师，现在又带小班的班主任工作，又干幼儿园所有的报材料、人才工作、宣传工作、组织工作。这些全都在我一个人身上，就是除了一些本职的带小朋友的工作外，还有一些行政上面的工作。还有一个是现在我还协助我们团场的党建工作办公室的工作，负责我们团场工资审批这一块，所有事业单位的工资这一块也是我在负责，所以说实话压力确实大。

教师 5：最大的工作压力就是跟家长沟通，太难了。

教师 6：最大的压力的话就是和这边幼儿交流。因为这边处于农村地区，基本上小朋友是不会说汉语的，刚接触小班的时候特别难带，不知道怎么去教会他们普通话。

教师 7：行政工作和带班的压力。如果没有行政工作，我觉得我会把班带得更好。

通过访谈了解到，农村地区公办幼儿园教师普遍存在工作压力大的现象，了解到七位教师的工作压力主要来自：园所事务繁重、上级检查、园所培训。其次是教师自身性格原因、家长沟通、师幼沟通。

2. 人际关系

人际关系不仅可以体现在与同事、领导的相处，教师工作是否可以得到同事和领导的支持与肯定也是人际关系好坏的一种体现。研究者就教师在幼儿园的人际关系进行了访谈，以下是七位教师的访谈片段：

教师 1：我觉得我在幼儿园的人际关系是比较好的，领导比较了解我的性格，对我比较肯定，而且经常会提出一些好的建议。然后，我和同事之间的关系也很好，大家都在一起进步。

教师 2：领导的话就是对我期望挺高的，同事相处得挺融洽的。

教师 3：我在幼儿园的人际关系我个人觉得是挺好的。因为这四年工作以来，不论是与比我年龄大的还是比我年龄小的教师，没有出现过什么矛盾，而且是时时刻刻能交流沟通的。目前领导对我的看法、态度也是挺好的，挺认可的。

教师 4：我认为自己在幼儿园里的关系很好的，而且领导也很信任我。不管是在领导还是同事眼里，我都是能力最强的。

教师 5：同事之间相处得还挺好的，和领导的关系也可以。

教师 6：同事之间相处得还是比较好的。如果说是领导方面的话，其实我觉得在这边的话，就是可能领导对老师没有那么的关心，反正多少还是有一点欠缺。

教师 7：领导同事对我都挺好，也很关心我。

通过访谈了解，教师人际关系整体是比较融洽的，其中与同事关系最融洽，其次是与领导之间的关系。教师会经常和同事交流沟通，共同进步。有一位教师表示领导的关心不够，有所欠缺。大部分领导会对教师表示肯定和信任并提出好的建议。通过访谈得知，农村公办幼儿园新手教师的人际关系整体比较融洽，可以看出教师的工作在一定程度上得到了认可、支持和帮助。可见农村公办幼儿园新手教师的人际关系处于比较和谐的状态。

3. 职业认同感

教师职业认同既是一个过程，又是一个状态。"状态"是指教师个体对自己所从事的这一职业的认同程度。研究者从教师对幼儿园的喜爱程度、选择幼儿园教师工作的原因、工作成就感进行了访谈。

通过访谈了解到，对目前所在幼儿园的喜爱程度满分为 10 分时，七位教师给出的平均分为 8.42 分。有四位教师对所在幼儿园的喜爱程度低于平均分，有两位教师对所在幼儿园的喜爱程度为 10 分。进一步访谈中，教师对选择这份工作的原因是这样叙述的：

教师 1：我比较喜欢小朋友，而且这个职业的就业趋势比较好。

教师2：因为这个专业对口，好就业，其他原因就是家里的原因：家长希望。

教师3：之前我考大学的时候，我就是选择了本专业，一方面我比较喜欢研究孩子，另外一个是我们之前上学的地方就没有幼儿园，后来等我考到大学，有了幼儿园，但是幼儿园里面的那些老师非专业的比较多。所以想的是回到我自己的家乡，想在这边幼儿园里面做一个正式一点的老师。其实你也知道，非专业的老师跟我们专业的老师，教育孩子是不一样的，所以想为自己家乡的幼儿们提供更加专业的教育。

教师4：因为自己学的专业，就业前景比较广一些。自己也特别喜欢小孩，就选择了这份工作。

教师5：选择这个工作的原因就是比较喜欢小孩子，自身就比较喜欢小孩所以选择这个工作。

教师6：因为刚毕业的时候，为了有一份稳定的工作，然后选择了这份工作。

教师7：喜欢小孩子。

通过访谈了解到教师选择这份工作的原因主要有：喜欢小朋友、自身所学专业、就业趋势好、教育信念、稳定、家长期望等因素。可以发现大部分教师是因为喜欢幼儿而选择这一职业，其次是因为好就业。

工作成就感能够成为教师工作的动力，激发其发展的欲望。研究者从行业喜爱程度、职业成就感等方面对七位教师进行了访谈，教师对幼儿园教师行业的喜爱程度满分为10分时，教师的喜爱程度平均分为7.7分。有教师表示其喜爱程度只有5分，说："以前喜欢，但是现在不喜欢了，原因是自己在幼儿园中不仅需要带班，还需要从事很多的行政工作，太累了。"可以发现园所事务过多会导致教师对幼儿园教师行业的喜欢程度降低。对于幼师职业成就感，七位教师叙述如下：

教师1：孩子们非常喜欢我，孩子的喜欢和爱会给我带来成就感，而且同事对我比较信任，比较包容，所以我觉得在这样一个集体里我是会成长的，而且会进步的。

教师2：有时候对小朋友的预期太高了，他们没有达到，会失望。

教师3：我们在这个行业里不断创新。这边的孩子普通话水平比较低，我们在不断打破以往的教学方式，寻求更加适合这边孩子的教学方式。之前在班里面上课的过程中，有些孩子不敢出声，对于这种不说话的孩子，我们就把"玩"跟"学"相结合。在这种模式下，普通话水平也提高了，他也乐观了，每天进幼儿园的时候不像以往一样了。我们幼儿园是我们乡最大的一所幼儿园，这个里面现在最多有1%的孩子会出现入园焦虑的情况，比之前好很多了，所以我觉得这个职业真的让我感受到了一种成就感。

教师4：我觉得说实话这份职业给我带来的成就感还是很大的，这种幸福感都是从孩子身上来的。孩子的一句话或者是一举一动，都能把你感动得一天都不累。

教师 5：其实有些家长会觉得幼儿园的孩子，就是玩，不用学习，但是我觉得幼儿园教的东西还挺多的，就比如一些生活常识，孩子会收获到知识，这会让你感觉到成就感。

教师 6：因为这边比较注重普通话教学，但是对这边的幼儿来说，普通话学习是比较困难的，因为他听不懂你说话，但是不断地坚持教学，小朋友的进步很大，就觉得教的效果还是有的。

教师 7：还好，没有太大的成就感。

通过访谈了解到，大部分农村公办幼儿园的新手教师的成就感非常高，其成就感主要来源是幼儿。幼儿的喜欢、成长进步都影响着教师的成就感。少数教师说他们并不是很有成就感。

（三）发展状态：道阻且长，行则将至

1. 职业发展规划

农村地区的教师职业发展规划影响着农村地区学前教育的发展，对于未来 3~5 年的发展规划，七位教师是这样叙述的：

教师 1：对于 3~5 年的发展规划，我们园最近在开展安吉游戏，我就希望在这个安吉游戏的基础上，我能够更了解安吉游戏的这个理念，去把自己发展成一个精通安吉游戏，带领我们班的孩子走向进步，让他们获得更多知识的一个老师。

教师 2：带一个班级从小班完完整整地到大班，评个职称。

教师 3：希望在这 3~5 年的时间，评个中级职称。

教师 4：说句实话，想考个公务员。

教师 5：就是先要考一个本科，可以提升一下学历，就是要参加各种培训，评职称。

教师 6：因为在这边对这个行业没有太多的期望，本来也想的是可能换一个工作，所以就也没有太多的期望与规划。

教师 7：把自己的本职工作做好吧。

通过访谈可以了解到，大部分教师有着明确而强烈的职业规划，表现为学历提升、评职称、参与培训、提升个人技能、考公务员等方面。少部分教师因为对行业期望过低而没有职业规划。这部分教师的教龄不长，多为入职一年的新手教师，存在职业处境迷茫的现象。如果目前的工作状况得不到改善，有四位教师表示不会考虑换工作，依然会选择继续坚持在自己的岗位上，但有三位教师表示如果状况得不到改善，会考虑换工作。

2. 专业发展

教师的专业发展是指教师在不断学习中由新手教师向专家型教师的转变。教师专业发展的途径包括教师自主发展（教师自己摸索和学习）和外部驱动式发展（培训、教研）。研究者从专业学习渴望程度、专业学习的途径、影响专业学习的因素等角度对教师进行了访谈。

七位教师都表示渴望参与各种形式的专业学习，渴望程度满分为10分时，平均分为8.8分。对于最向往的专业学习途径，七位教师是这样叙述的：

教师1：线下。面对面大家一起学习，一起进步，就比如说你学音乐律动的时候，就会比较直观地感受。通过园所内年级组的教研，还有园所内的统一的大教研都是可以的，我都比较喜欢。

教师2：集中培训、观摩教研活动。

教师3：这个我更希望不要网上学习，或者是坐在班里面不停地学理论。我更希望是那种实地观摩的学习形式，或者是幼儿园与幼儿园之间的交流学习，不要以理论的方式或者以图片或者以讲解的方式学习。

教师4：比如说培训，你坐在那儿学，还不如观摩式的学习。因为去年参加"国培计划"的时候，在教室里面听的所有的内容是跟你大学的专业学习比较相近的那种。但是其中在好几所幼儿园观摩、学习、听课，看他们的游戏活动怎么进行，我觉得这样的学习才对我们的专业发展有帮助，是更加直接的学习。

教师5：专业学习途径应该就是跟班学习，毕竟实践出真理。

教师6：就是不同形式不同方式的培训，比如说参观观摩一些幼儿园，或者是去其他地方，最好是不要网络培训。

教师7：现场培训吧，因为现场的话会更直观一点。

通过访谈可以明显发现农村公办幼儿园新手教师更渴望直观的专业学习途径，如实地观摩、现场培训等。这样的专业学习更加直观，而且对教师的专业发展帮助更大。大部分新手教师直接表示不要线上培训，不仅效率低，而且所学理论与实践有冲突，不利于专业发展。

对于影响教师专业发展的因素，教师表示：

教师1：我觉得我的性格方面，就是工作上有点带着自己的个性，有的时候就凭自己的喜好去完成工作，有些部分就会有懈怠的现象。

教师2：业余工作压力，就是本来干的不是自己的那一部分工作，而是园所内的其他的工作，会影响自己平时想去学习的一些东西。

教师3：目前的话，就是时间不够用，我们是乡镇中心幼儿园，全乡的教育教学工作由我来担当，所以确实时间上有一点紧凑。

教师 4：工作环境是我最困扰的问题。

教师 5：时间，可能有的时候就忙得没有时间去学习，工作比较忙，就可能会忽略自己的专业学习。

教师 6：我感觉在这边上班就是为了完成任务，觉得没有个人更大的需求，或者需要去怎么样发展。

教师 7：时间不够，工作多。

在对教师的采访中可以发现，教师自身因素及时间、工作环境等因素对教师的专业发展产生了一定的影响。幼儿园教师的角色是多重的，在园的工作复杂程度会影响教师专业发展。教师表示在专业发展方面最想发展艺术领域的技能，比如绘画、舞蹈等；还有教师表示想在教育教学方面多多学习。教师专业发展途径少、学习机会少、影响因素过多容易造成教师教育理念发展缓慢、专业发展意识不强等问题。

通过教师的职业发展规划和专业发展两个方面的访谈调查可以发现：大部分农村公办幼儿园新手教师有方向明确的职业规划，少部分教师对职业期待不高，无职业规划。如果目前的状况得不到改善，教师的流动性依然存在。专业发展方面，教师对专业学习渴望程度很高，且教育教学技能、艺术技能是大部分教师想学习的方向。然而，诸多因素影响教师专业发展，包括教师自身的性格、园所事务、时间等。访谈发现教师更愿意、更容易接受线下直观的学习方式。

三、西北农村公办幼儿园新手教师生存状态分析与讨论

（一）生活状态及其问题分析

1. 收入水平普遍满意

从调查结果可以看出，大多数农村公办幼儿园新手教师对当前的工资和福利状况较为满意。但是福利待遇发放存在补贴未较好落实的情况。导致此问题的原因有两方面：第一，相关部门福利待遇发放制度有待完善，且未对补贴发放做出公示。导致教师表示知道有交通补贴，但不知道是否发放。第二，幼儿园管理层对教师的关注不全面，未发现个别教师的交通补贴未落实，且对于补贴发放未作明确说明，因此教师觉得交通补贴是口头承诺。

2. 政府保障力度大，但师资仍紧张

通过访谈可知，大部分新手教师表示政府对幼儿园教师的专业发展是很重视的，会组织各种培训。政府保障力度大，但是师资仍然紧张。导致此现象的原因有两方面：第一，农村地区位置偏远，条件艰苦。应届毕业生择业时去农村工作的意愿不强，由此农

村出现师资缺乏的现象。第二，在幼儿园中教师工作内容繁重，教师工作压力过大，会加剧新手教师离职意愿。若当前情况得不到改善，会导致教师频繁离职，农村出现结构性师资紧缺。

（二）工作状态及其问题分析

1. 工作任务重、压力大

通过访谈可以了解到，大部分农村公办幼儿园新手教师存在着工作压力大的情况。造成新手教师工作压力大的原因有三方面：第一，相关部门检查工作多，在追求提高学前教育质量的同时忽视了教师的工作压力。第二，园所事务繁重、材料撰写、园所培训等会给教师带来额外的工作压力，教师不仅需要承担教育教学工作，还需要承担过多其他岗位工作，会十分有压力。第三，部分教师的工作压力来自自身性格原因，教师在繁重的工作中，难免会情绪焦躁。情绪焦躁不利于教师日常的工作教学，不利于教师的人际关系发展和师幼沟通，从而使教师感觉工作实施困难而感到压力。

2. 亲师沟通效能感不高

通过访谈了解到农村公办幼儿园新手教师在工作中存在亲师沟通效能感不高的现象。造成这种情况的原因有两个：第一，从社会环境来看，目前社会上对幼儿园教师的尊敬与认同度不够，大部分家长都觉得幼儿园教师的知识、能力都不高，甚至有些家长把幼儿园教师当成了阿姨。在艰苦偏远的农村地区，家长的教育观念比较保守与传统，对学前教育的理解不够全面，认为自己的孩子在幼儿园填饱肚子就行，不重视学前教育。由此，家长与教师沟通出现偏差，沟通困难，致使教师工作量增加。第二，相关部门宣传工作不到位，亲师间平等合作，共同教养孩子的社会氛围不够浓厚。相关部门对农村地区宣传正确的学前教育思想，一定程度上有利于教师解决亲师困难问题。

3. 岗位责权分配有待合理化

通过访谈了解到大部分教师在幼儿园中，需要面临上级检查、承担带班工作外的工作。有教师表示自己所在幼儿园有一名专业的教师同时在从事幼儿园会计的工作。幼儿园岗位责权相互交叠，不仅影响幼儿园教学工作的平稳运行，更重要的是影响教师专业工作的开展。园所的其他事务繁重还会导致教师压力过大，产生职业倦怠，职业认同感不断降低。导致此现象的原因是多方面的，比如农村幼儿园教师数量长期存在结构性失衡，幼儿园领导者管理能力不高，岗位责权分配不合理等。

（三）发展状态及其问题分析

1. 教师职业规划明确，但教师离职意向仍存在

资料分析表明，七位西北农村公办幼儿园新手教师中有四位教师的职业规划明确，三位教师在考虑换工作。造成教师存在离职意向的原因有两方面：一方面，幼儿园领导

对教师的关心不够。园所领导的关心和工作认同对教师有着积极的促进作用，园所领导关心不够，会影响教师工作成就感，使教师失去信心，由此教师会产生离职意愿。另一方面，从教师自身出发，小部分教师因为对行业期望过低而没有职业规划，从而离职意愿较强。这部分教师多为刚入职的新手教师，工作时间不长，正处于行业困境迷茫期以及工作适应阶段。故而，工作出现困难时，不免会产生离职意向。

2. 专业发展渴望强烈，但阻碍因素较多

通过访谈得知，大部分教师对于各种形式的专业学习渴望强烈，有三位教师表示渴望专业发展但是没有时间。另外，教师认为他们的专业发展受教师个性因素、工作繁重、工作环境等因素的影响。可见，影响教师专业发展的因素很多。导致此现象的原因有两方面：第一，幼儿园管理层分配的园所事务多导致教师没有时间用来发展专业素养。第二，教师在繁重的一日工作结束后，基本没有精力学习。工作繁重会影响教师的成长进步和专业发展。

四、改善农村地区公办幼儿园新手教师生存状态的对策

（一）加大资金投入确保幼儿园正常运营

研究者在访谈中发现，教师的福利待遇保障需进一步完善，部分幼儿园存在少部分补贴未落实现象。在农村地区，公办幼儿园的教育资金仍然紧张，建设幼儿园教师工作环境和改善幼儿园教师工作待遇的资金需求大。为使师资队伍稳定，避免人员外流，维护其合法劳动权益，当地政府应对农村幼儿园给予一定的财政支持，持续加大对园所的经费投入，制定补偿性的薪资方案，对财政补贴标准和落实情况进行公示，以此为农村公办幼儿园新手教师营造一个轻松、舒适的工作环境，提高其办学条件，促进农村地区学前教育事业的发展。

（二）政府政策扶持吸引高质量人才

农村地区不仅需要政府政策的扶持吸引更专业、高素质的人才，加强农村地区学前教育教师队伍的建设，而且需要完善相关保障机制，留住人才，从而减轻教师压力，减少职业倦怠，提升职业认同感。

（三）大力宣扬正确科学的教育理念

在艰苦的偏远地区，利用社区、村委会举办宣讲会，向艰苦地区家庭的父母宣传正确的幼儿教育理念，为参加讲座的家长提供物质上的奖励，以激励他们学习。让父母了解不同年龄段孩子的年龄特点和相应的教育需要，降低父母不科学的教育倾向。这种方式可以缓解幼儿园教师和家长在教育理念上的矛盾，从而减轻农村公办幼儿园新手教师的工作压力，不仅有利于幼儿的发展，而且可以提高教学质量。

（四）完善幼儿园管理制度

在艰苦的西北偏远地区，农村公办幼儿园要实行一种人性化的管理机制，使幼儿园新手教师得到合理的管理。幼儿园要明确岗位分配，引进人才，各司其职；减轻新手教师职业压力，提升教师幸福感；对幼儿园新手教师进行民主化管理，尊重他们的主体地位。

（五）关心新手教师工作生活，提供发展空间

幼儿园需要多关注新手教师生活上的问题，既要关注他们的物质生活，也要解决他们精神生活存在的问题。由于农村地区经济发展弱、交通不便，幼儿园教师业余生活枯燥，教师情绪不高。幼儿园可以组织多种活动，以尽可能地帮助教师充实他们的业余生活、改善他们的心理问题。要改善农村地区的幼儿园新手教师的生存状态，必须依靠其自身的主观努力。只有具备良好的职业自我发展意识，幼儿园新手教师才能实现自我超越和自我提升。所以，在农村地区，新手教师要加强自身职业发展意识，树立终身学习的观念，积极主动地为自己争取尽可能多的培训和学习的机会，通过培训与学习适应教育改革发展的需要；要始终理解科学的教育思想，更新自己的专业技能，掌握先进的教学技术，从多种途径发展自己的专业，实现自己的人生理想。

第三节　西北农村公办幼儿园骨干教师留任的影响因素研究

一、西北农村公办幼儿园骨干教师留任的影响因素研究概述

（一）问题提出

留住农村幼儿园骨干教师是农村学前教育质量发展的需要。2021 年，教育部等九部门联合印发《"十四五"学前教育发展提升行动计划》，教育部基础教育司负责人指出学前教育仍是整个教育体系最薄弱的环节。[①]《国家中长期教育改革和发展规划纲要（2010—2020 年）》明确指出要重点发展农村学前教育。留住农村优秀教师对农村学前教育发展有重要作用，《"十四五"学前教育发展提升行动计划》鼓励各地结合实际加大农村和欠发达地区幼儿园教师培养力度。

农村幼儿园教师存在"留不住"的问题。《国家中长期教育改革和发展规划纲要（2010—2020 年）》实施以来，农村学前教育不断发展，师资队伍不断壮大。但是农村

[①] 李玉兰. 九部门联手破解幼儿园和县域高中教育难题［N］. 光明日报，2021（004）.

幼儿园骨干教师、高学历教师的流动过半[1]，乡镇幼儿园有工作经验的骨干教师向上流动，导致乡镇幼儿园内有经验、有能力、专业水平相对较高的教师逐年变少甚至变无，乡镇幼儿园教师专业发展内部引领力量被大大削弱。随着每年乡镇幼儿园入编和自聘的新教师增多，幼儿园内部的专业引领力量长期处于结构性紧缺状态，直接影响了整个幼儿园教师团队的专业发展。面对目前农村公办幼儿园骨干教师流失的严峻现状，除了在政策方面加大农村幼儿园教师岗位的供给，更需揭示影响骨干教师留任的作用机制。只有精准明晰影响农村幼儿园教师流动的因素，才能对症下药，切实稳定农村幼儿园教师队伍，从而进一步推进农村学前教育发展质量的提升。

对西北农村公办幼儿园骨干教师留任因素进行探究具有重要意义。在理论意义上，农村公办幼儿园骨干教师留任影响因素属于教师队伍建设方面的研究，目前的研究更多是从幼儿园"教师流动""教师离职"等方面反向展示教师队伍建设的困境。本节通过"留任"这一正向视角讨论农村公办幼儿园骨干教师留任的内在动因，丰富教师职业发展相关理论的实证材料。在实践意义上，从学前教育的相关政策及发展需要可以看出，农村地区依旧存在学前教育师资短缺、优秀教师留不住的现象。本节通过探究农村公办幼儿园骨干教师留任的影响因素，为相关政府部门、幼儿园管理层留住优秀教师提供参考性意见，也可以让更多高校的学前教育专业毕业生有信心到农村地区来，致力于幼儿教育事业。

（二）研究目的与研究内容

1. 研究目的

本节通过了解农村公办幼儿园骨干教师的职业经历，分析影响农村幼儿园骨干教师的留任因素，以此来探索留住农村幼儿园教师的策略。

2. 研究内容

本节以西北地区农村公办幼儿园骨干教师为研究对象，通过深度访谈，从社会地位、工作压力、工作环境、专业成长、待遇、家庭婚姻状况等方面倾听骨干教师的职业经历与职业故事。一方面，分析探究影响骨干教师长时间留任的内在因素与外在因素，定位研究对象选择坚守农村幼儿园教育舞台的关键性原因；另一方面，用被访谈教师的留任动因启发学校管理者以及教育行政部门改进管理方式，进一步提升农村公办幼儿园骨干教师的留任意愿，吸引更多优秀人才的加入，促进农村学前教育的发展。

（三）研究方法

1. 文献法

研究者围绕"农村幼儿园骨干教师"和"幼儿园教师留住"搜集论文、期刊等相关

---

① 杨芬. 高流动性背景下乡镇幼儿园教师专业发展的策略［J］. 福建教育，2022（20）：21-23.

资料，从中了解国内外关于教师留任的研究现状，通过仔细分析、比较、归纳和总结，不仅明晰农村公办幼儿园骨干教师留任影响因素的研究思路，拓展理论视野，而且对与选题相关的研究现状和核心概念进行分析与界定。

2. 深度访谈法

深度访谈是非结构访谈的一种，主要用来有计划、有程序地搜集非知觉或心理经验等有关人格动态和动机的资料。

（1）访谈的来源与内容

访谈主题参考改编自方建华、刘菲的研究，访谈提纲见附录7。研究者从家庭情况、工资水平、职业认同感、园所的关系氛围、工作压力、专业发展状况等方面对被访谈教师进行访谈，启发被访谈教师对自己生活、工作中的关键性事件进行回忆和描述。

（2）访谈对象

采用目的抽样方式，对西北农村地区的6名农村公办幼儿园骨干教师进行访谈，这些教师的工作年限从5年至10年不等。被访谈教师来自三所不同的农村公办幼儿园，以主班老师为主，教龄均为5年以上，其基本情况如表6-3-1所示。

表 6-3-1　访谈对象的基本情况

教师编号	性别	年龄	学历	专业	教龄	在职岗位	所在地区
A	女	31	本科	学前教育	10年	主班老师	C-s镇
B	女	23	本科	学前教育	9年	后勤主任	C-s镇
C	女	29	本科	思想政治教育	5年	主班老师	C-s镇
D	女	25	本科	汉语言文学	8年	主班老师	C-p镇
E	女	23	本科	学前教育	5年	主班老师	C-p镇
F	女	24	专科	汉语言文学	10年	主班老师	C-r镇

（四）研究过程

1. 实施访谈计划

第一步：根据研究目的抽样选择符合条件的骨干教师。第二步：与符合研究条件的教师取得联系，告知访谈目的，获得录音许可，预约访谈时间；第三步：正式访谈。以面对面访谈为主，并结合电话、信息访谈的方式，在得到受访者的同意后将整个访谈过程利用录音记录下来。

2. 资料初步处理

访谈总时长330分钟。访谈结束后及时对获得的访谈材料利用语音转录软件转化成文本材料，对其进行逐字逐句校对，获得准确文本材料，最终获得25013字的文本数据。

3. 进行数据编码

采用质性研究的三级编码方法，即对原始访谈材料的逐行编码，重点掌握和分析每一句话，概括、类聚和精炼类似主题之后，得出 26 个开放式编码，9 个主轴编码，3 个选择性编码。三级编码结果和原始资料语句见附录 8。

二、西北农村公办幼儿园骨干教师留任影响因素研究结果

（一）个体因素

1. 入职动机：心之所向，素履以往

选择什么样的职业和工作与个体内心的想法、个人追求、成长工作经历息息相关。研究者按照时间线对被访谈教师的入职动机进行了访谈。

A 教师的妈妈是幼儿园教师，家庭环境的熏陶让她从小就想成为幼儿园教师，到了大学选择的也是学前教育专业。"我一直比较喜欢小孩子，我就学的这个专业，也从来没有想过换专业，毕业后也就进入了幼儿园。"A 教师还表示她之前在民办幼儿园的时候，那里的老师就经常帮助她。她工作有了一些方法后组织了一节绘本公开课，获得了"新秀奖"，慢慢地，她就有了信心。可见，对职业的喜欢程度和积极的职前经历可以促进教师对其专业的认可，使其工作越来越得心应手，从而愿意一直从事幼教事业。

B 教师表示她喜欢小孩子，大学学的专业就是学前教育，而且同伴大多数也从事幼教行业，这些成为她选择在幼儿园工作的推动因素。B 教师之前在市里民办幼儿园工作过，园所偏向小学化与她的理念不合，这也是她转向公办幼儿园的重要原因。C 教师说："我父母是农民，没有文化。在他们的观念里，当老师就是一份体面的工作。从小，他们就希望我成为一个有文化的人。我感觉我父母很辛苦，就想着不能让父母失望。"从 C 教师的描述中我们了解到她从小就有当老师的心愿，而且受原生家庭的影响比较大。

E 教师说："我本来是在西藏工作的，也是幼儿园，但老公工作的原因我就来西北这边了。当初我刚到西北，对这边的情况都不太清楚，我老公那时候在 C-p 镇那边铁路部门上班呢，我正好看到那一年的特岗招聘信息上 C-p 镇中心幼儿园有名额，想着能够方便一点，就报名那里了。"E 教师选择到农村公办幼儿园的原因是跟随自己爱人，这也成为她留任在园所的原因之一。

F 教师说："我学的汉语言文学专业，当初选择进幼儿园纯属机缘巧合，刚好看到有岗位在招考，而且乡镇竞争压力相对小一点，我就报考了。"从对话中我们了解到 F 教师一开始进入农村公办幼儿园是一种被动的选择。

2. 职业认同：职业情感支撑职业愿景

幼儿园教师自身的教育信念、在工作中获得的成就感以及幼儿教育的专业价值会影响教师的职业认同，而较高的职业认同感也是幼儿园教师继续从教的一大内驱力。

A 教师表示："年轻时候迷茫过，怀疑过自己，但是也庆幸自己坚持下来了。现在觉得自己很幸运，选择了一份太阳底下最光辉的职业。我很珍惜现在的工作，不光想成为一名合格的幼儿园教师，更想成为专业智慧型的幼儿园教师。"

C 教师说："有一个小孩儿，她性格很内向，我关注她一直到她毕业。她已经上小学了，中午吃饭的时候看到我还跑过来给我一个拥抱，还总是主动跟我打招呼。我真的没想到她能一直记得我，还挺感动的。"随着入职时间的推移，A 教师和 C 教师在这份工作中获得的成就感和幼儿的成长让他们的职业认同感越来越高。

B 教师认为长期从事教师这个行业自己能获得更多的知识，她一直在学习成长。B 教师说："之前我们有个同事就离职了，她经常和家长、园长起冲突，时常抱怨，经常发脾气，最后干脆就辞职了。她的离职带给我的感受就是我更想把这份工作做好，更想看着这群孩子成长，我梦想着把幼儿教育这件事情做下去。或许她真不喜欢孩子，也可能志不在此吧。既然我成为幼儿老师了，我一定是希望把它干好，让从这个幼儿园出去的孩子不说比城里的孩子见多识广，起码让他们健康快乐地成长，通过我的努力让他们有所发展。我们这是个校中园，旁边就是小学部。刚来这里的时候，我觉得这里就和旁边的小学没什么区别，作息什么的都和小学一样。真的要什么没什么。我们做的第一件事就是和小学部的人'对抗'，先从娃娃们的一日生活改变做起。这是 2012 年的事情，当时我和同事就想着一定要把幼儿园往学前教育的方向上转变，那时幼儿园压根没有区域游戏。小学部的人把柜子全部都靠墙摆放，我们首先做的是把区域整理出来。我们刚整理出来，他们就给我们撤掉，我们再摆出来。总而言之，这是个对抗的过程。一点一点地改变，最终幼儿园就像个'幼儿园'了。"B 教师是该农村公办幼儿园进园最早的一批教师之一，对园所的深厚感情和坚定的教育信念促使她留下来。

在访谈过程中，E 教师谈到她带过的一个小男孩。虽然小男孩已经从幼儿园毕业好几年了，但 E 教师对事件细节的描述很清晰。从 E 教师的描述语气和表情上可以看出，小男孩在 E 教师的关怀下慢慢成长，E 教师也不断被小男孩的真诚和温暖打动。C 教师也有相似经历，工作中带来的成就感和幸福感增强了她的职业认同感，更愿意继续留任。

F 教师说："2017 年，我去了西北 D 地区一个乡镇驻村。按照当地情况来看，我所在乡镇在当地算是比较好的，那里的孩子们生活环境就是……妇女在家带孩子，家里好多孩子没有衣服穿，特别可怜，但是孩子们的眼神很纯真。我记不清是三八节还是教师节，我下班往宿舍走的路上遇到一个小朋友。他看到我了，一直在叫我，我没有听到，他追了我好久，都走不动了。我过马路看车的时候才看到他。他只是为了跟我打个招呼，却追了我那么远，这让我特别感动。这个孩子让我印象特别深刻。虽然农村地区的条件特别艰苦，但是孩子们上了幼儿园，受了教育，他们打心底里尊敬老师。看着那个跑不动的小朋友，我心里有一种说不出的滋味，幸好我看见了他。**D** 地区是少数民族聚居地，孩子们的父母都不会讲普通话。孩子们上了幼儿园，就能跟着老师学普通话，我觉得农村学前教育是非常有意义的。少数民族孩子可以通过接受教育变得更好，孩子就是一个家庭的希望。"**F** 教师最初是受编制吸引来到农村幼儿园的，为期一年的驻村经历让她看到了农村学前教育事业的重大社会价值，这促使她一直留在农村地区幼儿园。

分析发现，入职前家人的言传身教、期许和支持，同伴的影响，自身的追求都会影响个体教师的职业选择与留任意愿。入职后，工作中收获的源源不断的认可和感动让他们的职业幸福感呈上升状态，受访教师的职业认同感普遍较强，进而增强了他们长期留任农村公办幼儿园的意愿。

（二）组织因素

1. 园所管理：人文关怀

幼儿园以人为本的管理方式、适宜的工作量、园长科学的教育理念是留住优秀幼儿园教师的关键。以下是被访谈教师对园所管理方面的描述：

A 教师："工作上，园长是一个相当认真负责的人，生活中对我很好，给予我很多关怀与帮助，我觉得这个大家庭很温暖。"

B 教师："我们的现任园长是一个很有想法的人，同时她会听取我们的意见，而不是一个人说了算。我感觉我有用武之地了，真的把工作当一份事业在做。"

C 教师："我们园长很年轻，有思想，有活力。在她的带领下，我觉得我的专业知识与能力都有了很大的提升。幼儿园的管理也在不断地科学化和规范化。"

D 教师："工作压力是有的，但相较于在城市公办幼儿园里工作的老师，我们的压力肯定要小。我常与在城市幼儿园上班的朋友聊天，感觉他们压力蛮大；相比而言，我的压力还可以接受。"

E 教师："我们下班要比城里早半小时，因为放学迟的话，有些孩子会赶不上回家的公交车。孩子们放学了，我们就可以下班，园所管理很人性化。"

F 教师："我在这儿已经工作很多年了，来上班就像回家一样。"

从被访谈教师的描述中可以看出，园所民主管理、管理者尊重教师的想法、相对较小的工作压力等因素能让农村公办幼儿园的骨干教师有归属感、事业心和轻松感，进而强化其留任意愿。

2. 关系氛围：和谐融洽

一段良好、稳固的关系有益于增强教师对园所的归属感，提升教师的留任意愿，以下是被访谈教师从管理者、同事、幼儿、家长四个方面描述自己在幼儿园中的人际关系：

A 教师："我刚入职时，园里都是年长的老教师，她们很照顾我。后来我成为主班老师了，跟我搭班的配班老师也很支持我的工作。我和同事之间的关系和谐融洽。农村家长品性质朴，家长工作开展顺利，与家长相处也很愉快。"

B 教师："娃娃们有时也调皮，气人的时候真气人，可爱的时候真可爱，和他们相处我很开心。我们同事之间的关系也很好，甚至荣誉、评职称机会等都会相互谦让。"

C 教师："我刚来这个幼儿园最大的感受就是，老师们特别热情，特别照顾新老师。刚来那天，我没带饭盒，以为只能去外面吃饭了，搭班老师就把自己的备用饭盒借给我。孩子们很纯真善良，和孩子们相处久了，我觉得自己越来越年轻了。"

D 教师："我刚入职时，家长们对幼儿园的工作配合度不是很高。他们只是把孩子放在这，老师把孩子看好就行，早上送来下午接走。但是现在的家长和十几年前大不一样了。现在的家长非常关注孩子在幼儿园里的生活和学习情况，也会积极配合我们的工作。现在开展家长工作就比以前要容易很多。"

E 教师："我们园长很信任我们，相信我们能做好，她有什么想法会及时与我们沟通。"

F 教师："孩子们很尊重老师，他们对老师的爱是发自内心的。我们这儿家长挺配合的，我明显感受到现在的家长要比以前的家长更配合家园工作。"

从访谈可以看出，被访谈教师们与园中的管理者、同事、幼儿和家长间的人际关系都较为和谐，这些来自社会各方面的因素强化了农村公办幼儿园骨干教师们的留任意愿。

3. 专业发展：不断成长

如果园所能为农村公办幼儿园骨干教师提供有效的专业发展途径，能够给予她们专业知识和技能上的支持，会增强教师对园所的认同感，提升留任意愿。

A 教师说："我刚入职时，班主任都是幼儿园的骨干教师，他们专业能力很强，在班级管理、专业成长等方面给予我很多帮助。"B 教师也提到刚入职时老教师在专业上对她的帮助。她说："我们园会定期召开教研会议，大家围坐在一起交流经验。在优秀教师的分享交流中，我能学习到很多实实在在的东西。"可见，同事之间的经验分享和年长教师的专业技能支持都有助于提升农村公办幼儿园骨干教师的留任意愿。

专业成长，永无止境。正如 C 教师说："还是希望园里在专业发展上给予更多支持。比如安吉游戏要在这里实施，完全照搬照抄是不现实的。毕竟这里是西北，冬天比较漫长，户外游戏时间不能太长，但安吉游戏几乎整天都在户外。有时候我也很苦恼，不知道怎么办。我和园长探讨过这个问题，我也去福建观摩学习过。福建的游戏活动和主题墙内容都很贴近幼儿生活，这些新理念我们都可以接收，并在实践中运用。"可见，C教师在专业发展上有自己的追求和想法，园所也能给予较好的支持。

研究者从组织层面切入，发现被访谈教师所在园所的人际关系氛围良好，家长比较理解配合，师幼关系和谐友爱。在追求自身的专业发展时，她们有自己的思考和见解，园所也能给予一定支持。相对较轻的工作任务、时间安排灵活合理、领导民主管理等成为农村公办幼儿园骨干教师留任乡村的共同的组织因素。

（三）社会因素

1. 地理位置：交通便利离家近

幼儿园所在地的发展建设情况属于农村公办幼儿园骨干教师长期留任的外部影响因素，大部分教师都提到了这一点。B教师说："当时外面这条路正在修，我们乘坐的公交车要绕道另一个村里。上班路途好远，要花很长时间公交车才能到镇上，之后还要从镇上到村里，土路颠簸，非常不方便。现在路修好了，从村里到市里，开车半小时就到了，而且还没有上班高峰期，基本不会堵车。"从B教师的描述中可知，农村幼儿园教师的生存环境正在向好发展，小城镇现代化的特质正在形成中，这也成为她们留任的影响因素之一。C教师和E教师都表示这份工作很好，因为离家很近，能照顾到家庭。

2. 国家政策：倾向农村有保障

被访谈教师提到，近年来国家对农村公办幼儿园教师队伍建设的支持力度很大，农村学前教育资源不断增长。A教师、B教师、C教师都表示对目前的工资和福利比较满意，艰苦边远地区津贴也会按时发放。C教师和D教师的学历专业并非学前教育，她们看到幼儿园有特岗招聘，想着这是份稳定的工作，而且报考条件宽泛，于是来到农村公办幼儿园任教。可见，农村公办幼儿园教师有编制保障、宽松的招聘条件和良好的福利待遇等都是骨干教师选择农村并留在农村的重要原因。

3. 社会观念：职业价值被认可

幼儿园在农村地区的声望会影响社会对农村幼儿园教师的认可度。虽然辐射范围仅限园所服务的地域，但很多农村幼儿园教师都提到，选择长期留任也是因为村民非常尊重老师。C教师表示："我们幼儿园口碑很好，也是老园了，家长对我们的认同感可能就更强一些。"

A教师认为社会对幼儿园教师的要求不合理，"他们就觉得你是保姆，只要小孩在幼儿园里吃饱穿暖就可以，尤其是我之前工作的地方。现在工作地的村民就很认可我们。"

B教师说："现在家长见到我们会称呼'老师'，以前都叫我们'阿姨'。社会对幼儿园教师的理解就是不太合理。我个人认为，他们不了解也不理解幼儿园教师的职业内容和价值，只凭自己的想法去评价这份职业，整个社会也是如此。"D 教师也表示幼儿园教师这份职业的社会认可度比较低，"前几年，我家人说带孩子太累，是吃力不讨好的活，建议我换份工作。我还是想往前走走看，其实现在比以前好很多了。"

通过分析发现，政策倾斜、编制供给、福利保障等都是农村公办幼儿园骨干教师留任的推动因素。随着社会发展与进步，农村地区的家长对幼儿园教师的认可程度逐渐提高，教师在农村的社会地位不断提高，这成为她们留任的重要社会因素。

三、西北农村公办幼儿园骨干教师留任影响因素研究结果分析

（一）职前经历与国家政策影响职业选择

从结果可以看出，部分农村公办幼儿园骨干教师从小的成长经历和家庭氛围熏陶都为今后成为一名幼儿园教师做好了铺垫。部分骨干教师在毕业后首先选择了市区民办幼儿园过渡，但教育理念不合、工作不稳定让他们坚定地选择了农村公办幼儿园。前后对比之下，她们更珍惜现在的工作；尤其是工作年限较长的骨干教师更愿意留在农村公办幼儿园。2010—2020 年，国家在政策上做出大幅度改革，编制、工资福利等方面对教师选择农村公办幼儿园具有很大的吸引力。

（二）园所支持和氛围影响留任动力

通过访谈了解到，随着入职时间的推移，大部分农村公办幼儿园骨干教师对自身的专业发展要求也越来越高。当她们遇到和自己有相同理念的管理者时会表现出较高的积极性；遇到工作事务冲突时，同事的理解和相互帮助也会增强她们的归属感。尤其对那些与幼儿园共同成长，参与园所发展建设的骨干教师，民主和谐的园所管理氛围使他们的留任意愿更加强烈。

在亲师关系上，教师在刚入职时会有亲师沟通困难的现象，她们常被称为"阿姨"，家长不配合教师工作。但是随着社会的发展进步，农村地区家长的思想观念更新迭代，这样的现象在逐步减少，社会地位的提升使农村公办幼儿园的骨干教师更愿意留下来。

良好的师幼关系是骨干教师留任主要原因之一。农村地区幼儿的质朴纯真、对教师的尊敬和对"更大的世界"的向往等因素唤起了教师的职业信仰。很多农村公办幼儿园骨干教师更想成为农村孩子与广阔世界沟通的一把钥匙、一座桥梁。

（三）社会观念影响留任意愿

通过访谈了解到，农村地区的社会环境中人们对教师的看法以及园所在当地的社会声望也会影响骨干教师的留任。随着农村社会的发展建设，年轻血液不断注入，间接提

升了家长质量，"幼儿园老师就是'阿姨'"的声音越来越少。幼儿园骨干教师的教育方式得到家长的认可，他们的配合度也越来越高。家园工作更好开展，一定程度上减轻了教师工作压力。但是社会整体对幼儿园教师的看法还比较传统，社会对幼儿园教师的要求也不太合理，这需要国家、社会和个人多方的努力，才能有效改变。

四、西北农村公办幼儿园骨干教师留任对策

（一）个体层面：关注教师入职初体验

研究者在访谈过程中发现，教师对自己刚入职的经历以及关键性事件进行回忆时感慨颇多，描述得很细致。这说明那段经历很可能就是促使农村公办幼儿园教师留下来的关键点。所以对新入职教师的人文关怀、职业认可、专业支持在很大程度上可以"留住"农村公办幼儿园教师。教师回顾自己的生活经历、职业经历可以唤醒教师本身的职业理想，促使教师思考当初选择来到农村的原因，使其产生源源不断的内生动力，促使骨干教师留任农村公办幼儿园。

（二）组织层面：人文关怀支持专业成长

农村公办幼儿园骨干教师的留任不仅需要教师的内在动力，更需要园所的支持。本研究发现骨干教师对自身专业发展的要求更高。农村公办幼儿园应加强对骨干教师专业发展的支持，完善奖励机制和保障机制。比如定期开展教学研讨会，帮助骨干教师向智慧型教师顺利转型。园所管理者需更重视人文关怀，不仅要关心骨干教师的工作生活，也要重视她们的精神生活。园所管理方式要合理灵活、民主规范、工作安排要适当合理，发挥骨干教师在园所中的主体地位，以此提升骨干教师的归属感、自我效能感和职业认同感。

（三）社会层面：加大宣传提升职业价值

乡镇基层政府可以组织开展家庭教育宣讲活动，不断提升家长的教育认知，促进教师和家长的联系。通过宣传与互动让农村地区的家长们认识到幼儿园教师的工作内容以及价值，改善幼儿园教师的社会声望，从而提升教师的职业成就感和社会荣誉感。农村地区校带园（幼儿园与小学在空间上一体）的管理方面要更加规范化，明确责任主体。农村公办幼儿园良好的发展前景和政策支持有利于骨干教师的留任。此外还需加大对骨干教师专业发展的资金投入与政策支持，助力骨干教师追求更高的自我实现，推动农村幼儿园留住优秀教师。高校也应当重视对学生进行乡村情怀的培养，让更多的优秀毕业生有意愿去农村幼儿园工作并愿意留下来。

第七章

西北农村公办幼儿园
结果指标评估：家长

　　家长作为学前教育的重要参与者，是评估农村公办幼儿园发展质量的重要主体。在整体评估指标体系中，家长的教育态度和教育观念是结果指标的重要部分。西北农村公办幼儿园服务的家长群体在学前教育评估中有着重要作用。《幼儿园教育指导纲要（试行）》中明确了家长在幼儿园教育评价中的地位：管理人员、教师、幼儿及其家长均是幼儿园教育评价工作的参与者。评价过程是各方共同参与、相互支持与合作的过程。幼儿园教育工作评价实行以教师自评为主，园长以及有关管理人员、其他教师和家长等参与评价的制度。《幼儿园保育教育质量评估指标》中指出：幼儿园与家长建立平等互信关系，教师及时与家长分享幼儿的成长和进步，了解幼儿在家庭中的表现，认真倾听家长的意见建议。为此，本章从家长满意度以及家长的教育投入两个方面展开调查，从家长满意度反映近十年来西北农村地区幼儿家长对幼儿园教育质量的态度，从家长教育投入反映近十年来西北农村地区幼儿家长教育素养、教育观念的情况。

　　对家长满意度的调查研究发现：西北农村地区幼儿家长整体满意度比较高。其中家长评价最好的是师资教学质量，家长评价不太好的是幼儿园的机构硬件质量，尤其体现在校车配备这一事件上。西北农村地区的显著特点是地广人稀，家长在接送幼儿上不太方便，校车成为最大的需求。

　　对教育投入的调查研究发现：从整体上来看，西北农村幼儿家长教育投入处于较低水平，农村幼儿家庭教育行为投入水平最高，家长情感投入水平次之，家长认知投入水平最低。父亲的教育投入程度明显低于母亲和其他角色的教育投入程度，特别体现在对孩子的情感投入程度。从总体来看，家长投入水平随着农村幼儿家长的文化水平而逐渐升高；家长受教育水平及职业类型对认知投入有显著影响。家庭结构影响家庭教育投入，核心家庭父母情感投入程度最高，单亲家庭的父母感情投入程度最低。

第一节　西北农村公办幼儿园家长满意度调查研究

一、西北农村公办幼儿园家长满意度调查概述

习近平总书记在全国政协十三届四次会议上强调："要办好人民满意的教育，培养德智体美劳全面发展的社会主义建设者和接班人。"学前教育阶段是幼儿学习、生活的第一步，直接影响着幼儿未来的学习与生活。"办好人民满意的教育"也包含"办好人民满意的幼儿园"。家长的满意度是办好人民满意的幼儿园的重要参考。在课题组研制的西北农村公办幼儿园十年发展评估指标体系中，家长满意度是重要的结果指标。本节将从问题提出、研究目的、研究内容、研究方法以及研究过程等方面进行概述。

（一）问题提出

"满意"在《现代汉语词典》里的含义是"满足自己的愿望，符合自己的需求"。[①] 在经济学中，客户满意是指消费者对产品或服务感知的效果和其预期的结果相比较而产生的一种正面或负面情绪。[②] 王阳认为，家长对幼儿园的满意程度，指家长对孩子在幼儿园接受的教育质量和预期的教育质量的相关性。[③] 在本研究中，幼儿园家长满意度指家长对自己孩子所在幼儿园机构硬件质量、保育质量、师资教学质量、家园沟通质量、园所管理质量等方面的主观评价。

国内学界对农村公办幼儿园家长满意度这一领域的研究较少，已有研究大都集中于城镇幼儿家长满意度，或家长对幼儿园某一方面的满意度的研究。研究者以西北农村幼儿家长为研究对象，进行问卷调查，了解当地家长对幼儿园满意度现状及存在问题，分析其原因，并提出相应的解决措施。因为居住环境、经济水平、文化水平的不同，家长对幼儿园的满意度不一致。因此，了解家长对幼儿园各方面的满意度及其原因，满足农村幼儿家长的需求是农村学前教育高质量发展的要求，也是本课题的题中应有之义。调查西北农村公办幼儿园家长满意度现状，发现目前农村幼儿家长对幼儿园的满意度存在哪些问题，进一步分析问题产生的原因，能够引起农村幼儿教育工作者的反思，改善农村幼儿园教育及管理两方面的问题，促进农村幼儿园高质量发展。

① 曹怀擢.《现代汉语词典》[M]. 5 版. 北京：商务图书馆，2005: 916.

② 菲利普·科特勒. 营销管理 [M]. 9 版. 上海：上海人民出版社，1999.

③ 王阳. 沈阳市幼儿家长对幼儿园满意度调查研究 [D]. 沈阳：沈阳师范大学，2013.

（二）研究目的与研究内容

1. 研究目的

通过查阅文献，编制调查问卷，了解西北农村公办幼儿园家长满意度现状，对目前家长满意状况的成因进行分析，针对问题探讨改善对策。

2. 研究内容

编制调查问卷。本节从机构硬件质量、保育质量、师资教学质量、家园沟通质量、园所管理质量等五个方面调查农村公办幼儿园家长满意度。

分析影响农村公办幼儿园家长满意度的因素。家长方面的可能因素有：居住地，家长的角色，家长的学历水平，家长的职业；幼儿园方面的可能因素有：幼儿所在班级人数，教师人数。

探索提升农村公办幼儿园家长满意度的对策。基于农村公办幼儿园家长满意度的现状分析，分别为政府及社会、幼儿园管理、家长等提供可能的解决对策。

（三）研究方法

文献法：本节通过 CNKI 数据库平台、万方数据知识服务平台对"家长满意度""幼儿园满意度""农村幼儿园家长满意度"等关键词进行详细检索，对相关的文献进行分类整理，提取出具有价值的信息，从而为本节研究提供理论指导。

问卷调查法：本节以西北农村公办幼儿园家长为研究对象。问卷第一部分是基本信息，主要包括居住地、孩子的午龄、家长角色、家长学历、家长职业、孩子所在班级人数、教师人数等方面的内容；第二部分为家长满意度量表，包括机构硬件质量、保育质量、师资教学质量、家园沟通质量、园所管理质量等五个维度。通过对问卷数据进行回收和整理，从数据统计的角度客观系统地对西北农村公办幼儿园家长满意度进行分析。

本次调查共发放问卷 279 份，回收问卷中有效问卷为 266 份。该问卷包含五个维度，问卷采用五点计分，从"1（非常不满意）"到"5（非常满意）"，得分越高表明满意度越高。SPSS 统计分析显示，问卷总维度 Cronbachα 系数 0.901，各维度的内部一致性系数分别为：机构硬件质量 0.703，保育质量 0.952，师资教学质量 0.974，家园沟通质量 0.953，园所管理质量 0.956。AMOS 统计分析显示，结构效度检验的各项核心参考指标值为：X2/df=3.506，GFI=0.842，AGFI=0.782，NFI=0.802，IFI=0.850，CFI=0.848，RMSEA=0.091。可见该问卷具有较好的内在信度和结构效度。

（四）研究对象

家庭居住地情况：调查发现家庭居住地在乡镇（街道）的家长有 140 位，占总体的 52.63%，在农村的家长有 126 位，占比 47.37%。数据表明此次调查的家庭居住地分布比较均匀。

幼儿年龄：3~4 岁的幼儿有 95 位，占总体的 35.71%，4~5 岁的幼儿有 101 位，占总体的 37.97%，5~6 岁的幼儿有 70 位，占总体的 26.32%。数据表明此次调查的幼儿年龄分布比较均匀。

参与调查家长的人口学情况：家长角色中，母亲占比最高，为 80.08%；其次是父亲占比 15.79%；祖辈占比最低，为 0.75%。家长的学历中，初中及以下占比最高，为 27.07%；其次是高中或中专，占比 25.56%；大学本科占比 25.56%；大学专科占比 18.05%；研究生占比最低，为 3.76%。职业中，其他职业占比最高，为 40.60%；农民占比 23.68%；个体经营户占比 15.79%；教师占比 10.90%；公务员的职业占比最少。由此可知，幼儿的生活主要是母亲照顾，家长的学历以高中、专科、本科为主，家长的职业主要集中在农民、教师、个体经营业主、其他从业人员（打零工）。

（五）研究过程

数据采集时间为 2022 年 3 月至 4 月。调研步骤为：①通过分层抽样与方便抽样结合的方式，在西北农村地区选取调研对象；②联系幼儿园负责人，取得调研同意；③线上培训协助数据采集的幼儿园教师，科学指导家长填写问卷；④由教师将电子问卷网址推送至家长，搜集数据。

二、西北农村公办幼儿园家长满意度调查结果

根据调查问卷的基本内容，本节从机构硬件质量、保育质量、师资教学质量、家园沟通质量以及园所管理质量等五个维度分析西北农村公办幼儿园家长满意度情况。在描述性分析基础上，对不同人口学背景的家长进行满意度差异分析，以及各维度之间的相关性分析。

（一）总体结果与分析

农村幼儿园家长整体满意度较高（4.293），接近满意度的最大值 5；各维度满意度由高到低排列为师资教学质量（4.452）、园所管理质量（4.416）、保育质量（4.354）、家园沟通质量（4.323）、机构硬件质量（3.942）。

（二）各维度调查结果与分析

对各维度的具体项目结果进行分析，可以更直观具体地了解家长对幼儿园办园质量的具体事项的态度，为提升西北农村公办幼儿园的办园质量、改善园所的社会服务能力提供翔实的参考。从数据的解析情况来看，各维度中都有些得分较低的项目，这些方面需要引起社会或园所的重视。

1. 家长对幼儿园机构硬件质量满意度的结果分析

西北农村幼儿家长对农村公办幼儿园机构硬件质量维度的满意度为 3.942，低于整体满意度 4.293，说明家长对幼儿园的机构硬件质量不太满意。机构硬件质量维度中满意度从高到低排序是幼儿园的建筑安全保障（4.427）、卫生设施（4.425）、选址（4.364）、交通（4.332）、场地规划利用（4.328）、硬件设施设备（4.327）、校车安全保障（1.383）。其中满意度最高的是农村公办幼儿园的建筑安全、卫生设施，校车安全满意度最低。

2. 家长对幼儿园保育质量满意度的结果分析

西北农村幼儿家长对幼儿园保育质量的满意度为 4.354，其中午睡环境和制度满意度最高（4.426），其次是安全卫生（4.418）、饮食搭配及营养（4.356）、保育员配备数量（4.334）、班级容量（4.265）。这说明总体而言，家长对幼儿园的保育质量比较满意。

3. 家长对幼儿园师资教学质量满意度的结果分析

西北农村幼儿家长对幼儿园师资教学质量的满意度（4.452）高于整体满意度，说明师资教学质量的满意度在各维度中最高。其中满意度最高的是师德师风（4.565），其次是教师的专业能力（4.456）、教育教学活动（4.423），满意度最低的是教师配备数量（4.414）和总体教学质量（4.412）。

4. 家长对家园沟通质量的满意度结果分析

西北农村幼儿家长对幼儿园家园沟通质量的满意度为 4.323，接近最大值 5，这说明家长对本维度的满意度较高。其中家庭沟通形式（4.414）满意度最高，其次是家庭教育指导（4.335）、家庭社区资源的利用（4.326），幼儿园亲子活动（4.211）满意度最低。

5. 家长对幼儿园园所管理质量满意度的结果分析

西北农村幼儿家长对园所管理质量的满意度为 4.416，这说明家长对园所管理质量的满意度比较可观。其中各项满意度从高到低依次排序为严格执行准则（4.454）、规章制度的建设（4.433）、伙食专账管理（4.432）、收取费用（4.404）、听取家长意见并汇报工作（4.337）。

（三）差异分析

了解西北农村公办幼儿园家长的满意度现状后，进一步探讨家长满意度在不同维度上的差异，以明确对农村幼儿家长满意度影响较大的因素有哪些。在开展家长工作的过程中，相关部门或园所领导应对这些因素进行重点考虑。

1. 不同家庭居住地的家长在满意度上的差异分析

以家庭居住地为自变量，满意度各维度与整体满意度为因变量，进行独立样本 T 检验。自变量在整体满意度上无显著差异（T=0.246，P=0.773，P 值大于 0.05）。从均值来看，家长对农村公办幼儿园的整体满意度略高于乡镇（街道）公办幼儿园（农村园4.286，乡镇园4.319），但家庭居住地对家长满意度的影响不显著。从各维度平均值的比较上也可以看出，在机构硬件质量（农村园4.000，乡镇园3.884）与保育质量（农村园4.387，乡镇园4.332）方面，农村幼儿园家长满意度略高于乡镇（街道）幼儿园家长满意度。在师资教学质量（农村园4.443，乡镇园4.467）方面，农村幼儿公办幼儿园的家长满意度略低于乡镇（街道）公办幼儿园。家园沟通质量（均为4.324）、园所管理质量（均为4.413）方面，家长的满意度均值相等。

2. 不同幼儿年龄的家长在满意度上的差异分析

幼儿的年龄作为自变量，满意度各维度与整体满意度为因变量。通过单因素方差分析，发现幼儿年龄对家长满意度没有明显的影响（F=0.291，P=0.756，P值大于0.05）。整体满意度在各年龄段的均值比较来看，3~4岁幼儿家长最低（4.258），4~5岁幼儿家长最高（4.333），5~6岁幼儿家长居中（4.306）。从具体维度的均值比较来看，不同幼儿年龄的家长在机构硬件质量、家园沟通质量维度中满意度由高到低排列是5~6岁幼儿家长、4~5岁幼儿家长、3~4岁幼儿家长；在保育质量、园所管理质量维度中的满意度由高到低排列是4~5岁幼儿家长、5~6岁幼儿家长、3~4岁幼儿家长；在师资教学质量维度中的满意度最高的是4~5岁幼儿家长，最低的是5~6岁幼儿家长。

3. 不同家长角色在满意度上的差异分析

以家长角色为自变量，满意度各维度与整体满意度为因变量。单因素方差分析发现，家长角色对各个维度和整体满意度无明显影响（F=1.193，P=0.316，P值大于0.05）。整体满意度均值比较结果显示，母亲满意度最高（4.328），其次是父亲（4.296）、其他（3.963）、祖辈（3.603）。在机构硬件质量、师资教学质量、园所沟通质量等维度上，母亲满意度均最高，祖辈满意度最低；在保育质量、家园沟通质量上，父亲满意度最高，祖辈满意度最低，母亲满意度居中。

4. 不同学历的家长在满意度上的差异分析

以家长学历为自变量，满意度各维度与整体满意度为因变量，进行单因素方差分析。从分析结果来看，不同学历的家长在机构硬件质量、保育质量、师资教学质量、家园沟通质量、园所管理质量与整体满意度上均不存在显著差异（F=0.384，P=0.825，P值大于0.05）。从平均水平来看，家长的学历越高，满意程度越高。不同学历的家长在满意度上的排序为：初中及以下（4.273）、高中或中专（4.276）、大学专科（4.295）、大学本科（4.301）、研究生（4.597）。

5. 不同职业的家长在满意度上的差异分析

以家长职业为自变量，满意度各维度与整体满意度为因变量，进行单因素方差检验。分析结果显示，不同职业家长对农村公办幼儿园的满意度无显著差异（F=1.814，P=0.106，P 值大于 0.05）。整体满意度平均值的比较结果显示，从事其他职业的农村幼儿家长满意度最高（4.436），其次是农民家长（4.304）、个体经营业主（4.282）、企事业管理人员（4.148）、教师（4.087）、公务员（3.927）、工人（3.875）。在机构硬件质量维度上，农民家长满意度最高（4.082），满意度最低的是公务员家长（3.573）。在保育质量维度上，其他职业家长满意度最高（4.476），工人的满意度最低（3.964）。在师资教学质量维度上，各职业家长对幼儿园的满意度普遍较高，其他职业家长满意度最高（4.603）。在家园沟通质量维度上，其他职业家长满意度最高（4.500），公务员家长的满意度最低（3.796）。在园所管理质量维度上，其他职业家长满意度最高（4.584），工人家长的满意度最低（3.952）。

6. 子女所在班级人数在满意度上的差异分析

以子女所在班级人数为自变量，满意度为因变量，做单因素方差检验。分析结果显示：幼儿园班级人数在机构硬件质量、保育质量、教师教学质量、家园沟通质量、园所管理质量及整体满意度上无显著差异（F=1.134，P=0.357，P 值大于 0.05）。整体均值从低到高的排列为：31～35 人（4.001）、20 人以下（4.258）、35 人以上（4.271）、26～30 人（4.324）、20～25 人（4.376）。子女所在班级人数在 20～30 人的家长，对农村公办园的满意度水平较高。

7. 幼儿园班级教师人数与家长满意度的差异分析

以班级教师人数为自变量，满意度各维度和整体满意度为因变量，进行单因素方差分析。从结果来看，教师人数在机构硬件质量（F=2.197，P=0.035，P 值小于 0.05）、保育质量（F=4.981，P=0.010，P 值小于 0.05）、师资教学质量（F=5.417，P=0.023，P 值小于 0.05）、家园沟通质量（F=3.806，P=0.037，P 值小于 0.05）、园所管理质量（F=4.961，P=0.024，P 值小于 0.05）等维度上，以及整体满意度（F=4.451，P=0.012，P 值小于 0.05）均存在显著差异。对结果进一步进行事后检验发现，整体满意度中教师人数两两进行对比后存在显著差异（P<0.05）。家长对班级教师数量为 1～2 人、2～3 人、2～4 人、3～4 人等情况的满意度差异不显著。家长对 3～4 位班级教师的满意度显著高于 1 位班级教师的情况。

（四）各维度的相关分析

为了检测变量间的相关关系，机构硬件质量、保育质量、师资教学质量、家园沟通质量、园所管理质量、整体满意度作为主要变量，进行相关分析，结果见表 7-1-1。

第一，硬件质量的满意度与保育质量、师资教学质量、家园沟通质量、园所管理质量以及整体满意程度显著高相关。第二，保育质量的满意度与师资教学质量、家园沟通质量、园所管理质量以及整体满意程度显著最高相关。第三，家园沟通质量在 0.01 水平上与园所管理质量、整体满意度显著高相关。从各维度之间的相关关系来看，各维度之间相互关联度高，各维度与整体满意度相关性好。

表 7-1-1　各变量间相关分析统计表

	机构硬件质量	保育质量	师资教学质量	家园沟通质量	园所管理质量	整体满意度
机构硬件质量	1					
保育质量	0.814**	1				
师资教学质量	0.767**	0.905**	1			
家园沟通质量	0.793**	0.885**	0.885**	1		
园所管理质量	0.785**	0.903**	0.941**	0.902**	1	
整体满意度	0.889**	0.957**	0.952**	0.949**	0.960**	1

三、西北农村公办幼儿园家长的满意度调查分析讨论

（一）西北农村公办幼儿园家长的整体满意度较高

由研究结果可知，西北农村公办幼儿园家长整体满意度较高。据研究者了解，家长对幼儿园整体满意度较高的原因是：2010—2020 年间国家出台大量相关政策，扶持西北农村公办幼儿园的教育发展。通过十年的发展，西北农村幼儿园的教育水平显著提高，设备、师资、经费等方面得到保障，学前教育在农村首先实现普及普惠。通过十年努力，西北农村地区基本实现了办人民满意的教育。

（二）西北农村公办幼儿园家长在各维度的满意度稍有差异

家长对机构硬件质量满意度水平不高。已有的相关研究的调查对象为城市地区，但依然得出相同的结论，说明无论城市或乡村，家长对幼儿园的硬件设施很重视，并且要求比较高。[①]在农村地区，家长对校车安全保障满意度存在较大争议。其原因是部分西北农村公办幼儿园未配校车，家长对校车的需求较大。部分地区用不正规车辆接送幼儿，并且农村交通不太便利，安全难以保障。这导致家长对幼儿园机构硬件质量的满意度不高。

家长对师资教学质量的满意度较高。师资教学质量维度的满意度在各维度中最高，其中家长对教师的师德师风满意度最高，总体教学质量和教师配备数量满意度稍低。

---

① 刘婧，包海芹. 家长对学前教育质量满意度现状的调查分析：以太原市为例 [J]. 教育教学论坛，2016（04）：53-56.

这与已有相关研究也保持一致，有研究发现农村幼儿家长对幼儿园师资与质量维度满意度最高。①这说明西北农村公办幼儿园的教师队伍整体质量较高，专业素养和综合素质有很大提升。然而部分农村公办幼儿园的师资队伍未实现两教一保配置，教师工作量较大，在保教儿童、服务家长方面可能会存在疏忽，从而使家长对教师配备数量稍有不满意。

在家园沟通质量维度中，幼儿园开展亲子活动的满意度平均值相对较低。家长对园所管理质量满意度较高，最满意的是幼儿园严格执行教师职业标准，满意度较低的是家园互动质量。相较于已有研究中对城市幼儿家长满意度调查结果：幼儿父母对幼儿园家园协作的满意度普遍较高②，农村幼儿家长对家园互动满意度较低。国外有研究发现，家园互动频次是影响满意度的重要指标。③导致农村幼儿家长对家园互动满意不高的原因：其一，农村幼儿园与家长互动的方式以要求家长完成亲子任务为主，家长由于指导能力有限，需花费大量时间去完成，从而增加了农村幼儿家长的负担，此为互动过度。其二，幼儿园汇报的信息并不是家长想知道的，且由于农村幼儿家长文化水平较低，幼儿园反馈的信息家长不懂，此为互动不足。

（三）西北农村公办幼儿园家长满意度受多重因素影响

就家长背景情况而言，所在地区、角色、职业、孩子年龄、学历、子女所在的班级人数等情况对家长满意度无显著影响，说明家长满意度不受以上基本情况影响。这与部分已有研究保持了一致性，如马芳、赵楠的研究发现，家长的性别、年龄、专业、教育理念是影响满意度的因素，其他因素则不对满意度有显著影响。④但与部分已有研究又有冲突，如黄舒涵的研究发现家长角色、家长学历和职业的差异对家长满意度有影响⑤。其原因也许是研究对象局限在农村地区的农村幼儿家长，他们在背景信息方面同质性比较大，而农村地区的学前教育发展水平同质性也较高，主观与客观的统一性，导致研究结果的一致性较高，差异性较低。

① 刘伟民，孙月丹. 社会分层视域中家长对幼儿园满意度的调查研究［J］. 南昌师范学院学报，2019，40（02）：81-86.

② 宋淑娟，袁新乾. 家长对幼儿园教育满意度的调查：以黄冈市为例［J］. 教育与教学研究，2017，31（11）：80-83.

③ ZIVOTIC P, TANASIĆ J, MIKANOVIĆ V B. Parents Satisfaction with Preschool Education Service, As Determinant of Service Improvement［J］. Lex Localis-journal of Local Self-government, 2013, 11(3), 799-810.

④ 马芳，赵楠. 家长对幼儿园满意度的调查与研究［J］. 当代教育实践与教学研究，2015（06）：124-125.

⑤ 黄舒涵. 城市幼儿园家园合作的家长满意度研究［D］. 武汉：华中师范大学，2018.

就幼儿园基本情况而言，机构硬件质量、保育质量、师资教学质量、家园沟通质量、园所管理质量等共同影响家长满意度。这与已有研究基本保持一致，如刘伟民、孙月丹对家长满意度的影响因子分析[①]；吴品达、林中兴研究发现幼儿园的基础设施、规范情况、收费情况、师资力量、膳食营养、健康检查、医疗卫生是影响家长满意度的因素[②]。本研究特别考察了园所管理质量，此因素与家长整体满意度显著相关，需纳入调研范围。

四、西北农村公办幼儿园家长满意度调查结论与提升建议

（一）西北农村公办幼儿园家长满意度调查结论

家长对西北农村公办幼儿园的整体满意度处于较高水平，尤其是对师资教学质量、保育质量的评价非常高。各维度的满意度由高到低依次为师资教学质量、园所沟通质量、保育质量、家园沟通质量、机构硬件质量。

家长对幼儿园校车安全保障的满意度较低；对教师配备数量满意度较低；对开展亲子活动的满意程度有较大争论；家长对幼儿园汇报信息情况满意度较低。

家长的背景因素对西北农村公办幼儿园家长满意度没有显著影响。在幼儿园方面的因素中，机构硬件质量、保育质量、师资教学质量、家园沟通质量、园所管理质量等共同影响整体满意度。

（二）西北农村公办幼儿园家长满意度提升建议

有条件的农村地区，相关部门可提供正规的校车服务，提升家长接送子女的便捷度。由于部分地区幼儿园没有校车，采用不正规车辆接送幼儿，幼儿出行安全难以保证。政府相关部门应该支持当地幼儿园提供正规的校车服务，满足家长对校车的需求。并且加大校车治理力度，以此提高家长对农村公办幼儿园机构硬件质量的满意度。

农村幼儿园要注重提升师资队伍质量，合理安排班级规模，提高总体教学质量。在配齐两教一保情况下，多管齐下提升教师队伍质量。家长满意的教育不是高质量教育的全部，每一位幼儿的充分发展才是高质量学前教育的本质。农村学前教育的高质量发展，要以高质量教师队伍为前提，这是振兴乡村学前教育的必由之路。

农村公办幼儿园适当合理安排亲子活动。开展亲子活动是为了加强家园联系，而

———————————

① 刘伟民，孙月丹. 社会分层视域中家长对幼儿园满意度的调查研究［J］. 南昌师范学院学报，2019，40（02）：81-86.

② 吴品达，林中兴. 杭州市家长对幼儿园教育质量的满意度调查分析［J］. 新西部（中旬刊），2020（3）：70-71＋89.

不是幼儿园完成任务，给家长找麻烦。所以幼儿园在开展亲子活动时要提前做好调查，当前情况是否适合开展亲子活动；开展亲子活动的次数要适当，不能过多，也不能过少，以每学期2~3次为宜。

农村公办幼儿园要重视家园沟通。农村幼儿园家长文化水平相对城市家长文化水平较低，为了促进家园沟通，幼儿园要提升教师的家园沟通胜任力。教师要用家长能理解的方式进行沟通，利用好接送时间，及时沟通。高质量的家园沟通才能形成教育合力，共同促进每一位幼儿的发展。

第二节　西北农村公办幼儿园家长教育投入调查

一、西北农村公办幼儿园家长教育投入调查概述

家长教育投入是评估西北农村幼儿园教育质量的重要指标。一般而言，家长教育投入分为物质投入与非物质（精神）投入。①本研究聚焦家长的精神投入，主要涉及认知投入、情感投入与行为投入。苏联教育家苏霍姆林斯基在其著作中说过："实行学校—家庭教育不仅可以很好地培养年轻一代，而且可以使家庭和父母的道德面貌完美。没有对子女教育的投入，没有家长对学校生活的积极参与，没有父母与孩子之间经常的精神上的接触和相互充实，就不可能有作为社会基层单位的家庭本身，不可能有学校这个最重要的教育教学机关，也不可能有社会在精神上的进步。"②农村幼儿家长在教育投入的观念、方式等方面传统思维比较明显。家长科学的教育投入能有效提升子女的学业成就，还能缓冲贫困的消极影响。③调查研究西北农村公办幼儿园家长教育投入情况，能从另一个视角窥探西北农村学前教育的状况。

（一）问题提出与研究意义

农村幼儿家长的教育投入，不仅是社会关注的热点问题，也是国内学界关注度高但关注视角较为单一的问题。对该问题的研究，一方面能反映出农村幼儿家长的教养观念和教养质量，另一方面能一定程度上丰富学界对西北农村幼儿家长教育投入的研究体量。

---

① 郭冠群，刘晶波. 关于N市中产阶层幼儿家庭教育投入的质性研究［J］. 江苏第二师范学院学报，2024（04）：74-82.

② ［苏联］苏霍姆林斯基. 帕夫雷什中学［M］. 北京：教育科学出版社，1983：8.

③ 张瑞瑞，冯晓霞. 社会文化视角下农民工家长投入子女学前教育现状与特点分析［J］. 学前教育研究，2016（04）：25-34.

1. 问题提出

（1）核心概念界定

广义的家长教育投入指物质投入及心理投入，其中物质投入指家长花费在孩子身上且有关教育的费用，心理投入指对孩子的期望等；狭义的家长教育投入是指家长在孩子身上投入的教育费用①，采用 involvement 之意，involvement 有参与、参加、卷入、投入和介入等意，"卷入、投入"是随着心理学的发展而产生的，其概念用来探讨个体态度和行为的改变。②本节通过借鉴各个学科的观点，结合研究所要进行的研究内容，认为投入是指个体对于不同事物倾注时间、金钱、行为和情感等的过程。换句话说，家长教育投入就是家长根据孩子的发展需要，在孩子的成长过程中向其投入情感、行为、时间、金钱的过程。

（2）农村幼儿家长的教育投入是社会关注的热点

家庭教育一直都是社会热点，教育投入则牵动着每个家庭的神经。伴随着愈演愈烈的育儿竞争，教育投入是一场没有终点的"赛跑"。随着社会经济的增长，人们对家庭教育的关注度只增不减。人们越来越重视家庭教育，随之对家庭教育的投入相对增加。但绝大多数农村幼儿家长对家庭教育的态度依然受传统观念的影响。农村家长在教育投入上保持着"重实际求稳定"的农耕文化，以及"自卑和缺乏积极预期"的贫困文化。③研究者在现实生活中观察到，农村幼儿家长在家庭教育投入方面存在一些问题。大多数家长告诉幼儿不要看电子产品、多看书，但是父母自己却在看、玩，没有做到以身作则，没有意识到自己是孩子的榜样，一味地灌输要好好学习，却忽略对子女的关注与支持。农村幼儿家长的时间和精力是如何分配的？他们在教养孩子的过程中关注的重点是什么？他们的教育投入是否存在欠科学之处？对这些问题的回答具有一定的现实指导意义。

2. 研究意义

理论意义：本节探讨农村幼儿家长教育投入的基本现状，分析家长对教育投入的态度，探讨家长教育投入与家长自身因素之间的关系，能进一步拓展和丰富幼儿家长教育投入理论的实证证据，为理论研究提供实证参考。

实践意义：本节探讨农村幼儿家长教育投入的现状，分析农村幼儿家长教育投入的问题所在，既为家长教育投入提供支持，有助于丰富家长育儿知识；又有助于教师找到

---

① 张雯文. 家庭教育投入对留守儿童学业成就的影响［D］. 上海：上海财经大学，2021.

② 卢婷. 农村学前儿童家长投入的影响因素研究［D］. 哈尔滨：哈尔滨师范大学，2016.

③ 张瑞瑞，冯晓霞. 社会文化视角下农民工家长投入子女学前教育现状与特点分析［J］. 学前教育研究，2016（04）：25-34.

家园合作的切入点，进而促进家园共育效能；还有助于增进家长与老师之间的互动，推动家庭、幼儿园建立良好的伙伴关系，促进家长教育投入理性化。

（二）研究目的与研究内容

1. 研究目的

本节试图了解西北农村幼儿家长教育投入的基本现状；分析当前农村幼儿家长教育投入的问题所在及缘由；探索促进农村幼儿家长教育投入水平以及提高家长教育投入有效性的策略。

2. 研究内容

本节通过问卷调查与访谈了解西北农村幼儿家长教育投入现状；分析存在的问题，对行为投入、情感投入、认知投入三个维度进行描述分析，通过差异分析探究其影响因素；最后针对社会、幼儿园、家长提出优化农村幼儿家长教育投入的对策。

（三）研究方法与研究工具

1. 研究方法

文献法：研究者通过图书馆、互联网、网上电子数据库等途径查阅大量文献，厘清幼儿家长教育投入的研究现状，获取幼儿家长教育投入等相关研究信息，为指导农村幼儿家长教育投入研究提供思路和参考。

问卷调查法：本节问卷参考卢婷编制的《农村学前儿童家长教育投入的情况调查》来收集有关农村幼儿家长教育投入的相关数据，全面分析农村幼儿家长教育投入的现状，找出问题所在。

访谈法：本节通过访谈西北农村公办幼儿园的家长，了解他们对教育投入的看法，以及他们自身对于教育投入的言行举止、认知水平、情感交流等情况。

2. 研究工具

本节在已有问卷的基础上研制了《西北农村学前儿童家长调查问卷》（附录9）。问卷主要由两部分构成。第一部分从个人层面、家庭层面来分析农村幼儿家长教育投入影响因素，共15道题。其中个人层面包括：家长的年龄、性别、职业、文化水平以及幼儿的性别和年龄。家庭层面包括：家庭结构、家中抚养孩子的数量、家庭经济状况。问卷第二部分（现状调查）包含三大维度，即：行为投入、情感投入、认知投入，共22道题。本问卷所有题目均为单项选择题，第二部分的题目为量表题，均采用 Likers 正向五点计分式。

在本节中，该问卷的整体信度检验克隆巴赫系数为 0.798，"家长的行为投入"的 a 值为 0.583，"家长的情感投入"的 a 值为 0.622，"家长的认知投入"的 a 值为 0.681。说明该问卷的信度尚可。

本节从家长教育投入、家园沟通等方面对家长进行访谈,访谈提纲见附录10。

(四) 研究对象

1. 访谈对象的基本情况

本节选取了T-n镇的3个幼儿家庭作为访谈对象,这3个个案家庭的基本情况如下:

个案家庭 A:幼儿浩浩3岁,目前就读于镇里的公办幼儿园小班,每天由家里人接送上下学。爸爸1987年生,小学学历;妈妈1989年生,初中学历,职业都是农民。妈妈基本全职在家照顾孩子,孩子去上学后会去地里干农活。浩浩还有个比他大5岁的哥哥。

个案家庭 B:幼儿乐乐5岁,目前就读于镇里的公办幼儿园大班。每天家里人接送,家中还有一个1岁多的弟弟。爸爸1990年生,初中学历,职业是货车司机;妈妈1993年生,中专学历,在社区工作。他们一家三口与长辈住一起,平时还需要照顾家中老人。

个案家庭 C:幼儿欣欣6岁,目前就读于镇里的公办幼儿园大班。每天家里人接送,还有一个在上小学的哥哥。爸爸1985年生,中专学历,在警察局工作;妈妈1990年生,本科学历,在银行工作。

2. 问卷调查对象的基本情况

本节研究的调查对象是来自西北 C 地区、E 地区和 A 地区的农村幼儿家长。共发放问卷230份,回收问卷219份,有效问卷195份,无效问卷24份,有效回收率达95%。

从家长基本信息来看,目前农村地区主要是由母亲承担幼儿的教养任务,占比57.44%,其次是父亲占比33.85%,其他亲属占比8.72%。从教养人的年龄情况来看,31~35岁的占比31.28%,26~30岁和36~40岁的家长占比同为26.66%,21~25岁的占比12.82%,40岁以上的70后仅占2.56%。从家长职业分布看,以店员(22.05%)、工人(20.00%)、农民(15.89%)、商户(14.87%)、临时工(13.33%)等居多,公务员(1.02%)、医生(2.05%)、教师(4.10%)较少。从家庭主要抚养人学历层次看,初中学历层次占比最大(51.79%),其次为高中或中专(18.97%)、小学及以下(18.46%)、本科及以上(7.18%)、大专(3.59%),这表明西北农村地区的家长总体文化素质水平不高。从家庭结构情况看,主干家庭(三代或四代同堂,指父母与已婚子女及子孙仍居住在一起)占比最大(54.36%),其次为核心家庭(父母与未婚子女居住在一起,31.28%)、联合家庭(兄弟姐妹不分家仍居住在一起,8.20%)、单亲家庭(6.15%),这表明农村地区家庭的基本家庭情况复杂,而且以主干家庭为主。从家庭总体月收入看,2000元及以下占比3.07%,2001~3000元占比19.48%,3001~5000元占比6.15%,

5001~8000 元占比 35.38%,8001~12000 元占比 27.69%,12001~15000 元占比 8.20%。家庭每月为孩子支出的生活、学习、医疗和教育费用情况:500 元以下占比 30.25%,501~1000 元占比 28.72%,1001~2000 元占比 25.64%,2001~3000 元占比 13.33%,3001~5000 元占比 2.05%。可见,西北农村家庭经济收入主要集中在每月 5001~12000 元,养育孩子支出集中在 501~3000 元之间。

所调查家庭中幼儿的基本情况:男孩占比 61.53%,女孩占比 38.47%;独生子女家庭占比 31.80%,二孩家庭占比 58.97%,三孩家庭占比 9.23%;小班幼儿 20.00%,中班幼儿 42.05%,大班幼儿 37.95%。可见,在被调查家庭中,男孩居多,孩子数量以 1~2 个为主,在园情况以中、大班为主。

(五)研究过程

数据采集时间为 2021 年 3 月至 4 月。调研步骤如下:(1)通过整群抽样与方便抽样结合的方式,在 A、C、E 地区选取调研对象;(2)联系幼儿园负责人,取得调研同意;(3)线上培训协助数据采集的幼儿园教师,科学指导家长填写问卷;(4)由教师将电子问卷网址推送至家长,搜集数据。

二、西北农村公办幼儿园家长教育投入调查结果

(一)农村幼儿家长教育投入的整体情况描述

家长教育投入整体处于中等偏下水平,均值满分为 5,得分为 2.774。其中行为投入得分较高(2.944),其次是情感投入(2.903),认知投入得分最低(2.468)。可见,农村幼儿家长对幼儿教育投入很低,尤其是在认知投入方面。

(二)农村幼儿家长教育投入在家长角色上的差异

农村幼儿家长教育投入在认知投入维度存在显著的角色差异,母亲的认知投入明显高于父亲及其他角色($F=1.323$;$P=0.017$)。在行为投入($F=3.586$;$P=0.085$)和情感投入($F=18.485$;$P=0.663$)维度上的角色差异不显著。

访谈中有的父亲提道:"每次在外面干活,长时间回不来。每次回来也不照看孩子,一听见孩子吵闹就觉得烦,想要回去干活,不想待在家里陪伴孩子。每次带孩子出去,孩子想要啥买啥,买一堆吃的玩的。"一位母亲还提道:"家中的小孩是男孩,有二胎之后老大就管不住了。我说话他不听,他爸爸说话他就非常听话。孩子非常害怕他爸爸,也不跟爸爸一起睡觉。"说明父亲陪伴非常少,一般担任着严厉的角色形象,而且不知道怎么跟幼儿相处,父亲情感投入与行为投入严重缺失。

(三)农村幼儿家长教育投入在家长年龄上的差异

差异分析表明,农村幼儿家长在教育投入的认知投入($P=0.006$,小于 0.01)、行

为投入（P＝0.012，小于0.05）、情感投入（P＝0.003，小于0.01）等三个维度上存在显著的年龄差异。通过 LSD 检验发现，在认知投入上，40岁（均值为1.946）以上农村幼儿家长显著低于21～25岁（均值为2.618）的农村幼儿家长（P＝0.003）、26～30岁（均值为2.481）农村幼儿家长（P＝0.012）、31～35岁（均值为2.468）的农村幼儿家长（P＝0.016）、以及36～40岁（均值为2.407）农村幼儿家长（P＝0.033）。在情感投入上，21～25岁（均值为3.126）农村幼儿家长显著高于40岁以上（2.447）的农村幼儿家长（P＝0.015）。在行为投入上，21～25岁（均值为3.165）农村幼儿家长显著高于40岁以上（均值为2.487）的农村幼儿家长（P＝0.022）。可见，农村幼儿家长教育投入受年龄层次的影响，其中26～30岁的家长群体之间基本无显著差异，但在25岁以下与40岁以上的家长群体间差异较大。

（四）农村幼儿家长教育投入在学历水平上的差异

差异分析显示家长情感投入在学历上的差异极其显著（P＝0.002，小于0.01），行为投入在学历水平上的差异不显著（P＝0.407，大于0.05）、认知投入在学历水平上差异显著（P＝0.022，小于0.05）。通过 LSD 检验发现，在情感投入上，小学学历的农村幼儿家长与初中学历（P＝0.024）、高中或中专学历（P＝0.003）、大专学历（P＝0.001）、本科及以上学历（P＝0.000）的农村幼儿家长差异显著。在认知投入上，小学学历的农村幼儿家长与本科及以上的家长差异显著（P＝0.014），其他学历层次的家长之间无显著差异。

（五）农村幼儿家长教育投入在家长职业上的差异

从总体上来讲，职业为公职人员、商人个体户的农村家长投入水平最高，职业为农民、工人、临时工的家长投入水平最低。在行为投入上不同职业的家长投入水平差异显著（F＝8.493，P＝0.000，小于0.01）。通过 LSD 检验发现，职业是公职人员的家长行为投入水平显著高于农民（P＝0.001）和临时工（P＝0.001）。情感投入上不同职业的家长投入水平差异显著（F＝7.824，P＝0.000，小于0.01）。LSD 检验发现：农民家长的情感投入显著低于其他职业，除医生外（显著性水平0.064）；工人家长的情感投入显著低于店员（P＝0.016）、教师（P＝0.008）、个体户（P＝0.001）。职业是公务员、教师的家长情感投入水平最高，农民和工人的家长情感投入水平最低。在认知投入上不同职业的家长投入水平差异显著（F＝9.634，P＝0.000，小于0.01）。LSD 检验发现：农民家长的认知投入极其明显均低于店员（P＝0.001）、教师（P＝0.001）、医生（P＝0.001）、公务员（P＝0.001），其他职业的家长之间不存在显著差异。

（六）农村幼儿家长教育投入在家庭结构上的差异

数据分析结果表明：整体而言，核心家庭的家长投入水平最高，联合家庭的家长投入水平较低。农村幼儿家长教育投入的情感投入（F=5.821，P=0.001，小于0.01）、行为投入（F=4.356，P=0.005，小于0.01）、认知投入（F=4.178，P=0.007，小于0.01）存在极其显著的家庭结构差异。通过 LSD 检验发现，认知投入维度上，单亲家庭显著低于核心家庭（P=0.036）、主干家庭显著低于核心家庭（P=0.003）、联合家庭显著低于核心家庭（P=0.013）。情感投入上，核心家庭显著高于单亲家庭（P=0.029）、主干家庭（P=0.000）、联合家庭（P=0.004），行为投入上，核心家庭显著高于单亲家庭（P=0.013）、主干家庭（P=0.004）、联合家庭（P=0.017）。

三、西北农村公办幼儿园家长教育投入调查分析

（一）农村幼儿家长教育投入总体情况处于中等偏下水平

西北农村幼儿家长的行为投入水平相对较高，认知投入相对较低。农村幼儿家长文化水平较低，但行为上投入相对较高。他们的职业以非编制为主，劳动时间不固定，可以灵活分配，行为上可以大量投入，情感上可以经常关注。但因为受教育水平的限制，所处环境的不同，认知水平受限，对幼儿的教育认知投入也会受到限制。已有研究者表明农村幼儿家长思想认识不够，家长教育投入过分依赖学校，80%的农村家庭成员认为只要让孩子衣食不缺就可以了；教育的责任在老师、在学校。[1]这种陈旧的思想认识，大大降低了西北农村地区幼儿家长的教育认知投入水平。家长受职业、学历等因素影响，缺乏与幼儿交流的技能方法，不善于与学校配合沟通。

（二）父亲对孩子的情感投入较少，行为投入水平较低

西北农村公办幼儿园家长教育投入的情感投入与行为投入存在显著的家长角色差异，父亲显著低于母亲。在幼儿教养中，父亲的参与度往往较低，农村传统观念根深蒂固，男主外女主内，分工明确。郭雄伟的研究也表明，在家庭教育中，母亲承担主要角色，父亲往往被忽视。[2]由于生活压力大，农村幼儿的父亲忙于外出工作挣钱，待在家中的时间非常少，教育孩子的重任就落在母亲一个人的头上。在访谈中发现：幼儿的父亲一直扮演着权威性的角色，且父亲很少与孩子交流情感。父亲疼爱孩子的方式是给予物质奖励，但是在孩子犯错时，常常通过恐吓孩子来惩罚他们。已有研究表明，父亲参与感较低、父亲角色缺失一直存在，农村地区这一现状尤为突出，网络上流行的"丧偶

---

① FIENBERG S, HOAGLIN D, TANUR J. The Pleasures of Statistics: The Autobiography of Frederick Mosteller [M]. Springer, New York, NY. 2010: 89-110.

② 郭雄伟. 乡村振兴背景下农村幼儿家庭教育的问题、原因及路径 [J]. 黑龙江粮食，2021（08）：54-55.

式育儿"也反映了这一现实问题。①

(三)农村幼儿家长认知投入水平较低

本节研究表明西北农村幼儿家长的认知投入水平最低。李小蒙在研究中提到幼儿家长的教育投入存在重娱乐投入、轻认知投入的问题。②导致农村家长低认知投入的原因主要有以下几个方面：一是家长文化水平有限。调研对象中51.79%的家长是初中及以下学历水平。家长的受教育水平较低，一定程度上限制了他们的教育认知。访谈发现，农村家长常常采取棍棒式教育，秉持"严父出孝子，棍棒出真理"的传统观念。二是家长缺乏以身作则的意识。访谈中，家长也坦诚讲到，自己喜欢打游戏、打麻将、打牌，却教育孩子不要跟他们一样，要好好学习。三是补偿式的溺爱孩子。农村幼儿家长大多从事种地或外出打工的职业，忙于赚钱养家，饱尝生活艰辛。农村家长有浓厚的"再苦也不能苦孩子"意识，对孩子特别溺爱。四是农村家长的教育意识淡薄。访谈发现：家长认为，学校老师要承担教育孩子的主要责任，孩子学不好就是学校的问题，老师的问题，家长的主要责任是照顾孩子的生活起居，对孩子的学业不太关心。

(四)家庭结构的特殊性影响家长教育投入

本节研究发现，核心家庭的家长投入水平最高，联合家庭与单亲家庭的家长投入水平较低。家庭成员间的关系对儿童发展与教育有制约作用。卢婷在研究中也提到了家庭结构对幼儿成长的影响。③家庭成员之间的关系直接影响儿童的健康成长：家庭关系和谐的家庭，学前儿童会感到安全、幸福、心情愉快。家长教养态度不一致会导致家庭成员间的矛盾：特别是主干家庭里，祖父母和父母对孩子教育态度的不一致。④在本节研究中，西北农村地区主干家庭占54.36%，说明三代同堂、四代同堂情况比较普遍，这是影响幼儿父母教育投入的主要原因。祖辈家长对幼儿事无巨细的照料和无微不至的关怀，在一定程度上替代了幼儿父母的教育投入。本节调查数据显示单亲家庭占6.15%，说明少部分农村幼儿缺乏母爱或父爱。幼儿的心理、情感上的需求无法满足，会对今后的发展产生不良的影响。

---

① 王向贤，司艺旋. 如何推动父亲参与育儿：日韩经验及其对中国的启示 [J]. 中国人口科学，2023，37（06）：3-18.

② 李小蒙. 幼儿家庭教育投入现状调查：以山东省东营市为例 [J]. 教育教学论坛，2020（22）：144-145.

③ 卢婷. 农村学前儿童家长投入的影响因素研究 [D]. 哈尔滨：哈尔滨师范大学，2016.

④ 江姝蓉. 祖辈—父辈共同养育对4～5岁幼儿生活习惯养成的影响及对策研究 [D]. 保定：河北大学，2024.

四、西北农村公办幼儿园家长教育投入调查结论与优化对策

（一）西北农村公办幼儿园家长教育投入调查结论

第一，从整体上来看，农村幼儿家长教育投入处于中等偏下水平，行为投入相对较高，其次是情感投入，认知投入最低。第二，父亲在情感投入与行为投入程度上明显低于母亲和其他角色。第三，农村幼儿家长教育投入受家长年龄影响显著，40岁以上家长在情感、认知、行为等维度上均明显低于25岁以下的家长。第四，农村幼儿家长教育投入受家长学历影响显著，小学学历家长在情感投入与认知投入上，显著低于其他学历家长与本科家长。第五，农村幼儿家长教育投入受家庭结构影响，核心家庭的家长在情感、认知、行为等维度上，均显著高于其他结构类型家庭。

（二）西北农村公办幼儿园家长教育投入优化对策

1. 社会方面

（1）政府提供相应条件支持家长丰富育儿知识。政府制定完善农村家庭的经济支持政策，帮助农村家庭提高经济收入。一方面，政府可以为农民免费开展教育培训，提升农民的文化素养以及职业技能。注重提高农民在其他领域范围的能力水平，积极鼓励农民在闲暇之余外出务工或打零工。另一方面，要加强农村公共设施的建设，为农村幼儿提供有利于锻炼的娱乐场所，为孩子营造良好的亲子活动环境。此外，政府还应灵活巧妙地采用多种渠道，针对农村幼儿的家庭教育提供综合性、多元化的支持。例如免费开展宣讲育儿知识、给予幼儿家庭教育的补贴经费、实行教育学费减免、避免园内额外收取费用的政策、在农村开设幼儿图书馆等。

（2）国家应健全家长教育投入指导政策。相关部门应细化完善有关家长教育投入的内容，加大科学实施家庭教育的宣传力度，重视边远农村地区家庭教育指导。农村公办幼儿园应聘请专业且经验丰富的幼儿园园长，重视农村幼儿园教师在家庭教育指导中的作用，鼓励拥有丰富一线水平的专业教师下乡指导，积极投身于农村家庭教育指导工作中。

2. 学校方面

（1）幼儿园应创建家长联合学习学校。教师可以使用网络平台，将教育动画以线上课堂的方式分发给家长，组织线上学习活动。农村幼儿家长缺乏科学系统的认识，教育投入存在偏差。幼儿园应该建立小红书公众号、微信群、微博公众号、抖音、快手等家长互联形式以及其他新媒体家园传播平台。依靠传播速度、更新快等显著性优势，幼儿园应担当起传播家庭教育投入科学理念的主要责任。

（2）重视家长教育投入关注度。建立健全对幼儿园教师工作的评价机制，把家长教

育投入指导作为一个考核指标。对教育工作做得好的家长，教师给予及时的表扬，并给予指导，同时鼓励他们向其他家长分享，共同学习、共同进步。教师应该及时分享总结其他家长教育投入的科学案例，树立典型、广泛传播。

3. 家庭方面

（1）改变传统教育观念，增强家长教育投入意识。农村幼儿家长的教育观念是影响教育投入的重要因素。因此，要想提升农村幼儿家长教育投入水平，首先要改变农村幼儿家长的教育观念，提升他们对于幼儿教育的重视程度，提高家长投入的意识。家长要经常与有经验的家长交流学习，积极主动地向教师请教。此外，家长也需在日常生活中加强学习，闲暇之时多了解、询问以及观看与育儿相关的电视节目、信息、话题、书籍等等。

（2）提升个人素质，增强教养效能感。作为家长还应该保持并拥有积极的学习态度与不懂就问的精神，把养育孩子看成一门必修课。家长更应积极借鉴他人经验，积极地向老师请教知识以便提高自身能力。家长还可以利用身边资源以及通过其他多种方式方法进行学习。例如，家长们可以收看育儿类节目。同时，还要时常反省自己的教育经过，累积教育经验，总结教训，探究适合自家孩子的教育投入规律，不断提升自身的理论知识和教育能力，做到有效投入。

（3）培养角色转换，营造父亲积极投入的氛围。农村幼儿父亲投入水平明显低于幼儿母亲。主要原因是受传统观念的影响，性别分工明确，父亲在家庭生活中主要扮演着严父以及金钱提供者的角色。所以，父亲必须先转化对自己固定角色的定位，必须承担起作为家长的责任。母亲以及父亲都应该参与到幼儿的生活教育中，根据孩子成长的需要不断改变自己的角色定位。父母之间也需经常一起交流孩子的状况，分享幼儿的成长片段，让父亲更详细地了解认识孩子，并探讨教育幼儿的科学方法。其次，家庭其他成员，要营造渲染一个父亲积极投入的交流氛围，并鼓励父亲常参与到孩子的游戏中来，幼儿母亲也需对父亲参与度给予积极的支持与评价，鼓励父亲的投入。

第八章
西北农村公办幼儿园
高质量发展行动研究

　　基于西北地区 30 余所农村公办幼儿园的发展情况调查与分析，西北农村学前教育取得了显著发展成效：经费投入快速增长，普及率持续提升；办园条件有效改善，普惠率大幅提高；保教质量整体向好，家长满意度较高；教师队伍不断优化，专业能力不断提升；新手教师生存状态转好，骨干教师留任意愿较强。这一研究结论基本与马毅飞基于全国 31 个省份的大规模调研结论一致。①可以说，这一轮学前教育改革，西北农村学前教育的发展不再滞后于全国基本水平。但从现阶段教育整体发展情况看，学前教育仍然是教育现代化进程中的薄弱环节，农村学前教育是高质量教育体系建设中的"最短板"。正如马毅飞所指出，我国农村学前教育质量依然存在诸多发展瓶颈：办园经费仍然紧张；乡镇园与村级园发展结构性失衡，生源、资源均向乡镇中心园倾斜；办园条件存在结构性短板，尤其是在边远农村，玩具、材料缺乏；教育过程方面，农村幼儿园课程设置存在过于随意或过于僵化的现象，师幼互动质量有待提高，教学方式"小学化"仍然存在；师资队伍质量有待优化，教师流动性大，专业理念亟待更新等。这些问题在西北农村学前教育中也普遍存在。

　　教育评估的旨趣在于诊断问题，促进改革，以求得教育的高质量发展。针对西北农村幼儿园发展中普遍存在的问题，本章研究选取了一所乡镇中心幼儿园，对其进行了为期三年（2021—2023 年）的综合性发展改革行动研究。以此来探寻新时代农村公办幼儿园高质量发展的路径与模式。行动研究结果显示：2021—2023 年间，F-j 镇幼儿园的自主游戏课程改革经历了"模仿—调试—创新"三个阶段，目前依然走在探索因地制宜的自主游戏课程改革路上。2021 年：沿着"放手游戏·发现儿童·改变儿童观"的安

---

　　① 马毅飞. 农村学前教育高质量发展的现实基础与行动策略［J］. 湖南师范大学教育科学学报，2023，22（05）：81-87.

吉游戏路径快速前进。教师通过全园学习、专家领学、教师自学，进行了理念的转变；在实践的过程中，还进行了环境的改造。2022 年：循着"看懂游戏·理解儿童·改变教育观"的安吉游戏路径摸索前进。该园通过环境的微调，打造真切自然的游戏场地，开展室内环境的改革；教师坚持了解家长群体，科学帮助家长改善家庭教养方式，让家长在发现儿童过程中转变观念，争取家长成为共同保护儿童的盟军。2023 年：在"看懂游戏·理解儿童·改变教育观"的路上继续前进，并且同时开启"回应游戏·追随儿童·改变课程观"的新征程。

第一节　西北农村公办幼儿园高质量发展的行动研究概述

一、问题提出

1. 农村学前教育高质量发展的时代意义重大

杨文认为，农村学前教育高质量发展是实现农村幼儿全面可持续发展的必然之举。[①]有质量的学前教育必须指向幼儿的全面可持续发展，高质量的农村学前教育是在满足农村幼儿有学上的基础上为他们提供更为优质的学习与发展环境，为其构建一个更具时代性的目标和经验体系。不利的环境、不适宜的教育目标、脱离时代的知识与经验体系等粗放的教育形式不仅难以有效发展农村幼儿的核心素养和关键品质，甚至还有可能损伤儿童发展。农村学前教育高质量发展是促进社会公平的应有之义。教育是阻断农村贫困代际传递、实现城乡均衡发展的重要手段。有研究显示，当前我国学前教育质量存在显著的城乡差异[②]，家庭经济地位对于幼儿获得学前教育机会及其认知与非认知能力的发展都具有重要影响[③]。农村学前教育高质量发展是我国学前教育事业发展的必然内容。2018 年颁布的《中共中央　国务院关于学前教育深化改革规范发展的若干意见》提出，到 2020 年，全国学前三年毛入园率达到 85%，普惠性幼儿园覆盖率达到 80%。广覆盖、保基本、有质量的学前教育公共服务体系基本建成。到 2035 年，形成完善的学前教育

---

① 杨文. 我国农村学前教育高质量发展的时代意义与所需支持 [J]. 学前教育研究，2022（09）：75-78.

② 罗妹，李克建. 基于全国 428 个班级样本的学前教育质量城乡差距透视 [J]. 学前教育研究，2017（06）：13-20.

③ 王慧敏，吴愈晓，黄超. 家庭社会经济地位、学前教育与青少年的认知：非认知能力 [J]. 青年研究，2017（06）：46-57+92.

管理体制、办园体制和政策保障体系，为幼儿提供更加充裕、更加普惠、更加优质的学前教育。

2. 西北农村公办幼儿园发展的现实困境突围

基于西北 30 余所农村幼儿园发展情况的调查与分析可知，西北农村学前教育取得了显著的发展成效。但农村学前教育的发展依然面临一系列挑战：环境材料、课程结构、教师队伍等有待优化。教育评估的旨趣在于诊断问题，促进改革，以求得教育的高质量发展。针对西北农村幼儿园发展中普遍存在的问题，研究者在西北农村地区选取了一所乡镇中心幼儿园，对其进行了为期三年（2021—2023 年）的综合性发展改革行动研究，探寻新时代农村幼儿园高质量发展的路径与模式。

二、研究目的与研究内容

1. 研究目的

基于农村公办幼儿园高质量发展的主题背景，根据"西北农村公办幼儿园教育评估指标体系"诊断园所发展的瓶颈问题，以课程改革为抓手，全面推动幼儿园环境改造、教师专业发展、家园共育、园所管理等全面提升，以促进儿童身心健康发展。

2. 研究内容

本章研究内容涉及园所发展的方方面面。首先，通过对幼儿园教师的深度访谈，了解 F-j 幼儿园课程实施的现状与问题。其次，以课程改革为抓手，引进"安吉游戏"课程理念与模式，通过 3～5 年的实践改革，全面改善农村幼儿园的保育教育质量。在幼儿园的办园方向、环境创设、保育与安全、教育过程、教师队伍建设等方面开展变革实践。

三、研究对象

本章的研究对象是西北地区 F-j 镇幼儿园。该园创办于 1978 年，是 F 市人民政府批准开办的一所公办幼儿园。在市委、市政府和各级主管部门的大力支持下，2020 年 11 月该园申报成为国家级第一期"安吉游戏推广试验区试验点"。正是这一契机，F-j 镇幼儿园开启了农村公办幼儿园高质量发展改革的路径。园所正在开展"安吉游戏"实践探索：推广"安吉游戏"经验，扩大辐射范围带动联盟园所发展，彻底纠正"小学化"倾向，推进课程改革。

截至 2024 年初，F-j 镇幼儿园已有 46 年的历史，该园始终遵循"家长放心，幼儿开心，教师舒心"的办园宗旨，自强不息、开拓进取，取得了良好的社会效益。2020 年，F-j 镇幼儿园成为 F 市规模大、实力强、设施全、信誉好的农村公办幼儿园。园舍占地面积 2894 平方米，生均用地面积 25.77 平方米，建筑面积 1166 平方米，生均建筑面积 6.86 平方米，绿化面积 738 平方来。下设 10 个班级，其中大班 4 个，中班 4 个，小班 2 个。目前幼儿园有多功能厅、图书室、教务处、财会室、会议室、门卫室、洗衣室、档案资料室。多功能厅有投影、电脑等现代化设施。

F-j 镇是 F 市三大农业乡镇之一，该镇的孩子都是农民的孩子。他们生在农村，长在农村，对农村环境天天看、日日观，有亲切感、有探索欲。园所抓住这个特点，充分而合理地利用农村的河、石、土、水、树等，师幼共同制作玩教具，共同创设幼儿园的室内、户外环境，共建体现农村特色的园所文化。

四、研究方法与研究过程

此研究采用行动研究方法，本书作者作为高校学前教育领域的专家，以参与者的身份进入样本幼儿园团队，组建了以园长和书记为领导的行动研究小组，共同研究制定行动方案，并推动落实。

整个研究过程从 2021 年初开始，历经三年多，大致经历三个阶段的迭代与改进，直到本书成稿之时（2024 年 3 月），行动还在继续。

第二节　西北农村公办幼儿园高质量发展的行动研究过程

一、唯有破茧才成蝶：放手游戏尝喜悦

安吉游戏是一场以"让游戏点亮儿童的生命"为信念的游戏革命：把游戏的主权还给幼儿，让幼儿在自主、自由的真游戏中获得经验、形成想法、表达见解、完善规则、不断调整，从而达到自己最大的潜能。2020 年 11 月，F-j 镇幼儿园被选为国家级安吉游戏实验园之一，全园教师在感到振奋、欣喜之余，更多的是迷茫和困惑。什么是安吉游戏？安吉游戏怎么做？正在全园教师发愁之际，2021 年 4 月，幼儿园的书记被派往安吉实地观摩和学习。书记学习归来，便带领行动研究团队开启了安吉游戏在 F-j 镇幼儿园的"落地之旅"。

2021 年，是该园学习安吉游戏的第一年，从理念到实践、从幼儿到教师、从教学到教研，各项工作都面临着彻底改革，各项工作有待推进。团队制定的改革目标是初步完成自主游戏改革的第一阶段任务：放手游戏·发现儿童·改变儿童观。这一年开展的主要改革内容有六大模块：一是改造环境，二是转变教师理念，三是放手观察，四是解读幼儿表征，五是争取家长支持，六是推进联盟工作。

依托安吉游戏理念进行改革，成为国家级安吉游戏推广试点园，这也让教师们有"小荷才露尖尖角"般的惊喜和收获。回顾过往的教育改革历程，不论是联盟园的领导者，还是在一线的老师都深深为之惊讶和感动。一路上每个人的角色都发生了变化，从课程实施者变成幼儿的追随者。改革的过程也是老师们不断产生困惑和问题及解决问题的成长过程。不忘初心、坚守理念，F-j镇幼儿园终能走出一条属于自己"自主游戏"之路。

（一）改造：野趣的户外环境

保障幼儿的游戏空间、保障幼儿的游戏材料。合理利用空间最终让幼儿"有地方玩、有材料玩、有创造性地玩"。F-j镇幼儿园利用作为试点园的项目资金，购置了安吉游戏的典型性户外材料。同时充分利用乡镇幼儿园的本土材料，生活中的废旧材料，自然材料，打造野趣的自主游戏空间与环境。

（二）转变：教师的游戏理念

首先，从上到下进行了观念的转变，欣赏从放手开始。在行动研究小组的带领下，通过不断地发现问题，解决问题，并在此基础上要求教师转变角色和观念，做到"两管"——管住嘴，管住手；"两用"——用心看，用脑袋想；"三变"——变"游戏内容的创造者"为"幼儿游戏的欣赏者"，变"游戏计划的执行者"为"游戏材料的调整者"，变"游戏主题的指挥者"为"幼儿兴趣的追随者"。

其次，"教研+实践"活动相结合，促进老师"放手游戏"真发展。F-j镇幼儿园充分利用安吉游戏试点园这一契机，根据教师专业发展需求，将教师的教育教学能力、教研能力、观察解读幼儿的能力、创造性能力等在具体的活动中进行层层分解。督促教师利用观察记录、教学设计等手段，结合《3～6岁儿童学习与发展指南》《幼儿园教育指导纲要（试行）》等文件精神，理解自主游戏与儿童发展的关系、与国家政策文件的关系，同时看到自主游戏如何促进儿童核心经验的发展。

最后，通过不断地观察儿童、发现儿童、讲述儿童的游戏进程，撰写游戏故事等，教师们从内心慢慢树立起了正确的儿童观，逐渐改变了以往高控的教学行为，开始观察幼儿的游戏，解读幼儿的游戏，也逐渐在理解安吉游戏的五个关键词。教师们努力在实践中，用爱支持幼儿的游戏，去发现幼儿的冒险、喜悦、投入和反思。

（三）放手：退后的观察教学

走出儿童真游戏的第一步，就是教师真正支持儿童发展，放手游戏，把游戏权利还给儿童。当教师不再高度控制儿童，用自己所有的精力去发现儿童，支持儿童，最终收获儿童成长的秘密。以下案例是F-j镇一位教师在观察幼儿积木搭建游戏后，进行的游戏反思，也对幼儿学习过程进行了生动分析。

案例：教师的观察反思——积木推不推？

通过推倒积木学习因果关系。"我对世界可以做出何种影响？我手一推，积木就倒了！"在不断推倒积木的过程中，浩浩在不断地探索"因果关系"。浩浩推倒涵涵的城堡，涵涵的反应是：追着浩浩到处跑。浩浩推倒豪豪的高楼，豪豪的反应是：一边念叨一边重新搭建。浩浩看到了小朋友的不同反应。这其实是孩子感受到自身影响周围环境的能力。也是孩子表达自身影响周围环境能力的重要方式。

推倒积木是从二维到三维的感官探索。孩子6岁前的学习方式和我们是截然不同的，他们有着独特的"吸收性心智"。蒙台梭利（Maria Montessori）指出：孩子透过心智吸收环境中的一切，并以此为原材料构建自己的内部世界。孩子正是通过与周边事物不断互动形成认知。当一个孩子不断地搭积木、推倒又再重建，是他们不断对积木的大小、重量和空间等概念的深入理解。这是一个从二维到三维的感官探索。

如果教师不阻止孩子推倒积木，孩子到了一定时间之后就不再这么做了，而是将注意力转移到其他的玩法。第一阶段：搬弄、重复，不断感知探索。第二阶段：搭建、围合，形成初步的空间意识。第三阶段：模型、再现，是逻辑和创造的飞跃。

（四）解读：表征中的真实儿童

在自主游戏结束后，安排了游戏表征环节，表征之后是一对一倾听环节。解读幼儿表征，教师才能读懂儿童。但幼儿刚开始做绘画表征就出现了很多问题：幼儿不会记录，模仿同伴，两幅画几乎完全相同。幼儿不会介绍自己的游戏，教师不知如何记录，表征页面上，空无一字。为了解决这些问题，行动研究团队开展了学习、教研与培训——何为表征？教师们了解到表征的形式、特征、价值，解决了他们当前的困惑。

经过这一年的探索，教师总结到："闭住嘴、管住手、睁大眼、竖起耳，不评判，平等对话，是所有解读的前提；如果心里对幼儿有要求，那么听不到和看不到最真实的幼儿。幼儿有自己对事物的表征，也在表征中流露出自己的情绪情感。教师需要做的就是解读幼儿的表征，了解幼儿的内心世界。渐渐发现——通过游戏之后表征、师幼之间的一对一交流，教师更懂孩子。他们会创造性地使用材料，会在游戏中保护好自己，也会自己调整游戏难度。"

（五）争取：家长作为同盟军

为了打消家长的顾虑，让家长了解安吉游戏、支持安吉游戏，F-j镇幼儿园率先开启了"线上直播家长会"，向家长系统地介绍了园内安吉游戏区域的设置、安全保障、游戏方法及幼儿在游戏中学到的知识。

在行动研究团队的组织策划下，教师和家长交流了以下主题：我们给孩子的限制是不是太多了呢？我们的户外场地是否安全？孩子到底需要的是什么？我们的老师有何作为？在"游戏"中，孩子有何发展？能否把真游戏还给孩子，让自主游戏点亮孩子？"线上直播"打开了家长的眼界，家长们纷纷留言："把孩子放在 F-j 镇幼儿园我们放心！"

中班幼儿的家长们说道："感谢老师通过会议，让我们了解到孩子在幼儿园的生活和游戏情况，让我们看到孩子在幼儿园的另一面，也让我们了解到孩子的优势与不足。作为家长我们会在家里配合老师，让孩子在家长和教师的共同努力下健康成长。相信老师，相信自己，相信孩子们。"

（六）携手：联盟园共狂欢

F 市的幼儿园普遍采用集团化和联盟化的形式，让城区园与乡镇园、乡镇园与村级园结对成联盟，通过点带面的方式，提升整体学前教育质量。F-j 镇幼儿园依托"五统一"管理模式，发挥辐射、引领和带头作用，带动帮扶园在游戏观察、教学教研等方面有效提升，促进联盟教育质量。

1. 小游戏带联盟

行动研究团队通过前期有效调研，针对性指导，开展"小游戏带联盟"，同思共研促发展的系列活动。

三月：学习联盟计划，培训游戏故事。要想实践安吉游戏，教师们要管住手、闭上嘴、睁大眼、竖起耳。知易行难，教师们在实践中面临很多困难，游戏故事将理论与实践很好地结合在一起，是帮助教师提升游戏指导能力的最好的方式。行动研究团队邀请专家开展了《如何写学习故事》的专题培训，并要求教师回到园后必须练习。月末进行游戏故事交流，但教师们写的游戏故事虽然分析细致，但他们看到的是冷冰冰的理论而不是生动鲜活的儿童。要写出独一无二的学习故事，教师必须全身心投入观察中，去感受和体验儿童，去欣赏和发现儿童。

四月：放手游戏，游戏场地改造。在起初的阶段，游戏场地的改造非常关键。要保障孩子们有地方玩、有材料玩、有创意地玩，必须转变原来的环境材料设计理念。生活类、自然类以及安吉游戏中的经典材料都是低结构材料，它们没有固定的玩法。户外环境的改造，依据农村环境特点，以自然、野趣为特点，联盟园对游戏场地进行了调整和改造。比如某村幼儿园改造的泥池、雨鞋架、遮阳棚，既节省了资金，又非常实用。

五月：游戏故事交流，游戏活动月小结。在这次交流活动中发现的主要问题是，游戏故事里有教师与幼儿的对话，教师并没有完全"闭嘴"。通过三个月的携手改革，问题的解决取得了很好的成效。一是各联盟园都动起来了，行动力非常强，让 F-j 幼儿园的教师感到压力很大。二是各联盟园已经形成了你追我赶的良好研究氛围。每月一次的联盟活动想方设法要参加，生怕这次不参加就跟不上研究的队伍。此阶段研究团队在"放手"的程度上把控失度，"放手"不等于"闭嘴"。

2. 抓小队伍，带大局

以三级联盟盟主为核心进行发散式的培训，做到以点带面，以核心带周边，促进联盟成员共同发展。各联盟中心园领任务回去，辐射分园也动起来了，变动也非常大。半年时间，第三联盟已经达到自主游戏改革全覆盖，下涉每个村级园。

3. 因地制宜开展自主游戏

依托 F-j 镇幼儿园安吉游戏试点园工作的开展，带动联盟内各幼儿园因地制宜地开展自主游戏。借助联盟园的力量，创新教研工作方式，开放式教研和经验交流式教研相结合，向上级联盟园学长项，补弱项。采取"教研+实地观摩"的方式，游戏故事是必备环节。只有在游戏故事里，才能发现问题，才能看到老师最真实的观察状态。

4. 转变学习态度

依托安吉游戏试点园项目，F-j 幼儿园的老师逐渐把游戏的自主权还给孩子，发现孩子们越来越能干，发现游戏中的"真"，发现自我知识的匮乏。于是一场教师的"学习革命"悄然发生，变"要我学"为"我要学"。教师们纷纷表示：我们将用陪伴和支持，从孩子的角度去寻找游戏中的快乐，成为更专业的教师，我们要变几个人的狂欢为一群人的狂欢。

（七）展望：未来的计划

回望筚路蓝缕的开局之年，F-j 镇幼儿园的变化是彻底的，成就是鲜明的，但依然存在很多问题。行动研究团队结合推广安吉游戏的实践经验和存在的问题，明确未来工作的重点要放在以下方面：

一是各幼儿园需要不断审议幼儿的游戏材料，根据幼儿的游戏需要，适时增加或者更换游戏材料。二是鼓励教师不断进行反思，将教师的反思常态化、制度化。研究团队创设条件让教师勤反思、善反思、会反思，并将反思延伸到幼儿的一日生活中。三是坚持每日进行绘本阅读。幼儿园进一步为幼儿创设开放的阅读空间，提供自由自主的阅读机会。教师观察和陪伴幼儿的阅读，根据幼儿的阅读需求调整和投放绘本，一对一聆听并实录幼儿的阅读记录，解读和分析幼儿的阅读记录。教师组织小组或集体分享阅读故事，增加幼儿的阅读量，培养幼儿的阅读习惯。四是建立家长线上进班级轮流制，让家长更加深入班级一线，从理论和实际的层面进一步取得家长的理解和支持。

二、淡妆浓抹总相宜：生态理念显本色

2022 年，F-j 镇幼儿园结合地域特点继续开展游戏改革。同时依靠上级的资源平

台、经费支持保障，有效促进了幼儿园教育资源的均衡发展。除此之外，"游戏"成为幼儿园内在力量的驱动，让整个教职工团队都愿意跟随新的游戏理念——"放手游戏·发现儿童·改变儿童观"。2022年上半年，幼儿园游戏改革以生态为引领，探索安吉游戏实践，开展三个方面的变革：生态化的环境保障游戏长远发展；生态化的研究推动师幼共同发展；和谐式的家园关系争取家长支持游戏。在这脚踏实地的实践中，教师们从内心慢慢树立起了正确的儿童观，逐渐理解安吉游戏的五个关键词，用爱支持幼儿的游戏，去发现幼儿的冒险、喜悦、投入和反思。有了前一阶段的实践经验，教师们逐渐走上"看懂游戏·理解儿童·改变教育观"的发展之路。2022年的下半年，园所在家庭游戏指导、家庭教育指导等方面探索了有效的策略。

（一）调整户外环境：打造浓厚乡土环境

安吉游戏在游戏环境的创设上最核心的精神就是"因地制宜"。上一年，幼儿园以模仿为主要思路为幼儿创设游戏环境，"因地制宜"的成分还不突出。为此，研究团队结合当地得天独厚的自然环境，从挖掘自然材料、改造户外布局、研制环境管理制度等方面打造体现生态理念、乡土文化的游戏环境。

1. 农家自然材料挖掘

幼儿园发动全园教师以及家长的力量，收集各种乡土材料。农户家里不起眼的物品都成了幼儿园的宝贝。在自然的环境里，"小小艺术家"随处可见，泥土随处可得，儿童用棉花创作盆景，在农作物上涂鸦，用坚果、种子做粘贴画……

2. 改造户外布局

第一次调整，寻找自然生态的木质材料初次打造小山坡环境。增加了平衡木、梅花桩等木质材料，设计了幼儿的游戏路线，制约了幼儿的游戏创想。

第二次改造，小山坡环境由专家（程学琴老师）指导改造。去除设计的路线、边框、边界和标志，变成幼儿能自由取放的"活"材料。

第三次改造，最终改造小山坡环境。为了让更多的幼儿参与，活动更安全，将小山坡从狭长的通道转移到有开阔场地的缓坡，幼儿从山坡上跑下时有缓冲的人工草坪，保障了幼儿的游戏权利和安全。

第四次改造，创设循环利用的游戏环境。为了方便幼儿取水、收纳整理沙水材料，经过实地查看研究，幼儿园在沙水池旁设计了蓄沙式洗手池。洗落的沙粒流进蓄沙池，当水达到一定高度就会流出来浇灌树木和草坪，当沙子聚集到一定高度就可以挖出来循环利用。

3. 依托环境开展生态教育

打造生态环境，是为了开展生态教育。乡土文化在物质上和精神上都具有亲土性，这是天人合一、万物平等的理念之源。幼儿教育离不开环境，幼儿的成长离不开环境。生态环境具有系统、联系、和谐、共生和动态平衡之意。幼儿园生态环境具有安全、自然、多元、和谐、动态的特点。幼儿园开展了户外游戏"捉虫子、捉蝴蝶、抓蜜蜂、捉蚂蚁"等自主探究游戏。哪些虫子在袋子里可以活下去？蚂蚁在袋子里没有死，蝴蝶和蜜蜂为什么死了？教师和孩子们反思：科学实验要在保护动物的前提下；在探究环境中，动物经常是被利用的对象，而非被关心的对象。

（二）转变管理理念：看见教师的需要

安吉游戏的实践理念，不仅要求教师要放手儿童，看见儿童的需要，同时也要求幼儿园的管理者要放手教师，发现教师的需要。领导放手教师，是教师放手儿童的前提条件。这一年，行动研究领导小组开始观察教师，针对教师遇到的问题和需求，开展一系列的教研活动。全园培训学：由课程管理者或者网上专家不定期进行培训。主题包括《幼儿园 6S 管理》《学前儿童语言学习与发展核心经验》《儿童画解读》《儿童发展心理学》等。教师自主学：老师根据自己的工作需要和自身短板灵活学习。幼儿园不作具体要求，但每学期会进行读书笔记交流。总结提升学：将每次培训的内容做成美篇，每星期增加一些，由专人及时更新内容。到学期末，培训内容丰富，教师特别有成就感，同时它也成为教师挚爱的"口袋书"。

通过半年的坚持，教师组织自主游戏的能力有了很大提升。最初教师看不懂游戏，幼儿园开展了"说一说，看到了什么"活动。这一阶段，教师说的基本上是流水账，讲述自己看到的幼儿游戏行为。当教师能看懂游戏后，研究团队发现教师不会写游戏观察记录，于是开展了"讲一讲，自己精彩的游戏故事"活动。教师不仅要会观察、会记录，还要学会分析，研究团队开展了"引一引，带着教师小步递进地学写游戏观察案例"活动。从几句话到几段话再到整篇文章，让老师按照自己的能力与风格撰写。针对教师能发现幼儿，却看不懂游戏的情况，研究团队开展了"学一学，带领教师寻找理论依据"活动。

（三）改变师幼对话：尝试表征与倾听

教师逐步退后，集体教学不再是重头戏，幼儿园课程更侧重日常游戏表征、植物观察记录、天气观察记录、绘本阅读记录中的一对一对话。在观察、表征和倾听对话中，教师看见了了不起的儿童，发现了每个孩子独特的潜能。教师自己也从儿童身上得到滋养，为儿童惊叹，也为自己的职业而幸福，向儿童学习，不断提升"发现儿童"的能力。以下案例是 F-j 镇幼儿园一位教师记录的"发现儿童"的过程：

初次遇见：记得与他的初次遇见是中班下学期，我第一次来班级，他是那样的腼腆，不善于表达。在一次开展游戏时我发现了他，他和班里其他几个爱画画的小朋友一样，每次画得都是那么认真。当时因为他不善于表达，我也只是觉得他画画特别好，没有特别关注他。直到有一天我们班来到涂鸦区，用起颜料的他和别的小朋友不同。

开始涂鸦：第一次在涂鸦区拿起颜料，他搭配出了自己喜欢的颜色。我看着他的作品，投去了惊喜的目光。他说："老师，我看到箱子上的颜色，非常喜欢，我也画了同样的颜色。"我出去看了看涂鸦区的箱子，颜色真的与他画中的颜色特别相似，我为他的观察力以及颜色感知力感到惊讶。这是三原色之外的搭配，我惊讶他是如何做到的。

黑色的树：有一天早上，他兴奋地对我说："老师我想用纸板涂鸦，你看我从家里带了很多纸板。"我轻轻地从袋子里掏出他带来的纸板，每一个纸板都是被修剪过的，大大小小不同，我微笑着说："今天涂鸦时期待你的作品。"看着修剪得整整齐齐的纸板，我被他涂鸦的热情感动了，开始默默地关注着他。我发现他总喜欢画树，画的是黑色的树，他说："是夜晚的树，所以是黑色的。"

橙色的天：我问他："为什么另外一幅的背景你用了橙色。"他自信地说："老师那是天快黑时候的树，在天还没黑时天空就是橙色的。"我听了他的回答，惊讶到："是啊，我是多么不善于观察。"下班回家的路上，我想起他的回答，看了看天空，这时的天空真的是橙色的。我对他突然产生了一种敬佩，我确实需要俯下身像一个小粉丝一样向他学习，学习他对自然现象的观察，学习他较强的观察力，学习他抬起笔来想到什么就能画出什么。

反馈与反思：我将孩子的作品介绍给家长。家长一个劲儿地说是老师们教得好。我的心中充满了职业幸福感，做老师不就是为了远远注视着他的成长，为他暗自鼓掌吗？他妈妈说："我一定要在家里给他提供颜料，让他在家里也能画画。"在未来的路上，他可能会是一名出色的画家，而我会永远为他感到骄傲。通过本月的涂鸦活动，我在他的身上学会了投入自己喜欢的活动中，学会了不为失败而放弃，学会了细心观察生活中的美景，学会了要时常反思自己。我对孩子们的爱每天都在增加，和他一样有天赋的孩子等待我们用发现的眼睛找到他，每一个宝贝都有无限的超能力，在等待我们去发掘。

（四）创设雪地游戏：安吉游戏西北化

冬季长达 5 个月的西北，户外游戏怎么办？是搬回室内游戏？还是继续在户外玩？《3～6 岁儿童学习与发展指南》中明确指出：每天户外活动时间 2 小时，体育活动时间不少于 1 小时。季节交替要坚持。为了保障冬季户外游戏时间，F-j 镇幼儿园采取了一系列改革措施。①装备保障：要求孩子穿过小腿的棉靴子；不戴容易打湿的棉线手套，改为五指不分家、光面防水手套；戴能包住耳朵的帽子，防止幼儿手、脚、耳朵冻伤；防雪裤里面穿毛线裤，脱去外裤就能够适应室内温度；带小布鞋以便随时更换。②后勤保障：全园培训，层层指导。当幼儿游戏完回到班级，立刻让幼儿更换适宜室内的衣裤，及时烘干幼儿衣服。后勤人员经常参加教研活动，对于"前勤"提出的合理化建议，认真思考、共同商榷、合理调整。③材料保障：提供丰富的冬季材料——尿素袋、滑雪板、小铲子等物品，保证幼儿有材料可玩，有地方可玩，让幼儿根据自己的兴趣选择不同的和冰、雪有关的材料，在幼儿园任何角落进行户外游戏。如：用雪砌墙、用雪炒菜、用雪制水等。

安吉游戏理念让教师们在冬季把脚步挪向室外。幼儿真的按自己的节奏挑战自己，教师不再把幼儿禁锢在温暖的室内，这一大改革让教师和幼儿格外开心。安吉游戏真的处处有惊喜，处处有挑战。经过实践，发现幼儿的出勤率比往年同一时期高了许多，幼儿感冒的现象减少，小班的出勤率比以前高。

（五）增强科学育儿："互联网＋"家园共育

教师如何利用"互联网"科学指导幼儿在家进行有效的阅读、游戏、生活？如何帮助家长提升科学的育儿观念？基于这些问题，F-j镇幼儿园利用"互联网"技术，多维度、多通道、多手段、多形式，让家长积极参与家庭育儿指导中，真正增强"科学育儿"的时效性。

1. 现状分析

为了开展有效的家庭教育指导，行动研究团队做了前期的线上调查。调查发现：幼儿在家期间以父母陪伴、祖父母陪伴为主。26.8%的父母是用心陪伴型：家长有教育经验，能够积极面对。21.8%的父母是完成任务型：家长让孩子自己完成任务，对完成情况不管不顾。19%的父母是没有安排型：家长不注重家庭教育，不参与任何活动，幼儿跟随家长作息熬夜使用电子产品。32.4%是老人陪伴型：积极参与，技能为主。

2. 指导措施

（1）因地制宜，指导家长和幼儿合理利用家庭空间。结合不同的推送内容：如语言游戏、科学小实验、亲子运动游戏、绘本阅读等，鼓励引导家长将家庭中的整块空间（客厅、餐厅、卧室，甚至可将客厅的茶几等家具收起，铺设柔软的地毯、软垫，让幼儿有较大的空间进行运动和亲子游戏）、可用空间（卫生间墙面、玻璃门等）均合理利用起来，提供给幼儿游戏的空间和权利。

（2）就地取材，引导家长鼓励幼儿灵活使用游戏材料。乡镇幼儿园有无数的自然材料（落叶、树枝、石子、棉花）、废旧材料（塑料瓶子、纸箱子、鞋盒子、罐子）可以成为游戏的常见材料。教师会引导家长鼓励幼儿利用这些低结构材料进行游戏活动。这不仅克服了材料匮乏的困难，同时又能为幼儿在家游戏创造更多的玩法。除此之外，教师会根据不同的游戏活动，引导家长鼓励幼儿寻找游戏的替代材料。在游戏结束后要求幼儿自己将游戏材料进行收纳、整理、归位，养成良好的收纳习惯，也为家长减轻生活负担。

（3）灵活多变，提醒家长创设安全便利的生活条件。结合安吉游戏理念，将安吉游戏精神适时、合理融入家庭生活。引导家长回忆幼儿在园生活，孩子可以自主盥洗、如厕、进餐、午睡、收纳衣物等，那么在家中幼儿同样可以做到自我服务。因此，温馨提示家长允许幼儿自己的事情自己做，允许孩子参与到家庭生活中。尤其加强个人防护，家长提醒幼儿坚持饭前便后做好七步洗手法，允许孩子自己洗袜子、叠衣服、摆餐盘、和爸爸妈妈一起包饺子等等。

（4）换位思考，针对家长不同的观念改变指导用语。第一，对参与活动的幼儿和家长，教师及时给予回应和鼓励，结合视频内容指导家长发现孩子的能干之处，不对其做点评性评价。教师参与游戏活动的指导，不是简单评价幼儿表现得好与不好，而是通过巧妙提问引发幼儿探索。教师还采取"反问式"提问方式，例如"你为什么会有这样的想法？你还可以怎么做？如果是你，你会怎么办？"等，利用这样的指导用语逐渐改变家长的观念，更新家长对孩子们的认识，帮助家长科学地陪伴幼儿、观察幼儿、了解幼儿、相信幼儿。

第二，家长在陪伴幼儿游戏时，也会对幼儿有要求、有期待。当家长对幼儿的表现不满意或产生焦虑时，班主任会不定期在班级群内发送一些育儿小妙招、亲子阅读策略、幼小衔接新攻略、情绪调整小妙招、沟通小金句等，以此帮助家长掌握与幼儿亲子交流、亲子阅读、科学衔接的策略，提升家园共育效果。

（5）共研绘本，鼓励家长陪伴支持幼儿自主阅读。幼儿园除了推送当地教育局开设的"学习园地"的内容外，还以小、中、大年级组为单位进行绘本阅读。各年级组在绘本的选择上，内容广泛，涵盖卫生、爱国、安全、心理健康、情绪调节等内容；阅读指导方法以周为单位，将一本绘本根据页数、内容、情节、图画等进行分割，每天进行分页推送，并提出相应的猜想问题。研究团队结合绘本文字精练、图画生动形象的特点激发幼儿的阅读兴趣，鼓励家长在家中创设温馨的阅读环境，固定阅读时间，科学指导家长陪伴幼儿阅读，帮助幼儿养成良好的阅读习惯。

3. 科学育儿取得的效果

幼儿更加自主：自我服务与自我管理能力得到了进一步的提高。家长更加支持：愿意花时间和孩子一起游戏，陪伴孩子阅读。教师更加专业：利用专业知识，分析孩子的发展，让家长看到孩子的能干。正如 F-j 镇幼儿园园长所说："互联网＋"科学育儿，让我们重新思考科学指导家庭教育的新理念、新路径、新模式。家长是儿童成长过程中最重要的陪伴者，我们希望在安吉游戏理念的冲击下，用一种新的视角重新审视家园共育模式。家长与教师、家庭与幼儿园相互信任，相互尊重，共同承担起教育的责任，最大限度地改变家长的育儿观念，促进幼儿的发展。

（六）成效与展望：教学相长再出发

1. 主要成效

幼儿的变化：①学会了表达与思考——幼儿真的愿意表达了，敢表达了，会表达了。那些不愿意表达的幼儿，也会主动过来找教师，将他们的想法或快或慢地讲给教师听。而在分享交流时，孩子们不再是自己说自己的游戏，他们会对其他同伴的游戏产生兴趣，会对同伴提出的意见、想法进行思考，也会提出自己的质疑，会提出对于同一问题的不同解决办法。②能够创造性地使用游戏材料——在游戏中，幼儿会将木板当成测量的工具，也会将木板当成连接的工具，还会将木板当成跷跷板、当成搭建床的材料……教师发现：在孩子们眼中，同样的材料能够发挥不同的价值，拥有更多的功能，而在这个过程中，幼儿的创新思维也得到了极大的发展。

教师的变化：①发现幼儿，改变自己：看到孩子们的游戏、孩子们的表现，教师们脸上都是满满的骄傲。有了"安吉游戏"这个充满爱的舞台，教师们变了，不再有正式教师和聘任教师的区别，不再有新教师和老教师之分，有的只是观察型教师、分析型教师、理论型教师、反思型教师。②撰写文案，主动学习：通过不断地发现儿童，讲述儿童的游戏进程，撰写游戏故事等，教师们从内心慢慢树立起了正确的儿童观。用视频记录孩子们的游戏行为，用文字分析孩子们的学习与发展。教师渐渐发现：自己的专业知识越来越不够用了，因此，她们开始自发学习、主动学习，努力提高自己的专业素养。正是在这一年，F-j镇幼儿园创建示范性幼儿园验收成功，教师团队获得区级论文比赛一等奖1个，区级游戏案例比赛一等奖1个，市级游戏案例比赛一等奖1个。

家长的变化：通过"线上家长会""钉钉视频会""微信联络群"等多种方式对安吉游戏进行宣传，家长从一开始对安全的担心、对安吉游戏的不了解，到逐渐认同安吉游戏，关注孩子在安吉游戏中的点滴成长，配合教师主动带A4纸、水彩笔等，支持幼儿的游戏。

2. 展望

家长方面：成立"绘本阅读群"，由家长委员会来组织亲子阅读活动。

教学方面：继续做好一对一倾听，探索室内自主游戏的开展与材料投放，不断优化一日活动组织方式，减少消极等待时间。坚持教研制度，不断提升教师反思能力。

三、好雨润物细无声：支持回应显课程

F-j镇幼儿园成为安吉游戏试点园的第3个年头，教师们一直在坚持努力学习。教

师们年轻有朝气，对社会新事物接受快，容易转变观念。在推进安吉游戏改革的第三年，F-j 镇幼儿园的教师基本上能做到"管住手，闭上嘴，睁大眼，竖起耳"，站在幼儿身后支持幼儿发展。这一年，园所将重点放在支持、回应幼儿，这是教师们最薄弱的能力。放手不是放任，而是在认真观察、仔细分析之后的一种"顺势而为"。在自主游戏中，教师对幼儿的支持和回应应如"春风化雨"，正如"好雨知时节，当春乃发生"。

（一）户外材料：释放无限可能

研究团队组织教师研究户外游戏材料。在现有材料基础上，根据不同年龄段、不同班级的游戏情况，综合分析，在各区域增加了数量充足的低结构游戏材料。沙水区：不同规格的 PVC 管和连接口、铁锹。涂鸦区：滚刷、羊毛刷、颜色多样的按压式颜料、流动的水源。小树林：帐篷、纱幔、野餐垫、更换吊床。翻山越岭：更换滑索、增加攀爬架、滑雪板、吊床、不同长度的绳子。综合支架区：车轴、不同类型的自行车。

（二）室内改造：先破后立"真游戏"

西北的冬季太长，幼儿有一半的时间不能在户外玩耍。为了保障幼儿有充分的自主游戏时间，幼儿园改造了室内原来的区角游戏布局，打破封闭室内区域划分，将单面柜改造为开放通透的双面区域柜、创设自由的区角，投放触手可及的低结构材料，确保材料的开放使用。通过以上做法将"真游戏"精神融入室内，满足幼儿的室内探索需求。

（三）表征联结：汇成长脉络

F-j 镇幼儿园重新规划教室、寝室、楼道墙面，将原有按类型整块划分的墙面（户外、绘本、天气等）调整为以幼儿个人为单位划分，将游戏故事呈现、收纳、整理成册。在属于自己的游戏故事中，幼儿开始建立与世界的联结，墙面处处反映着他们探索学习发现的痕迹。

（四）隐形支持：小眼观看大世界

研究团队通过环境材料提供隐性支持：创设自主早餐、天气记录、植物观察等自主探索的环境，投放各种类型的图书，尊重幼儿一日生活节奏，在惯例活动中树立儿童自主意识，通过环境、材料的隐形支持，引发幼儿最大程度探索与思考。

案例《天气记录变了》

我们为幼儿创设适合天气记录的环境。设置天气时间主题墙面，投放纸、笔、时钟、年历、日历等相关工具材料。老师们利用晨检时间，提供自由观察的机会，午饭后散步时，和幼儿一起到户外，感受早上、中午的温度变化。对天气变化的感受引发幼儿观察周边的小花小草，同时讲述自己在来园路上遇到小朋友的故事。幼儿还能够用拟人的修辞来"感同身受"地讲述太阳和大树的情绪天气。（这其实也体现了哲学中的儿童观和教育观：幼儿与成人的不同，成人看来是没有生命和灵魂的物体，在儿童看来却可能是有生命和意识的。这是泛灵论儿童的典型特点。）当我们越理解这一点，教师在幼儿的天气观察中就越想退后，给予的支持越隐形，幼儿对天气的探索和一对一表征中的思考学习空间就越大。

正如《幼儿园保育教育质量评估指南》中提出"最大限度地支持和满足幼儿通过直接感知、实际操作和亲身体验获取经验"。教师尊重孩子们的生活节奏，在这些与幼儿生活密切相关的自主惯例活动中，孩子们因为有了更多宽松的时间去做决定、有自己的植物去观察、有自己想阅读的故事去讲述，这才有了更多的探索和学习的机会。教师们通过这一实践活动，明显地感受到孩子们在长时间的自主生活环节中达到经验的积累、叠加和思考都大大超过了她们手把手教的内容和效果。

（五）倾听游戏：理解幼儿的学习

幼儿园以幼儿的游戏表征为抓手，教师倾听和记录幼儿的游戏表征，在这一过程中，真实地了解幼儿的兴趣和幼儿对游戏的思考。真实的倾听记录，让教师发现了游戏中没有发现的幼儿的学习与成长。

1. 单一观察变"连续性"观察，倾听游戏故事中的"连续性"，画幼儿成长轨迹

初次调整，发现问题：2023 年，F-j 镇幼儿园将观察单一游戏片段调整为进行连续5 次的游戏观察，观察记录也从相应的单篇观察记录变为了连续性观察记录。刚开始，教师们不会观察、不知道观察什么、如何进行连续 5 次的游戏观察。通过观察以及对游戏表征的一对一倾听记录，教师反思到单一短暂的游戏观察并不是幼儿学习成长的全部。教师的观察是有局限的，假设没有游戏表征，教师发现的可能只是自己感兴趣的内容，发现的只是自己的主观理解，而非幼儿真正的兴趣所在。

学习实践，寻找策略：行动研究团队带领教师学习—实践—再学习—再实践。最终确定从定区域观察、定小组或定个人观察、定材料观察三种视角出发。通过实践，教师们发现：连续 5 天的定人观察，是目前教师最容易上手的，观察的对象和内容都可以聚焦，孩子连续性的游戏行为也比较好寻找。而连续 5 次的定区域观察是比较难的，观察的对象太多，分析与发现也无法入手。定材料观察，观察重点比较聚焦，观察描述也容易写，但是分析与反思除了撰写创造性地使用游戏材料，容易和孩子的游戏行为混淆，反思较单一。

每月交流，总结经验：针对连续性观察记录，行动研究团队每月交流。先组内交流，再集中交流。在不断交流中，每一次教师们都在思考，都在改进。具体改进过程如下：5 天游戏行为的简单罗列—用表格呈现游戏行为及具体分析—用小标题提炼 5 天的

综合学习与发展；关注游戏现场—分析拍摄的游戏片段中呈现的游戏行为—关注连续 5 次的游戏表征—将游戏现场与游戏表征相互联系进行分析。

2. 学会接受"不一样"，发现幼儿的发现

案例困惑，现场讨论：在一次连续性观察记录分享时，大二班教师分享了案例《滚动的球》。分享结束后，她提出了一个困惑：她看到儿童的游戏过程和他们讲述的游戏故事不一样，她应该怎么做？这个困惑引发了在场教师的共鸣，教师们纷纷表示，她们在观察和一对一倾听中，也经常会遇到这种情况。经过讨论交流，可以发现，对于这个问题的处理，每位教师的做法都不一样，大致分为两种：一种是介入，一种是不介入。介入的做法有两种：语言介入（教师提问：我看到你今天和×××小朋友玩了×××游戏，我发现你们干了……，为什么要这么做呢？）、动作介入（播放教师拍摄的游戏视频，让幼儿观看，再次回忆游戏现场，讲述自己的游戏经历）。于是，大家开始讨论：到底该不该介入？教师们纷纷陈述了自己的观点和理由，有些教师认为必须介入，要让儿童意识到玩的内容和画的内容要保持一致；有些教师则认为没有必要介入，应该尊重儿童的想法，听一听他们还发现了什么。

共同学习，解决问题：教师们众说纷纭，似乎都有一定的道理，但又存在一定问题。基于此，教师们开始查阅资料、询问专家，最终行动研究团队组织了一场线上教研解决了大家的困惑。总结为：记录幼儿的原话能帮助老师在日后更真实地重现出幼儿往日的表达，一段时间中幼儿的经验、表达、变化能帮助教师更客观、真实地看到幼儿成长的轨迹。

后续实践，调整想法：在后续的实践中，教师不再在意儿童的游戏和表达是否有关联，开始关注儿童关注的内容、反思的质量、表现出的能力、表达出的情绪情感等。教师们逐渐学会了在游戏故事中放手，支持儿童自己的想法和体验，学会接受儿童的所有观点，不再带着目的暗示，让儿童说出自己的想法，真正发现幼儿的学习和反思。

3. 全息式倾听，让讲述自然发生

过去教师在倾听时，总是会问你画了什么，这是什么，这种居高临下的封闭式提问方式让谈话草草结束。刚开始，教师并没有发现这种谈话方式的弊端，该园园长也没有介入，把解决的权力给了教师，让教师在实践中尝试去发现解决这些问题。经过了一段时间，教师发现：从游戏故事墙面可以看出教师的提问越来越频繁，从幼儿表征的记录中可以看出幼儿的游戏讲述变成了师幼对话的形式，即教师问一句、孩子说一句。孩子说得越来越少了。教师在回溯教案中还发现：在一对一表征环节，教师也会播放前一天的游戏视频让幼儿说出前一天的室内综合支架区和当天的室外综合支架区有什么不一样，幼儿的感受怎么样，让孩子对比发现后说出不同。

思考分析，归纳总结：当发现这些问题后，研究团队开始研讨：幼儿讲述游戏故事时，该不该提问，如果需要提问的话什么时候提问，怎么提问。结合这些问题，行动研究团队开展了微教研活动，组织教师进行了讨论、交流、学习。经过学习、研究，教师们总结出：不要关注自己该问什么，而要关注幼儿说了什么，并如实记录；好奇与倾听比提问更能让幼儿愿意说，肯定和接受更能让幼儿大胆说。更换交流方式后，教师开始等待幼儿，倾听幼儿讲述，幼儿讲述的内容也逐渐变得流畅并丰富起来了。

（六）用心陪伴：回归真实的师幼关系

人们常说幼儿园教师最爱幼儿，那么真正意义上的爱到底是什么？在安吉游戏的理念中，爱是一切有意义的关系的基础，只有在真心支持自由和自我表达的环境中才有真学习。儿童必须首先感到安全，才会敢于尝试探索。安吉游戏的推广过程隐含着师幼关系的改变。这也符合《幼儿园保育教育质量评估指南》中提出的"教师保持积极乐观愉快的情绪状态，以亲切和蔼、支持性的态度和行为与幼儿互动，平等地对待每一位幼儿。幼儿在一日活动中是自信、从容的，能放心大胆地表达真实情绪和不同观点"。

1. 提问变倾听，改变教师角色

教师改变传统的对话模式，用实际行动支持幼儿，忠实记录幼儿的表达，成为幼儿的倾听者、陪伴者，让幼儿觉得教师关注到了他的游戏，尊重了他的想法，满足了他的表达需求。教师与幼儿配合更加默契。

2. 非言语语言，增进亲密关系

在一对一交流中，教师发现：肢体动作、表情、眼神等非言语语言的使用，都会影响幼儿的表达。教师利用以上非言语语言行为让幼儿感受到教师的鼓励与肯定，在这种安全、积极的谈话氛围中，幼儿的表达欲望得到满足，亲密关系随之改变。

3. 放手发现退后，理解反思实践

教师在观察与一对一的互动过程中，变得越来越相信幼儿、越来越尊重幼儿。一对一互动也激发了教师的同理心，也让教师真正成了"以专业的眼光审视学习和理解学习价值的人"。与此同时，教师与儿童建立互信关系，从幼儿的记录中进一步获取信息，解读幼儿的兴趣、理解幼儿的探究过程，看到幼儿的经验的发展水平，成为和幼儿保持同频共振的同行者并为之惊叹。F-j镇幼儿园的安吉实践持续至今，教师们内心有一种共同的感悟：在外在环境改变的基础上，要将"放手"浸润在幼儿园点点滴滴、方方面面。自主游戏变革更像是一个水滴石穿的过程，无论是室内外环境材料，还是幼儿游戏学习，或是师幼关系。如果愿意放手、能够放手，教师便能凝聚这份力量，用爱维系幼儿园的教育生态圈。最终，幼儿、教师、家长、管理者相互成就，相互成长。

（七）未来之路：千里之行始于足下

通过三年的探索，F-j 镇幼儿园的教师在践行自主游戏课程中，取得了巨大的进步，同时也存在更多的问题：与幼儿进行一对一倾听之后，应该做什么？是否要回应幼儿？如何回应？游戏后的分享中，如何做到不把自己的观点带入幼儿的讨论中？生活惯例活动（天气观察、植物观察、绘本阅读等）中的分享如何进行？

这些问题，可能每一位教师在实践自主游戏时都会遇到。在未来的一年，F-j 镇幼儿园将把重心放在三个方面：①在游戏观察的基础上，结合游戏故事，进一步思考和分析儿童的游戏，努力发现游戏背后的学习，尝试支持、回应幼儿的需要。②利用教研，将教师的角色进行转化，教师作为"幼儿"去分享自己的观点，体验游戏分享时幼儿的真实感受，改变教师在分享中的固有观念。③将游戏后的分享扩展到一日生活，教师尝试开展生活惯例活动分享，总结经验、查找问题，寻找关于生活惯例活动的实践经验。

回应儿童，是安吉游戏改革的最高阶段。践行安吉游戏的幼儿园教师们都认为，在回应儿童上，他们依然有很大的提升空间。对于践行自主游戏才 3 年的 F-j 镇幼儿园来说，它还有一段更长的、更艰难的路要走，但教师们毫不畏惧，这种敢于自我超越的精神便是西北农村学前教育高质量发展的不竭动力。

第三节　西北农村公办幼儿园高质量发展的行动研究成果

一、道阻且长，行则将至

F-j 镇幼儿园于 2020 年 11 月申报了安吉游戏推广试验区试验点。2021 年 1 月，全园教师第一次进行了安吉游戏培训，并正式成为了安吉游戏试点园。2021 年 4 月，园领导亲赴浙江安吉，参加由教育部以及联合国儿童基金会组织的"安吉游戏推广培训"。园领导返程后，新的儿童观、教育观、课程观随之而来，幼儿园也开启了自主游戏改革之旅。2021—2023 年间，在行动研究团队组织参与下，幼儿园的课程改革经历了"模仿—调试—创新"三个阶段，目前依然走在探索因地制宜的自主游戏课程改革路上。2021 年：沿着"放手游戏·发现儿童·改变儿童观"的安吉游戏路径快速前进。教师通过全园学习、专家领学、教师自学，进行了理念的转变；在实践的过程中，还进行了环境的改造。2022 年：循着"看懂游戏·理解儿童·改变教育观"的安吉游戏路径摸索前进。通过环境的微调，打造真切自然的游戏场地，改革室内环境；行动研究团队坚持了解家长群体，帮助家长改善家庭教养方式，让家长在发现儿童过程中转变观念，争取家长成为共同保护儿童的盟军。2023 年：在"看懂游戏·理解儿童·改变教育观"的路上继续前进，并且同时开启"回应游戏·追随儿童·改变课程观"的新征程。

安吉游戏的生成与发展之路走过 20 多年时间，作为安吉游戏的推广试点园，F-j 镇幼儿园的改革之路才刚刚起步。近三年来，园所依托安吉游戏理念进行改革，成为国家级安吉试点园，让这里的教师有"小荷才露尖尖角"般的惊喜和收获。回顾过往的教育改革历程，不论是幼儿园管理者，还是一线教师都为之深深惊讶和感动。一路上每个人的角色都发生了变化，教师从课程实施者变成幼儿的追随者，管理者变成服务者，家长变成了同盟者。成人陪伴儿童成长，儿童也陪伴成人成长。

二、因时制宜，整化时间

时间是儿童自主游戏的要素之一。为了保障儿童充足的玩耍时间，三年来，F-j 镇幼儿园一直在寻找适合西北地区的最佳游戏时间安排。幼儿园实行了一日生活时间的弹性安排，摒弃了碎片化、大统一的做法。改变后，教师发现有了充足的游戏时间作为保障，儿童就有机会与环境、材料、同伴进行深度互动，从而满足他们各方面的学习与发展需要。在实践安吉游戏课程的第一阶段，教师从游戏的时长和区域的轮换频率两方面做好儿童游戏时间的保障。在不同季节与天气条件下，游戏开始与结束的时间也根据实际情况而灵活调整。比如 4 月份天气比较寒冷，就等室外温度升高之后，再进行室外自主游戏，天气特别炎热或寒冷的时候，也适当地缩短儿童在户外的时间。轮换的频率从以前的一周一个区域，到现在一个月换一个区域，保证了儿童在之前的经验上持续推进他们对这一环境和材料的探索，让幼儿有足够的时间和机会延续和拓展自己的创造和想象，不断地发现问题并迁移应用已有的经验解决问题，从而达到深刻而复杂的学习状态，游戏水平不断提高。

三、因地制宜，重构空间

空间是儿童自主游戏的另一个不可或缺的要素，幼儿园最鲜明的改变就在游戏空间的改造上。三年来，F-j 镇幼儿园的空间布局在不断改造，与之前相比，几乎焕然一新。在户外游戏空间方面：首先重新规划了游戏场地，打破游戏边界，购置了安吉游戏材料，让儿童在游戏中有地方玩、有东西玩，保证了数量充足、分类陈列、触手可及的材料。园所场地可以满足 7 个班同时进行游戏。材料可以通过无限方式组合在一起，也可以拆开移动，便于搬运。在室内游戏空间方面：结合西北的气候特点，到了寒冷的冬季，幼儿在室内的活动时间比较长，所以对室内游戏环境也进行了彻底革命，去除了标志、规则、观赏性装饰，统一了室内与室外游戏环境创设的理念，不再按功能划分区域，材料分类陈列，开放使用。活动室里有工具类材料、图书类材料、自然类材料，动物角、植物角。室内空间的任何角落都是儿童的游戏空间，由儿童自主决定游戏材料、游戏区域、游戏内容和形式，活动室和走廊的墙面尽可能留白，予以展示儿童的各种记录和作品，提高幼儿与墙面的互动频率与效果。

四、自主游戏，自主阅读

绘本阅读活动是 F-j 镇幼儿园在实践安吉游戏后，发现农村幼儿在绘本阅读方面的资源匮乏进而开展的活动。大部分农村幼儿父母去城里打工，他们由爷爷奶奶照顾，平时接触绘本少。结合这一情况，园所采取了一系列措施。第一，幼儿园增购了一批适合幼儿阅读的绘本，每天安排一定的自主阅读时间。阅读是一种习惯，每天安排一定的阅读时间，既可以养成幼儿的阅读习惯，又可以激发幼儿的阅读兴趣。周一、周三和周五，教师会带幼儿进行绘本精读。第二，鼓励幼儿利用零散或整块时间选择感兴趣的绘本进行自主阅读。幼儿独自或者与同伴一起反复看、反复听。第三，鼓励幼儿用自己的办法理解图文的意思，以自己喜欢的方式记录对故事的理解和观点，复述创编故事等等。第四，多种形式提升幼儿的阅读能力。教师为幼儿创设开放的阅读空间，提供自由自主的阅读机会，观察和陪伴幼儿的阅读，根据幼儿的阅读需求调整和投放绘本，一对一聆听并实录幼儿的阅读记录，解读和分析幼儿的阅读记录，组织小组或集体分享阅读故事。教师每天中午给幼儿读睡前故事，还引导家长在家庭生活中延伸幼儿的阅读经验，做好亲子阅读。坚持三年后，幼儿园如今能做到：每周精读 1 本，平均下来每月 4 本，每学期 16 本、一年 32 本。当自主游戏精神迁移到阅读活动，自主阅读便产生了，幼儿的阅读习惯就不知不觉地养成了。

五、自主游戏，自主生活

当自主游戏理念渗透到幼儿园的生活活动中，幼儿很快就养成了自主生活习惯。F-j 镇幼儿园在一日惯例活动改革中，首先改变了传统的组织进餐活动。早上入园时，保育老师准备早餐，让幼儿自己盛饭，自己端饭，尊重他们的生活节奏，锻炼他们自我服务的能力。吃完饭后，幼儿自主记录，描述自己的观察，回答问题，或向老师提问，观察老师如何记录自己的表述，听老师复述自己的表述，这一过程培养了他们表达表征和逻辑思维能力。在教室里不太听得到老师组织幼儿的声音，有一种"只见孩子不见老师"的情境。教师尊重孩子们的生活节奏，在这些与幼儿生活密切相关的自主管理活动中，他们因为有了更多宽松的时间去做决定，才有了更多探索和学习的机会。

六、放手游戏，教师成长

三年的自主游戏课程改革，不仅让幼儿在自主游戏中充分发展了自己的潜能，也让他们学会了自主阅读、自主生活。在 F-j 镇幼儿园，教师也实现了自主成长。

首先，教师有了更加强烈的职业幸福感与职业自信。职业幸福感是一种内在的心理体验，只有当教师真正感受到自己工作的意义和价值时，他们才会产生一种专业的成就感和职业的幸福感。管住自己，不去干预幼儿游戏中的自主行为，于是教师在游戏中就发现了一个个了不起的幼儿。教师发现自己越放手幼儿越能干，每个幼儿都能踩着自己的发展节点，创造出一个属于自己的高水平游戏。教师不由得佩服幼儿，进而对幼儿也变得宽容和耐心。幼儿的惊人成长不仅带给教师职业幸福，也让教师坚信自己职业。无论是面对面的交流还是微信的沟通，班上的每一位教师充满了专业自信，活灵活现地为家长描述游戏中的表现，分享游戏中解决问题的收获。支持每一个幼儿的发展，为每一位幼儿的成长提供空间的同时，教师也为自己的成长找到了路径。

其次，教师学会了观察儿童。"闭上嘴、管住手、睁大眼、竖起耳"是安吉游戏理念中对教师观察的基本原则。在安吉游戏中，会观察儿童的游戏是每一位教师必备的专业素养。一般来说，教师观察儿童时要做到以下四点：一是在自然的情境中观察儿童的行为，二是在儿童行为发生的时候能将其记录下来，三是客观记录儿童的行为，四是能用清晰准确的语言描述儿童的行为。教师以好奇接纳的态度去观察儿童的行为，儿童就会带给教师越来越多的惊喜。这种正面情绪会引导教师越来越相信儿童，发现儿童越来越多的了不起之处。通过反复的研讨，教师现在已掌握了三个基本视角：定区域观察、定小组或定个人观察、定材料观察，通过连续完整的观察，发现儿童的成长轨迹，进而化解、打消留存在心里的种种疑虑，建立起全新的儿童观。这也是实践安吉游戏所要达成的教师专业成长的目标。

再次，教师学会了倾听儿童。倾听是教师了解幼儿，解读幼儿的重要环节。为了帮助教师学会倾听，幼儿园保证每天一对一的倾听时间，教师在学会观察的基础上，仔细倾听每一位幼儿游戏记录，从而进一步了解幼儿。教师认识到了倾听的价值，从而更重视倾听幼儿的想法，他们不再以乱涂乱画为借口，忽视倾听幼儿的想法，而是尊重和接纳每一个幼儿，认真倾听幼儿的每一次表达。教师以完全尊重接纳幼儿的心态去倾听，不带任何偏见和主观判断，努力做到与幼儿同频共振，在此基础上通过追问鼓励的策略，打开幼儿的话匣子，帮助幼儿充分表达内心的想法。放手、观察、倾听，教师在践行安吉游戏中探究前行。通过一对一地倾听记录反思，推动幼儿更好地反思与表达，就是在促进儿童不断成长。

最后，形成自主教研机制，赋能教师专业可持续发展。教研是提升教师专业的最好抓手，就幼儿园教师来说，专业成长一定离不开教研。教师每一周有一次大教研，一次小教研，还有随机性教研。每次教研以每位教师的真实问题为导向，以亲眼看见的儿童发展为依据，立足于本园、本班的实践。在安吉游戏理念的指引下，每一项教研活动都以"真"为标准，支持参与者"主体性"的发展，从而尊重与相信每一个人的能力。管理者的放手和退后，给了教师这样的机会。每一个有权威的人都尽量"退后"，实现"最小程度的介入"，支持参与者"最大程度的探究和创造"。教师对于儿童来说是"权威的人"，管理者对于教师来说是"权威的人"，亦如教师支持儿童一样，园领导也要支持教师，不干预教师在安吉游戏实践路上的各种尝试。

七、家园同盟，守护游戏

推广安吉游戏典型经验的最终目标是建立一个由家庭、幼儿园、社区政府，乃至全社会组成的共同支持儿童真游戏的教育生态。因此：在第一个阶段，首先要改变的是家长。因为家长是儿童成长过程中最重要的陪伴者，让家长在发现儿童的过程中转变观念就显得尤为重要。他们的转变可以直接影响到社区与政府，加速教育生态的形成。实践证明，安吉的游戏课程之所以能够有效推进，与安吉地区的幼儿园一直致力于争取家长成为共同保护儿童游戏的同盟军、建立良好的家园合作共育关系是分不开的。为了解除家长的种种疑虑，让其转变观念，放心让儿童参加游戏并支持游戏，幼儿园专门开展了各种活动来争取家长的理解和认同。比如在踏青放风筝活动中，孩子们用绘画表征来表达反思当天的游戏，教师培训家长怎样忠实地将儿童的叙述文字语言原原本本地记录下来。在记录的过程中，家长被儿童细腻的感情，丰富的想象，哲学的思想而震撼。这也成了亲子关系中交流的素材，成为了家长了解孩子的载体。再如专题性家长会结合安吉幼儿教育模式的实践，F-j 镇幼儿园为家长普及了《3~6 岁儿童学习与发展指南》的相关知识，带领家长参观幼儿园的教育环境，开展丰富多样的参与式体验活动，让家长真正看到游戏、感受游戏、体验游戏，在身临其境中发现游戏的价值，在感同身受中理解游戏对儿童的重要意义，从而让家长逐渐成为保护儿童游戏权利的同盟军。

行文至此，F-j 镇幼儿园在自主游戏课程改革的道路上，已经走过三个年头。尽管园所领导更换，但园所文化与理念完好地传承着。新的团队在新的起点上面临着更具挑战性的问题：自主游戏与幼小衔接的结合点在哪？教师如何做到放手但不放任？自主游戏指导的时机、方式与程度如何把握？持续观察的大量材料如何分析？游戏分享如何支持儿童深度学习……

这个西北地区的乡镇幼儿园探寻农村学前教育高质量发展的奋斗故事还在继续……

附　录

附录 1：西北农村公办幼儿园发展评估的指标体系

附录 2：西北农村公办幼儿园发展评估调查表（幼儿园用表）

附录 3：西北农村公办幼儿园园长访谈提纲

附录 4：幼儿绘画作品分析工具

附录 5：西北农村公办幼儿园新手教师访谈提纲

附录 6：农村地区公办幼儿园新手教师生存状态三级编码结果

附录 7：西北农村公办幼儿园骨干教师留任影响因素访谈提纲

附录 8：西北农村公办幼儿园骨干教师留任个体因素三级编码结果

附录 9：西北农村公办幼儿园幼儿家长调查问卷

附录 10：西北农村公办幼儿园幼儿家长访谈提纲

后　记

　　书稿初成之时，已是春暖花开。恍惚间，积跬步以至千里。三年前的"无心插柳"，竟有"成荫"之势。对西北农村幼儿园教育发展的关注源自 2020 年，我有幸到陕西师范大学访学，成为恩师程秀兰教授的学生，在她的引领下走进了农村学前教育。承蒙程教授指导，获批了教育部青年课题，结题压力倒逼自己一步步开展西北农村幼儿园教育发展评估行动。行动开局不利，实地调研工作困难重重。研究成果终能成稿，汇聚了恩师、团队、朋友和亲人的太多帮助与付出，在此表达我真挚的感谢。

　　感谢我的另一位恩师，我的博士生导师——亲爱的陈秋珠教授。在我攻读博士期间给予最大的支持，使我能顺利推进研究与写作，并对书稿提出宝贵的审阅意见。感谢课题团队成员王朵老师、陈力老师，利用他们在农村驻村和支教的契机，在无比艰难的情况下，联络农村幼儿园的调研事宜。感谢焦敏园长、吴佳琦园长的教师团队，毫无保留地展现了农村幼儿园教育改革的三年行动，同时吴佳琦园长对第八章的写作与修改提出了宝贵意见。感谢田凤娟师妹对拙著出版的极力支持与鼎力相助。感谢西北大学出版社的第明老师、郭舒莹老师等相关工作人员，在本书的内容、文字、排版、格式、校对、出版等方面给予的专业指导以及付出的巨大辛劳。最后，感谢我挚爱的父母、爱人以及孩子，他们日复一日的关爱、体贴与鼓励，给我源源不断的前行力量。

　　作为一名生于农村、长于农村的 80 后，走出农村后，归来再看农村教育，我获得一种局外人的局内人视角。随着教育进入高质量发展阶段，农村学前教育，尤其是边远农村地区的发展虽任重道远，但它确实走在了正确的道路上。自知才疏学浅，虽殚精竭虑，研究与行文难免有所疏漏，恳请各位专家、同行和读者不吝指正。

陈素囡

写于陕西师范大学图书馆

2024 年 9 月 14 日